# La musique

Thierry Benardeau

Marcel Pineau

NATHAN

# SOMMAIRE

# MODE D'EMPLOI

Divisé en six parties, l'ouvrage s'organise par doubles pages.
Chaque double page fait le point sur un thème.

## à gauche

Une page synthèse apporte toutes les informations pour comprendre le sujet de la double page.

## à droite

Une page explication développe un point particulier qui illustre et complète la page de gauche.

Le menu aide à repérer les six parties du livre.

Quelques lignes d'introduction présentent les principaux éléments du sujet.

Le titre annonce le thème de la double page.

Le titre de la page de droite met l'éclairage sur un point particulier.

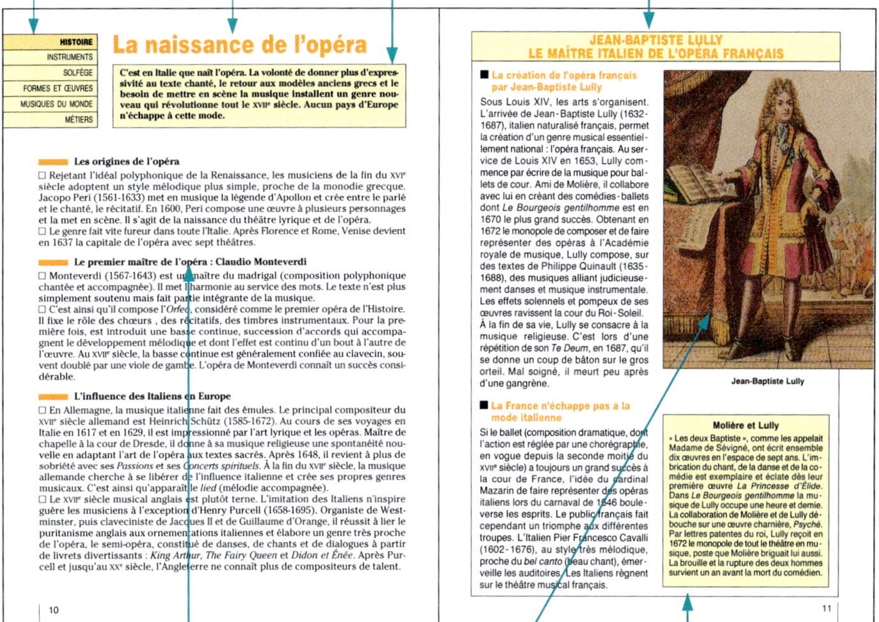

HISTOIRE
INSTRUMENTS
SOLFÈGE
FORMES ET ŒUVRES
MUSIQUES DU MONDE
MÉTIERS

### La naissance de l'opéra

**C'est en Italie que naît l'opéra. La volonté de donner plus d'expressivité au texte chanté, le retour aux modèles anciens grecs et le besoin de mettre en scène la musique installent un genre nouveau qui révolutionne tout le XVIIe siècle. Aucun pays d'Europe n'échappe à cette mode.**

**Les origines de l'opéra**

☐ Rejetant l'idéal polyphonique de la Renaissance, les musiciens de la fin du XVIe siècle adoptent un style mélodique plus simple, proche de la monodie grecque. Jacopo Peri (1561-1633) met en musique la légende d'Apollon et crée entre le parlé et le chanté, le récitatif. En 1600, Peri compose une œuvre à plusieurs personnages et la met en scène. Il s'agit de la naissance du théâtre lyrique et de l'opéra.
☐ Le genre fait vite fureur dans toute l'Italie. Après Florence et Rome, Venise devient en 1637 la capitale de l'opéra avec sept théâtres.

**Le premier maître de l'opéra : Claudio Monteverdi**

☐ Monteverdi (1567-1643) est un maître du madrigal (composition polyphonique chantée et accompagnée). Il met l'harmonie au service des mots. Le texte n'est plus simplement soutenu mais fait partie intégrante de la musique.
☐ C'est ainsi qu'il compose l'*Orfeo*, considéré comme le premier opéra de l'Histoire. Il fixe le rôle des chœurs , des récitatifs, des timbres instrumentaux. Pour la première fois, est introduit une basse continue, succession d'accords qui accompagnent le développement mélodique et dont l'effet est continu d'un bout à l'autre de l'œuvre. Au XVIIe siècle, la basse continue est généralement confiée au clavecin, souvent doublé par une viole de gambe. L'opéra de Monteverdi connaît un succès considérable.

**L'influence des Italiens en Europe**

☐ En Allemagne, la musique italienne fait des émules. Le principal compositeur du XVIIe siècle allemand est Heinrich Schütz (1585-1672). Au cours de ses voyages en Italie en 1617 et en 1629, il est impressionné par l'art lyrique et les opéras. Maître de chapelle à la cour de Dresde, il donne à sa musique religieuse une spontanéité nouvelle en adaptant l'art de l'opéra aux textes sacrés. Après 1648, il revient à plus de sobriété avec ses *Passions* et ses *Concerts spirituels*. À la fin du XVIIe siècle, la musique allemande cherche à se libérer de l'influence italienne et crée ses propres genres musicaux. C'est ainsi qu'apparaît le *lied* (mélodie accompagnée).
☐ Le XVIIe siècle musical anglais est plutôt terne. L'imitation des Italiens n'inspire guère les musiciens à l'exception d'Henry Purcell (1658-1695). Organiste de Westminster, puis claveciniste de Jacques II et de Guillaume d'Orange, il réussit à lier le puritanisme anglais aux ornementations italiennes et élabore un genre très proche de l'opéra, le semi-opéra, constitué de danses, de chants et de dialogues à partir de livrets divertissants : *King Arthur*, *The Fairy Queen* et *Didon et Énée*. Après Purcell et jusqu'au XXe siècle, l'Angleterre ne connaît plus de compositeurs de talent.

10

### JEAN-BAPTISTE LULLY
### LE MAÎTRE ITALIEN DE L'OPÉRA FRANÇAIS

**■ La création de l'opéra français par Jean-Baptiste Lully**

Sous Louis XIV, les arts s'organisent. L'arrivée de Jean-Baptiste Lully (1632-1687), italien naturalisé français, permet la création d'un genre musical essentiellement national : l'opéra français. Au service de Louis XIV en 1653, Lully commence par écrire de la musique pour ballets de cour. Ami de Molière, il collabore avec lui en créant des comédies-ballets dont *Le Bourgeois gentilhomme* est en 1670 le plus grand succès. Obtenant en 1672 le monopole de composer et de faire représenter des opéras à l'Académie royale de musique, Lully compose, sur des textes de Philippe Quinault (1635-1688), des musiques alliant judicieusement danses et musique instrumentale. Les effets solennels et pompeux de ses œuvres ravissent la cour du Roi-Soleil.
À la fin de sa vie, Lully se consacre à la musique religieuse. C'est lors d'une répétition de son *Te Deum*, en 1687, qu'il se donne un coup de bâton sur le gros orteil. Mal soigné, il meurt peu après d'une gangrène.

Jean-Baptiste Lully

**■ La France n'échappe pas à la mode italienne**

Si le ballet (composition dramatique, dont l'action est réglée par une chorégraphie, en vogue depuis la seconde moitié du XVIIe siècle) a toujours un grand succès à la cour de France, l'idée du cardinal Mazarin de faire représenter des opéras italiens lors du carnaval de 1646 bouleverse les esprits. Le public français fait cependant un triomphe aux différentes troupes. L'Italien Pier Francesco Cavalli (1602-1676), au style très mélodique, proche du *bel canto* (beau chant), émerveille les auditoires. Les Italiens règnent sur le théâtre musical français.

**Molière et Lully**

« Les deux Baptiste », comme les appelait Madame de Sévigné, ont écrit ensemble dix œuvres en l'espace de sept ans. L'imbrication du chant, de la danse et de la comédie est exemplaire et éclate dès leur première œuvre *La Princesse d'Élide*. Dans *Le Bourgeois gentilhomme* la musique de Lully occupe une heure et demie. La collaboration de Molière et de Lully débouche sur une œuvre charnière, *Psyché*. Par lettres patentes du roi, Lully reçoit en 1672 le monopole de tout le théâtre en musique, poste que Molière briguait lui aussi. La brouille et la rupture des deux hommes survient un an avant la mort du comédien.

11

Les sous-titres permettent de saisir l'essentiel en un coup d'œil.

L'illustration apporte un précieux complément au texte.

L'encadré révèle un aspect inattendu ou explique le pourquoi d'un fait.

# L'Antiquité musicale

**Pour les hommes de l'Antiquité, la musique est d'origine divine. Les premiers témoignages musicaux remontent à 4000 ans avant J.-C. en Mésopotamie. Dès cette époque la musique vocale et les instruments se présentent sous une forme accomplie. La vie musicale dans l'Antiquité tient une grande place.**

## Les Égyptiens : une musique liée à la vie politique et religieuse

□ En Égypte, le chant, la musique instrumentale et la danse sont intimement associés et sont liés à la vie politique et religieuse. Pendant les fêtes et les commémorations, certains musiciens battent le rythme avec les mains, d'autres chantent ou jouent sous la direction de chefs vocaux ou instrumentaux.
□ La chironomie des Égyptiens repose sur les signes des bras et des mains qui correspondent à certains degrés de sons et à certains rythmes. Ces gestes étaient en usage pour guider les instrumentistes.
□ Les Égyptiens utilisaient des instruments variés : à percussion (cymbales, tambourins), à vent (flûte, hautbois, trompette), à cordes (harpe, lyre).

## Les Grecs : une musique mathématique

□ En théorie, la musique grecque se présente comme une science difficile, codifiée par Pythagore (mort en 499 av. J.-C.), qui fait de la composition musicale un problème d'arithmétique, puis par Aristoxène (vers 350-300 av. J.-C.) qui définit huit modes, le mode étant la succession de toutes les notes naturelles à partir d'une note donnée.
□ Les Grecs utilisent les modes en fonction des sentiments qu'ils veulent exprimer : le dorien (*mi*) est viril ; l'hypodorien (*la*) est énergique, joyeux ; le phrygien (*fa*) est enjoué ; l'hypophrygien (*si*) est féminin ; le lydien (*sol*) est majestueux ; l'hypolydien (*do*) est triste ; le mixolydien (*la*) est solennel ; l'hypomixolydien (*ré*) symbolise le retour au calme.
□ Jusqu'en 336 av. J.-C., date à laquelle Alexandre le Grand achève la conquête de la Grèce, la musique accompagne la vie militaire, civile, religieuse ou intellectuelle du peuple grec. L'art des sons fait partie de l'éducation morale.

## Les Romains : une musique de distraction populaire

□ Les Romains, contrairement aux Grecs, ne croient pas aux vertus éducatrices de la musique qu'ils n'utilisent que pour les divertissements. Elle est jouée dans la rue, où des troupes se produisent, ou dans les dîners chez des particuliers. À Rome, on donne des pantomimes sur accompagnement musical, exécutées par des *joculatores* (jongleurs).
□ Les instruments servent à égayer les marches triomphales. Les instruments à cordes sont moins fréquents. En privé, lors des orgies, ils jouent de la cithare. La musique est associée à des dieux : Pan, le dieu des champs, est représenté avec l'instrument traditionnel des bergers, la flûte, et Apollon, dieu du soleil mais aussi de la musique et de la poésie, avec sa lyre.

# LE THÉÂTRE GREC : TRAGÉDIE ET COMÉDIE

## Formes et auteurs

Le théâtre grec réunit à la fois musique, poésie et danse et revêt deux formes :
- *la tragédie*. La partie lyrique comporte presque uniquement des déclamations du chœur, rythmées par l'*aulos* (flûte). Elle croît en importance au fil du temps : prélude, airs, interludes instrumentaux apparaissent tandis que les chœurs perdent en intérêt ;
- *la comédie*. Sorte d'opéra-comique, elle comporte, outre les danses, des strophes chorales et des ariettes (petites chansons) d'origine populaire, des parodies de la musique grave, des ensembles où le chœur commente ironiquement le débit accéléré des personnages burlesques.

La tragédie et la comédie suivent le même plan : neufs parties parlées ou chantées, constituées par des monologues soutenus à l'*aulos* alternant avec des chœurs chantés et dansés. Leur origine remonte aux Dionysiaques d'Athènes, fêtes du printemps durant cinq jours.

Les principaux auteurs de tragédies sont Eschyle (*Les Perses*, *L'Orestie*), Sophocle (*Électre*, *Antigone*) et Euripide (*Andromaque*, *Iphigénie*). Principal auteur de comédies : Aristophane (*Les Oiseaux*, *Les Guêpes*).

## Les lieux

Dans un premier temps, le théâtre grec est joué dans les défilés et les cortèges. La représentation a ensuite lieu sur la place (*agora*), où l'on dresse des gradins et une construction en bois qui sert à la fois de loge et de mur de scène.

Puis, s'appuyant sur la pente naturelle des collines, des théâtres en pierre de forme circulaire sont édifiés. Au centre du cercle se trouve l'autel (*thymélé*), entouré par l'*orchestra*, où se placent le chœur et l'aulète. La loge et le mur de scène (*skénè*) sont alors en pierre. La scène désormais fixe est de plus en plus ornementée ; les machineries apparaissent. Les simples gradins devenus amphithéâtres peuvent accueillir jusqu'à 15 000 spectateurs.

**Le théâtre d'Épidaure**

# Des premiers psaumes aux chants des troubadours

**Durant le Moyen Âge, le monde chrétien crée les cadres de la musique. L'Église codifie le répertoire existant. Un art profane se développe à partir du XIe siècle avec les troubadours et les trouvères.**

## La gestation de la musique chrétienne (du Ier au Ve siècle)

□ Les premiers chrétiens subissent les persécutions romaines avec Néron (64) et Domitien (95). Des chants, psaumes hérités de la tradition juive, accompagnent leurs prières. Seul, le chant *a cappella* (sans accompagnement instrumental) est autorisé. L'oppression cesse en 311, sous le règne de Constantin. L'édit de Milan en 313 reconnaît le culte chrétien. L'Église impose deux formes de chants à ses fidèles : le chant *responsorial* où la foule répond au soliste par un refrain et le chant *antiphonique* dans lequel une moitié de l'assemblée répond à l'autre.

□ Aux IVe et Ve siècles, des formes nouvelles apparaissent : hymnes en Syrie, liturgie mozarabe à Byzance, en Espagne et liturgie gallicane en France.

## L'unification grégorienne (VIe et VIIe siècles)

Le pape Grégoire Ier, dit le Grand (né en 540, pape de 590 à 604), laisse son nom à la mise en ordre définitive du chant liturgique romain. Il codifie le répertoire existant et lui donne une homogénéité. Le chant grégorien présente les caractéristiques suivantes :

- les mélodies sont écrites selon les modes ecclésiastiques, anciens modes grecs. Elles sont chantées par des chœurs d'hommes, sans accompagnement instrumental. Elles sont exclusivement à l'unisson et doivent parcourir deux octaves.
- une syllabe correspond à une note. Les notes ont les mêmes durées et intensités.
- le texte est chanté dans le latin de l'Église.

## L'héritage grégorien (du VIIIe au Xe siècle)

En 813, Charlemagne apporte à l'œuvre de Grégoire Ier l'appui politique qui lui était nécessaire en l'imposant à l'Empire par le concile de Tours. Mais à la fin du Xe siècle, la production grégorienne s'essouffle. Avec les premières Croisades, l'Église perd son pouvoir sur la création musicale laissant la place libre à des formes nouvelles et à la musique profane.

## Les formes grégoriennes

□ La récitation chantée concerne le psaume. Le psaume est composé de versets à la suite desquels les fidèles répondent par une acclamation (*Alleluia*).

□ L'antienne est un chant antiphonique.

□ Le trait est chanté pendant le Carême, à la place de l'*Alleluia*. C'est un psaume dont les versets ont des terminaisons différentes.

□ Le répons est la répétition de certains éléments de type antiphonique.

□ Les chants de l'ordinaire de la messe comprennent le *Kyrie*, le *Gloria*, l'*Agnus Dei*, et l'*Ite missa est*.

□ Les hymnes sont à l'origine des textes en prose : *Gloria, Te Deum*.

# TROUBADOURS ET TROUVÈRES

## Les troubadours, musiciens du Sud

À la fin du XIe siècle apparaissent, dans le sud du pays, des mélodies composées par des poètes musiciens sur des textes en langue d'oc. Le premier troubadour connu est Guillaume IX, comte de Poitiers et duc d'Aquitaine (1071-1127), qui chante ses exploits en vers sur des mélodies. Après lui, Marcabru laisse une très belle chanson sur la Deuxième Croisade (1147-1149) et Jaufré Rudel, qui participe aussi à cette croisade, raconte ses amours impossibles avec la princesse de Tripoli. On peut également citer : Bernard de Ventadour (1145-1195), auteur de 19 chansons notées qui apportent un sens nouveau à l'ordonnance de la phrase musicale ; Folquet de Marseille (1180-1231) ; Guiraut de Riquier (1256-1292), un des derniers troubadours, dont les 48 mélodies sont fidèles à la lyrique provençale.

## Les trouvères, musiciens du Nord

Au début du XIIIe siècle, l'art des troubadours est transféré vers le nord, en partie à cause du désastre de la Croisade albigeoise (1229). Les trouvères mettent en musique, comme les troubadours mais en langue d'oïl parlée dans le nord de la France, les exploits des Croisades (chansons de geste) et chantent l'amour courtois. L'un des premiers trouvères est Richard Cœur de Lion (1157-1199), qui écrit des chansons surtout pendant sa longue captivité. Vers 1270, la ville d'Arras est un foyer intense de la vie musicale. On y dénombre 182 trouvères, parmi lesquels Moniot d'Arras, Jean Bretel, Adam de la Halle (1240-1287), auteur d'une fameuse pastourelle, *Robin et Marion*. Hors d'Arras, les principaux trouvères sont Thibaut IV de Champagne (1201-1253), auteur de 75 chansons simples et émouvantes, Conon de Béthune (1160-1220), poète très estimé, auteur de 14 chansons, Colin Muset (1200-1250), et Gautier de Coincy qui, vers 1236, composa des pièces d'inspiration religieuse, les *Miracles de Notre-Dame*.

**Musicien et jongleur au XIe siècle**

**Un roi trouvère, Richard Cœur de Lion**

Roi d'Angleterre et arrière-petit-fils de Guillaume IX d'Aquitaine, Richard Cœur de Lion prend une part importante à la Troisième Croisade. À son retour, il est fait prisonnier par l'empereur Henri VI. C'est pendant sa captivité que le roi Richard compose. Ses œuvres sont douces, romantiques et pleines de charme. Fin musicien, il sait manier la poésie avec subtilité. Contrairement à Guillaume IX, ses chansons sont tendres et à la gloire du beau sexe. Elles sont écrites en langue d'oïl.

# Les premiers pas de la Renaissance musicale

**La Renaissance est l'âge d'or de la polyphonie. L'Église autorise la voix à être accompagnée. La musique devient une science complexe. Parti de France, l'*Ars Nova* s'étend à toute l'Europe.**

## La fin du Moyen Âge musical (XIIe et XIIIe siècles)

Alors que les derniers trouvères chantent l'amour courtois, un centre musical s'organise autour de Notre-Dame de Paris et s'illustre par ses novations. Léonin (v. 1130-v. 1200) et son élève Pérotin (v. 1150-v. 1236) composent les premières œuvres polyphoniques (superposition de plusieurs lignes mélodiques), certaines étant confiées à des instruments (orgue, flûte), désormais autorisés par l'Église.

## L'Enseignement nouveau (*Ars Nova*) du XIVe siècle

□ Philippe de Vitry (1291-1361) est l'auteur d'un traité *Ars nova musicae* (1320) qui devint le manifeste du mouvement qui se développa en France et en Italie. Cette technique musicale nouvelle touche trois points essentiels : la notation (introduction des barres de mesures, des clés), le rythme (isorythmie) et les genres (développement de la musique profane).

□ Le plus brillant représentant de l'*Ars Nova* est Guillaume de Machault (1300-1377). Il compose des virelais, des danses ou des rondes chantées, où alternent la voix seule pour le couplet et le chœur pour le refrain. Il écrit aussi la première messe de l'histoire de la musique, la *Messe de Notre-Dame*, à quatre voix.

## Le XVe siècle des Franco-Flamands

Les guerres, la famine et la peste entraînent le déplacement des centres musicaux vers des régions plus prospères et en paix, en particulier vers les grandes cités flamandes. Des maîtres prestigieux apparaissent : l'Anglais John Dunstable (1380-1453) qui allie la manière italienne aux rythmes vigoureux de son pays, et le Français Guillaume Dufay (1400-1474), qui améliore l'équilibre entre les lignes mélodiques et introduit des respirations dans l'écriture. Avant tout compositeur religieux, Dufay agrémente les mélodies de la liturgie en les rendant moins austères et plus expressives.

## Le grand saut

Deux compositeurs font entrer la musique en pleine Renaissance :

– Josquin des Prés (1440-1521), au service des Sforza, du pape Innocent VIII et du duc de Ferrare, conduit l'art polyphonique par une expressivité toute nouvelle, dans ses messes, ses motets ou ses chansons.

– Clément Janequin (1485-1558), musicien du duc de Guise puis du roi Henri II, est à l'origine d'un genre nouveau : la chanson dite française ou parisienne. Sur des textes libertins, il manie la polyphonie, le rythme et utilise des sonorités expressives, des onomatopées, qui en font un précurseur de la musique descriptive.

# L'EUROPE AU XVI^e^ SIÈCLE

## ■ L'Angleterre

William Byrd (1543 - 1623), le plus célèbre musicien de l'époque élisabéthaine brille autant dans le genre instrumental (clavier, violes) que religieux (messes). John Dowland (1562 - 1626), luthiste, a composé une œuvre presque entièrement consacrée à son instrument (airs de cour et danses).

## ■ La France

À la cour de Louis XII et François I^er^, on raffole de ballets, de divertissements, et on se nourrit de poésie : le poète Ronsard est mis en musique par Claude Goudimel (1520 - 1572) et Antoine de Bertrand (1530 - 1581).

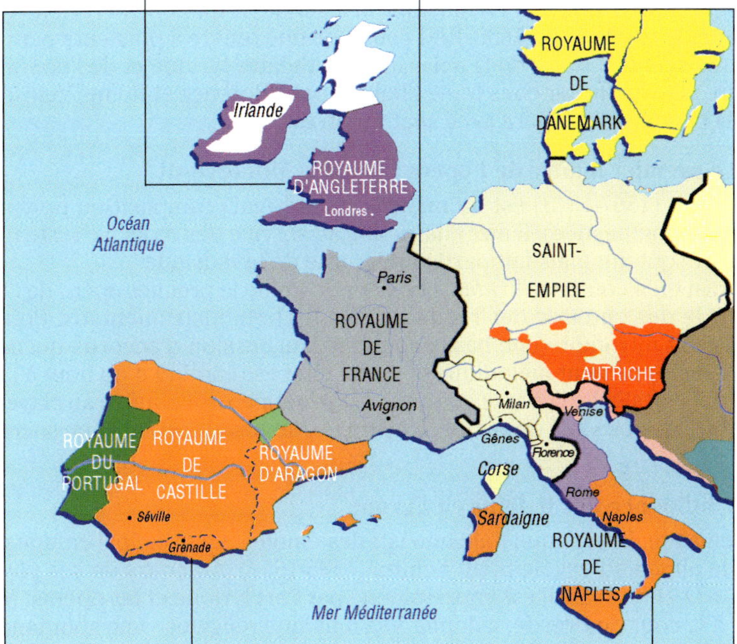


## ■ L'Espagne

La musique s'enrichit de la culture des Arabes installés en Andalousie. À côté d'une forte tradition populaire, la musique liturgique garde une place prépondérante avec le maître de l'École andalouse, Cristobal de Morales (1500 - 1533), et le maître de l'École Castillane, Thomas Luis de Victoria (1548 - 1611).

## ■ L'Italie

Adrien Willaert (1480 - 1562) crée l'École Vénitienne, au style musical décoratif et Cyprien de Rore (1516 - 1565) adapte les formes anciennes en créant le madrigal, polyphonique et populaire. Une littérature spécifiquement instrumentale voit le jour. La musique religieuse se développe.

# La naissance de l'opéra

**C'est en Italie que naît l'opéra. La volonté de donner plus d'expressivité au texte chanté, le retour aux modèles anciens grecs et le besoin de mettre en scène la musique installent un genre nouveau qui révolutionne tout le XVIIe siècle. Aucun pays d'Europe n'échappe à cette mode.**

## Les origines de l'opéra

□ Rejetant l'idéal polyphonique de la Renaissance, les musiciens de la fin du XVIe siècle adoptent un style mélodique plus simple, proche de la monodie grecque. Jacopo Peri (1561-1633) met en musique la légende d'Apollon et crée entre le parlé et le chanté, le récitatif. En 1600, Peri compose une œuvre à plusieurs personnages et la met en scène. Il s'agit de la naissance du théâtre lyrique et de l'opéra.
□ Le genre fait vite fureur dans toute l'Italie. Après Florence et Rome, Venise devient en 1637 la capitale de l'opéra avec sept théâtres.

## Le premier maître de l'opéra : Claudio Monteverdi

□ Monteverdi (1567-1643) est un maître du madrigal (composition polyphonique chantée et accompagnée). Il met l'harmonie au service des mots. Le texte n'est plus simplement soutenu mais fait partie intégrante de la musique.
□ C'est ainsi qu'il compose l'*Orfeo*, considéré comme le premier opéra de l'Histoire. Il fixe le rôle des chœurs, des récitatifs, des timbres instrumentaux. Pour la première fois, est introduite une basse continue, succession d'accords qui accompagnent le développement mélodique et dont l'effet est continu d'un bout à l'autre de l'œuvre. Au XVIIe siècle, la basse continue est généralement confiée au clavecin, souvent doublé par une viole de gambe. L'opéra de Monteverdi connaît un succès considérable.

## L'influence des Italiens en Europe

□ En Allemagne, la musique italienne fait des émules. Le principal compositeur du XVIIe siècle allemand est Heinrich Schütz (1585-1672). Au cours de ses voyages en Italie en 1617 et en 1629, il est impressionné par l'art lyrique et les opéras. Maître de chapelle à la cour de Dresde, il donne à sa musique religieuse une spontanéité nouvelle en adaptant l'art de l'opéra aux textes sacrés. Après 1648, il revient à plus de sobriété avec ses *Passions* et ses *Concerts spirituels*. À la fin du XVIIe siècle, la musique allemande cherche à se libérer de l'influence italienne et crée ses propres genres musicaux. C'est ainsi qu'apparaît le *lied* (mélodie accompagnée).
□ Le XVIIe siècle musical anglais est plutôt terne. L'imitation des Italiens n'inspire guère les musiciens à l'exception d'Henry Purcell (1659-1695). Organiste de Westminster, puis claveciniste de Jacques II et de Guillaume d'Orange, il réussit à lier le puritanisme anglais aux ornementations italiennes et élabore un genre très proche de l'opéra, le semi-opéra, constitué de danses, de chants et de dialogues à partir de livrets divertissants : *King Arthur*, *The Fairy Queen* et *Didon et Énée*. Après Purcell et jusqu'au XXe siècle, l'Angleterre ne connaît plus de compositeurs de talent.

# JEAN-BAPTISTE LULLY
# LE MAÎTRE ITALIEN DE L'OPÉRA FRANÇAIS

## ■ La création de l'opéra français par Jean-Baptiste Lully

Sous Louis XIV, les arts s'organisent. L'arrivée de Jean-Baptiste Lully (1632-1687), italien naturalisé français, permet la création d'un genre musical essentiellement national : l'opéra français. Au service de Louis XIV en 1653, Lully commence par écrire de la musique pour ballets de cour. Ami de Molière, il collabore avec lui en créant des comédies-ballets dont *Le Bourgeois gentilhomme* est en 1670 le plus grand succès. Obtenant en 1672 le monopole de composer et de faire représenter des opéras à l'Académie royale de musique, Lully compose, sur des textes de Philippe Quinault (1635-1688), des musiques alliant judicieusement danses et musique instrumentale. Les effets solennels et pompeux de ses œuvres ravissent la cour du Roi-Soleil. À la fin de sa vie, Lully se consacre à la musique religieuse. C'est lors d'une répétition de son *Te Deum*, en 1687, qu'il se donne un coup de bâton sur le gros orteil. Mal soigné, il meurt peu après d'une gangrène.

Jean-Baptiste Lully

## ■ La France n'échappe pas à la mode italienne

Si le ballet (composition dramatique, dont l'action est réglée par une chorégraphie, en vogue depuis la seconde moitié du XVII$^{e}$ siècle) a toujours un grand succès à la cour de France, l'idée du cardinal Mazarin de faire représenter des opéras italiens lors du carnaval de 1646 bouleverse les esprits. Le public français fait cependant un triomphe aux différentes troupes. L'Italien Pier Francesco Cavalli (1602-1676), au style très mélodique, proche du *bel canto* (beau chant), émerveille les auditoires. Les Italiens règnent sur le théâtre musical français.

### Molière et Lully

« Les deux Baptiste », comme les appelait Madame de Sévigné, ont écrit ensemble dix œuvres en l'espace de sept ans. L'imbrication du chant, de la danse et de la comédie est exemplaire et éclate dès leur première œuvre *La Princesse d'Élide*. Dans *Le Bourgeois gentilhomme,* la musique de Lully occupe une heure et demie. La collaboration de Molière et de Lully débouche sur une œuvre charnière, *Psyché*. Par lettres patentes du roi, Lully reçoit en 1672 le monopole de tout le théâtre en musique, poste que Molière briguait lui aussi. La brouille et la rupture des deux hommes survient un an avant la mort du comédien.

# La musique du Roi-Soleil

**Louis XIV veut faire de la cour de France la plus éblouissante du monde dans laquelle la musique joue un rôle primordial. Versailles devient le cœur de la musique française. Le roi sait s'entourer de musiciens qui peu à peu élaboreront une authentique tradition française.**

## La musique à Versailles

En 1661, lorsque Louis XIV gouverne seul après la mort de Mazarin, les musiciens italiens sont encore très présents à la cour. Mais une fois Lully disparu en 1687, un nationalisme musical s'instaure. Il est organisé selon le bon vouloir du roi, pour les divertissements et les fonctions officielles. À Versailles, le musicien devient alors un artisan et la musique une institution.

☐ La chapelle est au sommet de la hiérarchie. Le maître de chapelle doit composer les œuvres pour toutes les cérémonies religieuses. Il dispose d'un orchestre, d'un chœur masculin, de six castrats et d'un organiste. Cet ensemble se produit chaque jour.

☐ La chambre, dont l'orchestre est dirigé par un surintendant, ne fonctionne pas quotidiennement mais seulement quand le roi la commande. La charge est lourde, car la chambre doit répondre aux « menus plaisirs » du roi, en produisant des ballets, des divertissements, des tragédies, des sonates, etc.

☐ L'écurie représente les cérémonies officielles et militaires. Son orchestre doit sonner haut et regroupe en priorité des instruments à vent.

## Le travail des musiciens

Relations, fortune et dispositions musicales permettent aux musiciens d'accéder aux charges de la Maison du Roi. Mais la règle est stricte : il faut être de bonne vie et de bonnes mœurs, respecter le roi et la nation et pratiquer la religion catholique. Le musicien soumet son pouvoir de création ou d'interprétation au bon vouloir du roi et de la cour, adapte sa personnalité aux circonstances. Quand le roi le décide, il doit jouer dans sa chambre ou dans son cabinet, à l'heure du souper ou pendant son lever. Il est un serviteur au même titre que le cuisinier ou le valet de chambre. À chaque occasion, fêtes, chasses, repas, mariages, funérailles, le musicien accomplit sa tâche : faire briller chaque jour un peu plus la cour de France.

## La production musicale

Les guerres, la naissance d'un dauphin, le mariage d'un membre de la couronne, la perte d'une princesse, les départs à la chasse, les repas, etc., donnent lieu à des œuvres qui glorifient le roi. Certaines sont offertes à la nation tout entière et revêtent des caractères grandioses. Les œuvres composées pour les offices quotidiens, mais aussi pour les bals de cour, sont souvent des pièces de grande qualité qui, hors frontières contribuent à la gloire de l'État français. Grâce aux œuvres de divertissement, compositeurs et interprètes font davantage remarquer leurs talents. Parmi la foule d'artistes et de musiciens qui animent la cour de Louis XIV, de grands musiciens vont laisser leur nom à la postérité. Le roi, qui les remarque très vite, les fait se produire lors de réunions privées, les « soirées d'appartement ».

# LES MUSICIENS DE VERSAILLES

## Marc-Antoine Charpentier

L'écriture musicale solennelle de Marc-Antoine Charpentier (1636-1704) est très en vogue à Versailles après la mort de Lully. Maître de la chapelle Royale, il compose exclusivement des œuvres religieuses : des messes, un *Magnificat* et un *Te Deum.* Charpentier compose aussi pour le théâtre. En 1673, il écrit la musique du *Malade imaginaire* de Molière.

## André Campra

Successeur de Lully, André Campra (1660-1744) apporte à l'opéra français une souplesse mélodique et une variété de mise en scène qui rompent totalement avec les traditions. Il est aussi un des premiers à introduire des instruments à cordes dans les églises. Son style mêle la délicatesse française à la vivacité italienne. Il entre à la chapelle Royale en 1723 sous le règne de Louis XV, et la dirige jusqu'à sa mort.

## François Couperin

François Couperin (1668-1733) entre en 1696 à la cour en tant qu'organiste du roi. Il se consacre au clavecin et compose 240 pièces. Sa liberté d'écriture, son lyrisme et son humour délicat s'y expriment en des pièces concises et sobres. En 1717, il devient claveciniste de Louis XV. Indifférent à l'opéra, il compose quelques pièces de musique religieuse. Couperin a porté l'art du clavecin à son apogée.

## Michel-Richard Delalande

Delalande (1657-1726) a connu une ascension régulière et irrésistible. Sa musique instrumentale, et en particulier ses *Symphonies pour les soupers du Roy*, sont fort appréciées à Versailles. L'écriture en est riche, soignée, élégante et très représentative des goûts de la cour. Louis XIV l'ayant nommé sous-maître de la chapelle Royale en 1683, il obtient, après la mort de Lully, le titre de surintendant de la musique de la chambre royale en 1689 et dirige complètement la chapelle Royale à partir de 1714.

# La génération de 1685 : le haut baroque

**Dans la musique baroque, l'usage de la basse continue se traduit en Allemagne et en France par des mélodies très décorées. La musique italienne s'épanouit avec plus de sobriété.**

## Les caractéristiques de la musique baroque (fin XVI^e^- milieu XVIII^e^)

La musique baroque est ouverte, expansive, théâtrale, dramatique et excessive dans son souci d'exploiter toutes les ressources du langage instrumental et vocal. Les rythmes deviennent irréguliers. Les œuvres sont construites sur des oppositions : vif/lent, long/bref, aigu/grave. L'art baroque porte l'accent sur l'union du texte et de la musique, consacrant le beau chant avec beaucoup d'ornements et de vocalises. En dehors de l'opéra et de l'oratorio, une musique instrumentale voit le jour. Certains instruments jouent les mélodies, d'autres assurent la basse continue. Celle-ci a un rôle considérable : elle libère la mélodie, favorisant l'expression et la virtuosité du soliste. Un genre nouveau est né : le concerto.

## Les grands compositeurs du début du XVIII^e^ siècle

Après avoir été un lieu d'événements pour l'opéra, l'Italie consacre Antonio Vivaldi (1678-1741), violoniste virtuose et compositeur, père incontesté du concerto, et Domenico Scarlatti (1685-1757) qui fait exploser l'art du clavecin. S'il est vrai que le clavecin est aussi le symbole de la fin du XVII^e^ siècle français, Jean-Philippe Rameau (1683-1764) ouvre une nouvelle ère musicale en bousculant les règles de l'harmonie. L'Allemagne voit naître Johann Sebastian Bach (1685-1750) qui porte à son plus haut degré d'achèvement l'enseignement des anciens, et Georg Friedrich Haendel (1685-1759), un des maîtres de la musique baroque.

## L'exception italienne : Scarlatti et Vivaldi

□ Scarlatti est surtout connu pour ses sonates pour clavecin (545 ont été répertoriées). Courtes pièces en un seul mouvement, elles font sonner (en italien, *sonare*) et chanter le clavecin. Leur écriture est une recherche constante sur le mécanisme et la délicatesse du toucher. Les sonates de Scarlatti sont courtes, nettement délimitées, simples et concises. Elles se rapprochent du style classique par leur dynamisme.

□ Antonio Vivaldi est un compositeur au concerto facile. Bien que Vivaldi utilise la basse continue, il est déjà dans le style classique par l'équilibre harmonieux qui règne dans ses concertos. Le style de Vivaldi est en fait un fondu enchaîné entre baroque et classicisme. On prête à Vivaldi plus de 600 concertos. Lorsqu'il devient professeur de violon en 1703 à l'hospice de la Pieta de Venise, il est immédiatement encouragé par l'immense talent des jeunes orphelines et leur orchestre réputé. Durant 37 ans, Vivaldi composera un ou plusieurs concertos pour chaque instrument, et il est presque certain que nous ne connaissons qu'une partie de ces œuvres.

# LES MAÎTRES DE LA MUSIQUE BAROQUE

## ■ Jean-Philippe Rameau

Compositeur, théoricien mais aussi auteur d'opéra, Rameau (1683-1764) est un grand nom de la musique baroque. Il publie des traités d'harmonie. En 1733, il produit son premier opéra *Hippolyte et Aricie*. Jusqu'à sa mort, Rameau se consacre à l'écriture de tragédies lyriques et de comédies ballets : *Les Indes galantes*, *Castor et Pollux*, *Platée*, *Les Boréades*.
Il rénove l'opéra français par ses audaces chorales, harmoniques et orchestrales, peu comprises par les philosophes de l'époque, plus tournés vers la mode italienne. Utilisant les formes anciennes, il introduit dans l'opéra une instrumentation variée, une déclamation soignée et une harmonie audacieuse. Sa musique, souple et dense, annonce la grande symphonie classique.

## ■ Georg Friedrich Haendel

Ouvert à toutes les influences, Haendel (1685-1759) a su intégrer les genres musicaux des différents pays dans lesquels il a vécu (l'Allemagne, l'Italie et l'Angleterre à partir de 1712).
Haendel compose avec facilité des œuvres de circonstance qui associent la grandeur des cérémonies françaises, le goût allemand pour les sonorités des bois et les effets polyphoniques chers aux Italiens. Il investit dans ses opéras et ses oratorios son dramatisme, son art choral, mais aussi son génie mélodique et sa riche instrumentation. Son discours musical, très ornementé, et son goût du grandiose en font l'un des plus glorieux musiciens de l'âge baroque.
À l'avènement de Georges II, en 1727, Haendel prend la nationalité anglaise puis se consacre à l'oratorio. Appelé en Irlande pour des concerts, il écrit en peu de jours *Le Messie* qui obtient un succès considérable.

## ■ Johann Sebastian Bach

À 19 ans, Bach (1685-1750) obtient son premier poste d'organiste et compose la *Toccata et Fugue en ré mineur*. En 1708, il écrit son œuvre pour orgue et transcrit les concertos de Vivaldi. En 1717, à la cour de Léopold d'Anhalt Coëthen, Bach aborde sa période profane : c'est l'époque du *Clavier bien tempéré* et des *Concertos Brandebourgeois*. Il est appelé à Leipzig, où en 27 ans, il compose 266 cantates, ses *Passions* et la *Messe en si mineur* tout en dirigeant la maîtrise de Saint-Thomas.
Bach est ancré dans la tradition de la polyphonie et du choral. On trouve dans sa musique une foi religieuse profonde et une architecture exceptionnelle dans la construction de ses œuvres. Bach a réalisé la synthèse des traditions musicales du Nord et du Midi. Il a inventé les premiers éléments d'un langage musical moderne.

# Le classicisme

**À l'écriture complexe de l'époque baroque se substitue la simplicité mélodique du classicisme. Parallèlement, les compositeurs prennent leurs distances vis-à-vis des cours. Deux musiciens, Haydn et Mozart, exercent une influence majeure et déterminante sur l'art musical.**

## La naissance d'un nouveau langage musical

☐ Le milieu du XVIIIe siècle voit naître la montée en puissance de la bourgeoisie. Le musicien s'adapte à cette nouvelle société ; il compose pour elle et fait jouer ses œuvres dans des endroits permettant de rassembler beaucoup de monde. C'est ainsi que se créent les premiers concerts publics. Jusqu'ici destinée aux cours et aux églises, la musique tient désormais compte des goûts de la rue.

☐ Les écritures compliquées, les orchestrations impénétrables et austères sont rejetées et laissent place à un art plus facile et séduisant. Le style galant est la phase de transition entre le baroque et le classicisme. Par opposition aux compositions baroques, les œuvres classiques sont plus courtes et sont fractionnées en plusieurs mouvements. Moins dense, l'écriture gagne en expressivité et en élégance. Une différenciation bien nette s'opère entre la musique symphonique (ou d'orchestre) et la musique vocale. L'opéra devient plus sobre, excluant l'anecdote, l'étonnant et l'invraisemblable. Le public apprécie davantage les sujets plus contemporains.

## La nouvelle condition sociale des musiciens

Malgré les commandes de cour encore contraignantes, les artistes se libèrent peu à peu du pouvoir des princes. La création des salles de concerts leur donne la possibilité de produire leurs œuvres et les leçons qu'ils dispensent leur permettent de vivre. Mozart, le premier, donne l'exemple, suivi bientôt par de nombreux autres compositeurs.

## Les premiers maîtres du classicisme

☐ Georg Philipp Telemann (1681-1767) compose une musique simple, au style galant, agréable, synthèse des courants français, italien et allemand. Son œuvre est immense : 40 opéras, 40 passions, 39 séries de cantates pour toutes les fêtes de l'année, 600 ouvertures et un grand nombre de symphonies, quatuors, trios, suites, pièces pour clavecin.

☐ Successeur de Telemann à Hambourg, Carl Philipp Emanuel Bach (1714-1788) est le plus fécond des fils de Johann Sebastian. Sa notoriété dépasse même celle de son père. Il sait tirer le maximum des timbres de l'orchestre (des bois en particulier) et des rythmes.

☐ Christoph Willibald Gluck (1714-1787) donne un souffle nouveau à l'opéra français. Il rend le chant plus simple, fait descendre de leur piédestal les divinités mythologiques en leur faisant parler un langage plus naturel. *Iphigénie en Aulide* et *Orphée et Eurydice* sont deux exemples de l'art de Gluck.

# LA MUSIQUE DES GÉNIES

## ■ Franz Joseph Haydn (1732-1809) — ■ Wolfgang Amadeus Mozart (1756-1791)

| Haydn : Sa vie | Haydn : Son œuvre | | Mozart : Sa vie | Mozart : Son œuvre |
|---|---|---|---|---|
| • Naissance à Rohrau (Autriche). | | **1732** | | |
| • Haydn vit en donnant des leçons de musique. | | **1748** | | |
| | | **1756** | • Naissance à Salzbourg (Autriche). | |
| • Haydn entre au service du comte de Morzin. Il épouse la fille d'un perruquier et la même année, devient maître de chapelle du prince Esterházy, à Eisenstadt. Il le sert pendant 30 ans. | | **1760** | | |
| | • Symphonies *Le Matin*, *Le Midi*, *Le Soir.* | **1761** | | |
| | | **1763** | • Tournée en Europe avec son père et sa sœur. | • *Première Symphonie.* |
| | | **1768** | | • *Bastien et Bastienne.* |
| | | **1769** | • Maître de chapelle. | |
| | | **1770** | • Voyage en Italie. | • *Mithridate.* |
| | • Symphonie *Les Adieux.* | **1772** | | |
| | | **1777** | • Il quitte son poste à la cour. | |
| | • Opéra *La Vera Costanza.* | **1778** | | |
| | | **1779** | • Voyage à Paris, mort de sa mère. | |
| | | **1780** | • Il reprend un poste d'organiste. | |
| | | **1781** | • Rupture avec le prince-archevêque Colloredo. | • *Idoménée.* |
| | • Opéra *Orlando Paladino.* | **1782** | • Mariage avec Constance Weber. | • *L'Enlèvement au Sérail.* |
| | • Opéra *Armida.* | **1783** | • Installation à Vienne. | • *Messe en ut mineur.* |
| | | **1784** | • Adhésion à la franc-maçonnerie. | |
| | • Symphonies parisiennes. | **1785** | • Apogée de sa gloire. | |
| | • *Les Sept Dernières Paroles du Christ.* | **1786** | | • *Les Noces de Figaro.* |
| | | **1787** | | • *La Petite Musique de nuit*, *Don Juan.* |
| | | **1788** | • Misère, dettes, maladie. | |
| • Mort du prince Esterházy. | | **1789** | | • *Così Fan Tutte.* |
| • Haydn part en Angleterre. | | **1791** | • Mort à Vienne. | • *Requiem*, *La Flûte enchantée.* |
| • Londres. | • Symphonies londoniennes. | **1794** | | |
| • Haydn est de retour à Eisenstadt au service du nouveau prince Esterházy. | | **1795** | | |
| | • Oratorio *Création.* | **1798** | | |
| | • Oratorio *Les Saisons.* | **1801** | | |
| • Mort à Vienne. | | **1809** | | |

# L'aube du Romantisme

**La fin du XVIIIe et le début du XIXe siècles voient éclore des révolutions. En France, on compose des chants et des hymnes révolutionnaires. C'est Berlioz qui fera renaître l'art français. En Allemagne, Beethoven marque le passage de l'âge classique au romantisme.**

## La musique des révolutionnaires de 1789

La Révolution de 1789 fait descendre la musique dans la rue sous forme de chansons mais aussi d'œuvres imposantes destinées à être jouées lors des grandes fêtes ou des célébrations à l'honneur de la Nation. Les œuvres, conçues pour être données en plein air ou devant des milliers de personnes, incitent à une musique efficace reposant sur des harmonies simples, une grandeur de ton, un fort développement des instruments à vent et des percussions ainsi que du chant choral. De décorative, la musique devient formatrice et doit entretenir le patriotisme. La formation des musiciens est confiée au Conservatoire national de musique et de déclamation créé le 3 août 1795. Les musiciens les plus réputés de cette époque sont : François Joseph Gossec (1734-1829), Étienne Méhul (1763-1817), Jean-François Lesueur (1760-1837), André Modeste Grétry (1741-1813) et Luigi Cherubini (1760-1842).

## Napoléon et la musique

Napoléon limite la liberté d'expression des artistes. Il pousse les compositeurs à n'écrire que des opéras-comiques. Tout en réinstaurant la musique religieuse (messes et *Te Deum*), il s'efforce de garder une bonne place aux musiques civiques héritées de la Révolution, qu'il détourne à son profit. D'autre part, il dit préférer la musique italienne « qui ne fait pas de bruit » et « qui ne l'empêche pas de penser aux affaires de l'État ». Il impose en France les maîtres de l'opéra italien et laisse à l'abandon la musique purement instrumentale.

## Les premiers romantiques

□ En France, Hector Berlioz (1803-1869) annonce le renouveau d'un art mis en sommeil par la Révolution. Avec son imagination mélodique débordante, sa science exceptionnelle de l'orchestre qu'il fait renaître, Berlioz est considéré comme le grand rénovateur de la musique française du XIXe siècle. En 1830, il donne à jouer sa *Symphonie fantastique*, une œuvre inspirée, libre, brillante qui enthousiasme le public et qui est considérée comme la première symphonie de la musique française. Son *Requiem* (1837) remporte un énorme succès.

□ En Autriche, Franz Schubert (1797-1828) consacre la grande majorité de sa vie à un genre musical nouveau plus intimiste, le *lied* : poème chanté et accompagné le plus souvent au piano. Artiste de la sincérité et de la mélancolie, il utilise un langage simple et pudique. Il traduit l'instant présent, la vie et les émotions immédiates. Le *lied* est au centre de son œuvre et Schubert l'amplifie jusqu'à lui donner les dimensions de la sonate ou de la symphonie avec une aisance exceptionnelle et une inspiration profondément romantique. Il fait connaître ses œuvres au cours de soirées qui se déroulent dans une ambiance simple, les « schubertiades ».

# BEETHOVEN, ENTRE CLASSICISME ET ROMANTISME

## ■ Un compositeur héroïque

Classique dans ses premières symphonies, romantique dans ses sonates pour piano et dans ses dernières symphonies, profondément moderne dans ses ultimes quatuors à cordes, Beethoven a toujours été en avance sur son temps.
Né à Bonn en 1770, il donne déjà des concerts à quatre ans. Une baisse de l'audition se déclare quand il a vingt ans. Il donne son premier concert à Vienne à 25 ans. Cinq ans plus tard, il publie sa sonate pour piano *Clair de lune* et sa *Première Symphonie*. En 1802, il compose une *Sonate pour piano et violon* dédiée au violoniste Kreutzer. En 1805, son opéra *Léonore* est un échec. De cruelles épreuves s'enchaînent dans sa vie. De cette période datent les six premiers *quatuors à cordes*, la sonate *Appassionata*, le *3e Concerto pour piano*. Suivent les *4e, 5e et 6e Symphonies* en 1808 puis les *7e et 8e* en 1812. Muré dans sa surdité qui augmente, il donne toute son énergie à sa musique en produisant des sonates pour piano, la *Missa Solemnis* et la *9e Symphonie* (1823) dont la création est un triomphe. Beethoven achève ses derniers *quatuors à cordes* et commence une 10e symphonie. Il meurt le 26 mars 1827.

**Ludwig Van Beethoven**

## ■ Beethoven et la Révolution française

Beethoven est très enthousiaste vis-à-vis des événements français. Il écrit en 1789 dans un journal d'étudiants : « Mépriser le fanatisme, briser le spectre de la stupidité, combattre pour les droits de l'homme, cela, nul prince ne le peut. Il faut des âmes libres qui aiment mieux la mort que la flatterie, la pauvreté que la servitude. Sachez que de telles âmes, la mienne ne sera pas la dernière ». Il voit en Bonaparte un libérateur, un héros triomphant du despotisme. Il compose la *Symphonie héroïque* (*n° 3*) en 1802 qu'il dédie à « Bonaparte chef de l'État français et héros de la Révolution française ». Mais la guerre et l'annonce du sacre de Napoléon détruisent les espoirs du musicien qui déchire la dédicace de sa troisième symphonie et la rebaptise *Symphonie héroïque composée pour célébrer le souvenir d'un grand homme*.

## ■ Beethoven et le destin

Les quatre notes (*sol, sol, sol, mi*) qui ouvrent la *Cinquième Symphonie*, ont fait couler beaucoup d'encre. Ce motif d'une brièveté presque primitive a une telle portée dramatique qu'il hante l'auteur tout au long de l'œuvre. À un ami qui l'interrogeait sur la signification de ces quatre notes, il aurait répondu : « Ainsi frappe le destin à la porte ».

# Un style nouveau : l'opéra-comique

**Napoléon impose l'opéra-comique et les artistes italiens en France. Le *bel canto* règne à Paris. Aux opéras dramatiques de Bellini et Donizetti, Rossini oppose un art plein de finesse et d'humour.**

## La mode du théâtre lyrique

Durant la première moitié du XIX^e^ siècle, le paysage musical se modifie lentement. L'opéra-comique et le ballet répondent à un besoin de détente, de fantaisie après les tensions des époques révolutionnaire et napoléonienne. François Adrien Boieldieu (1775-1834) inaugure le genre avec *La Dame blanche* (1825), œuvre jouée 150 fois de suite. Daniel François Esprit Auber (1782-1871) obtient une incroyable renommée avec *La Muette de Portici* (1828), comédie romanesque à mi-chemin entre l'opéra et l'opéra-comique. Giacomo Meyerbeer (1791-1864), compositeur allemand établi à Paris en 1826, réalise un savant mélange des genres allemand, italien et français dans ses œuvres : *Robert le Diable* (1831), *les Huguenots* (1836).

## Le règne du bel canto

Littéralement, *bel canto* signifie « beau chant ». Le bel canto apparaît lorsqu'aux XVII^e^ et XVIII^e^ siècles, les compositeurs écrivent des mélodies douces et expressives qui mettent pleinement en valeur les qualités vocales de leurs chanteurs. Les arias des opéras italiens du XIX^e^ siècle exploitent la force dramatique de la voix dans des tessitures aiguës, pour rivaliser avec l'orchestre dont les sonorités connaissent un extraordinaire développement. Cette dramatisation du chant s'amplifie avec Rossini qui privilégie la puissance des voix au détriment de leur souplesse. Puccini, par une expressivité souvent très forte, sort le bel canto de ses propres limites.

## Paris, capitale de l'opéra italien

□ Napoléon avait imposé ses goûts en matière d'opéra. De nombreux compositeurs italiens se sont ainsi installés dans la capitale. Luigi Cherubini (1760-1842), maître de chapelle de Louis XVIII et de Charles X puis directeur du Conservatoire de Paris, compose en 1819 un *Requiem pour la mort de Louis XVI*. *Médée*, opéra exhumé par Maria Callas en 1953, met en valeur l'écriture passionnée et authentiquement romantique du compositeur.

□ Utilisant le bel canto, exploitant la longue phrase modulée à la limite de la respiration, Vincenzo Bellini (1801-1835) porte le chant à son apothéose et lui donne son expression lyrique et tragique. Il écrit *Norma* (1831), dont la célèbre cavatine « Casta diva » est un parfait exemple de l'ampleur de son écriture. S'appuyant sur des livrets aux dénouements souvent violents, Gaetano Donizetti (1797-1848) dramatise le bel canto et minimise le rôle de l'orchestre. Il est l'auteur de 70 opéras, parmi lesquels *Lucie de Lammermoor*, *L'Élixir d'amour*.

# GIOACCHINO ROSSINI, L'ART DU CRESCENDO ET DE L'HUMOUR

## Rossini, talentueux et novateur

Rossini (1792-1868) réussit la synthèse entre *opera seria* (tragédie) et *opera buffa* (comédie) et reflète la gaieté, le mouvement avec un sens inné de l'effet théâtral. Il introduit le crescendo musical par la répétition, demi-ton après demi-ton, d'une ou de deux phrases, en ajoutant à chaque fois un instrument. Ceci lui a valu son surnom « *Signor Vacarmini* ».
Pour Rossini, la musique est le plaisir du moment, elle entraîne l'esprit ailleurs, elle est un faire-valoir, un subterfuge. Le crescendo qu'il exploite dans *L'Échelle de soie*, puis dans *L'Italienne à Alger*, atteint sa perfection dans l'air de la calomnie du *Barbier de Séville*. Les crescendos de Rossini ne se ressemblent pas : s'ils s'organisent de la même manière, de subtiles permutations de leurs agencements ou la balance des divers éléments les différencient.

**Costume créé pour l'opéra de Rossini *Guillaume Tell***

## Sa vie, son œuvre

Gioacchino Rossini joue du violon et compose dès l'âge de douze ans. *Le Barbier de Séville* (1816) lui apporte le succès. Compositeur de Charles X en 1824, il prend la direction du Théâtre-Italien à Paris. *Guillaume Tell* est accueilli avec réserve. Rossini retourne en Italie en 1830 mais revient à Paris en 1855 où il publie une centaine de pièces qu'il intitule *Péchés de vieillesse*. Ses dernières œuvres sont un mélange de sentiments religieux et philosophiques. La *Petite Messe solennelle* (1863) est l'exemple du talent en marge des modes de son temps. Dans son hôtel particulier, Rossini reçoit le tout-Paris dont Saint-Saëns et Wagner. Passionné de cuisine, il invente le fameux « tournedos Rossini » qu'il fait goûter à ses admirateurs et amis. Il meurt dans la capitale mais est inhumé à Florence auprès de Dante et de Michel-Ange.

## Le Barbier de Séville

Avec *Carmen* de Bizet, *Le Barbier de Séville* reste une des œuvres les plus appréciées. Rossini est supposé s'être beaucoup inspiré du *Barbier* de Giovanni Paisiello (1740-1816) écrit trente ans auparavant. En fait, il reprend un thème à la mode. Si de nos jours, le rôle de Rosine est tenu par un soprano, Rossini l'a créé pour un mezzo-soprano. Ce choix de tessiture, voulu par Rossini, donnait une dimension plus forte au personnage de Rosine.

# La génération des grands instrumentistes

**Les compositeurs nés vers 1810 se retrouvent autour du piano. Très soucieux de liberté dans la création, ils mènent l'art musical vers plus de nuances et de virtuosité.**

## L'art des premiers romantiques

Tout comme l'année 1685 avait vu naître Scarlatti, Haendel et Bach, autour de 1810, quatre musiciens voient le jour : Mendelssohn, Chopin, Schumann et Liszt. Avec eux, la musique va exprimer davantage les sentiments et les pensées. Le mouvement romantique musical ne découle pas d'un rejet du classicisme, mais de la volonté de donner aux œuvres une force dramatique et de faire dominer l'émotion sur la raison. Le musicien désire se libérer des contraintes et recherche une identité propre. Cela se traduit, également en littérature, par le culte du héros. La virtuosité devient un moyen de montrer sa différence et entraîne des nouvelles techniques de composition et de nouvelles formes musicales.

## Tous des pianistes

Instrument soliste par excellence, le piano devient le support idéal du romantisme musical. Interprètes avant tout, les compositeurs de cette génération établissent leur réputation d'abord dans les concerts où ils se produisent. Le public admire la clarté et la légèreté du toucher de Félix Mendelssohn (1809-1847). Frédéric Chopin (1810-1849) est apprécié pour ses nuances délicates et son *legato* (jeu consistant à lier les notes de sorte que l'auditeur n'entende pas d'interruption dans le discours musical). Robert Schumann (1810-1856) cherche la virtuosité, et Franz Liszt (1811-1886) exerce une fascination sur ses auditeurs par ses prouesses techniques quasi surnaturelles.

## L'héritage de Niccolo Paganini

□ Le compositeur Paganini (1782-1840) est surtout un violoniste qui fait considérablement avancer la technique de son instrument, lui permettant d'exprimer la sensibilité romantique au même titre que le piano. La hardiesse de ses vingt-quatre *Caprices* pour violon n'a jamais été dépassée. Prodigieux concertiste, virtuose redoutable, il s'expose lui-même au pires difficultés, en brisant ses cordes, voire son archet, sans perturber le cours d'exécution de ses œuvres.

□ Chopin, Schumann, Mendelssohn et Liszt ont tous écouté Paganini. Tous en gardent une vive impression et leurs premières œuvres subissent son influence directe : les *Études* opus 3 et 10 de Schumann transcrivent les *Caprices* pour violon ; Mendelssohn compose dès lors aussi pour le violon ; Liszt recrée dans ses *Études* les effets brillants de l'écriture du violoniste et Chopin écrit un *Souvenir de Paganini* pour piano. Ces compositeurs inventent le piano romantique en transposant au piano les leçons de Paganini. L'artiste, s'il veut exprimer des sentiments personnels, intenses, doit tirer de son instrument de tels effets qu'il doit être lui-même l'auteur de ce qu'il interprète.

## QUATRE PIANISTES

### Félix Mendelssohn, romantique sur des bases classiques

La musique de Mendelssohn est fluide, claire et poétique. Romantique dans l'esprit, elle est cependant classique dans la forme. À 10 ans, il compose avec grande facilité et donne ses premiers concerts au piano. À 17 ans, il a déjà écrit des symphonies, un octuor à cordes et une musique de scène tirée d'une œuvre de Shakespeare, *Le Songe d'une nuit d'été*. L'un des mérites de Mendelssohn est de révéler au public les grands chefs-d'œuvre des maîtres oubliés.

### Frédéric Chopin, le piano exclusivement

Chopin est le type même du grand compositeur romantique. Ses pièces nombreuses et courtes révèlent un artiste émotif, à la sensibilité à fleur de peau. Toute l'œuvre de Chopin s'adresse exclusivement au piano : *Polonaises*, *Marzurkas*, *Nocturnes*, *Études*, *Préludes*, avec seulement deux exceptions, deux concertos pour piano et orchestre.

### Robert Schumann, tendre et impulsif

Schumann est l'équivalent musical du romantisme littéraire allemand. Il s'inspire des œuvres de Goethe, de Byron, de Heine pour ses compositions : des opéras (*Manfred*, *Faust)* et les *Kreisleriana* pour piano. La musique de Schumann a deux facettes : tendre ou impulsive. Il assume complètement l'insatisfaction romantique.

En 1834, il fonde une revue de critique musicale. De cette époque datent de nombreuses compositions dont le *Carnaval* opus 9 pour piano et ses symphonies.

### Franz Liszt, le virtuose du piano

L'œuvre de Liszt est exceptionnelle : piano, orchestre, musique religieuse. Il est l'inventeur du poème symphonique. Il incarne le sentiment romantique par ses audaces, ses innovations et sa virtuosité au piano : la formidable agilité de son jeu et l'exceptionnelle puissance de ses interprétations déchaînent l'enthousiasme des foules.

**Frédéric Chopin au piano**

# L'opéra romantique

**Au XIXe siècle, la fusion entre littérature et musique donne un nouvel élan à l'opéra. Les grands maîtres sont Verdi et Wagner ; les inspirateurs : Shakespeare, Goethe, Schiller, Hugo ; les thèmes : lutte du héros, amour désespéré qui conduit à la mort, la femme.**

## L'art de Giuseppe Verdi : une musique pour tous

☐ Après Bellini et Donizetti, il faut à l'opéra italien une synthèse des valeurs romantiques et des exigences du public. Verdi (1813-1901) sait adapter le drame moderne en préservant la qualité de la mélodie dans une écriture plus simple et plus directe. Dans ses œuvres, les grandes passions humaines trouvent une traduction familière qui touche directement l'auditeur.

☐ Il adhère au *Risorgimento* (renaissance politique) et produit des opéras (*Nabucco*, *I Lombardi*) qui l'imposent comme un symbole de la résistance du génie italien à l'occupant autrichien. Il n'hésite pas à abonder dans le sens de l'Histoire en donnant des ouvrages héroïques portés par un lyrisme et un dramatisme collant à la réalité : *Hernani* (1844), *Macbeth* (1847) ou *La Bataille de Legnano* (1849). Surnommé « Maître de la Révolution », les lettres de son nom fournissent un sigle évocateur : **V**ictor **E**mmanuel, **R**e **D'I**talia. En 1861, Victor-Emmanuel est roi et Verdi élu député.

☐ Avec sa trilogie *Rigoletto*, *Le Trouvère*, *La Traviata* (1853), il apporte un exceptionnel raffinement psychologique et une intense concentration dramatique. Le *Requiem* et ses œuvres ultimes, *Falstaff* (1889) en particulier, sont marquées par une orchestration éblouissante qui annonce déjà la musique du XXe siècle.

## L'art de Richard Wagner : la lente quête de l'idéal musical

☐ Wagner (1813-1883) se consacre exclusivement à l'opéra. Il puise son inspiration dans les légendes de son pays et y exprime ses thèmes favoris : la sensualité, le mysticisme, la quête de la femme, la souffrance, la liberté du génie, etc.

☐ C'est avec *Tannhäuser*, en 1861, qu'éclatent les premières disputes entre disciples et adversaires. Certains sont choqués par les immenses développements verbaux et musicaux de l'œuvre. On s'en prend aussi à la lourdeur rythmique, au caractère massif et statique de sa musique. En France, Baudelaire et Gounod sont ses rares admirateurs.

☐ En 1864, Wagner est appelé à la cour de Louis II de Bavière. Il y rencontre Cosima, la fille de Liszt, qu'il épouse en 1870. Pendant cette période, d'autres opéras voient le jour : *Tristan et Isolde* (1865), *Les Maîtres chanteurs* (1868). Il s'installe en Suisse et termine sa tétralogie, *L'Anneau du Nibelung* (*L'Or du Rhin*, *La Walkyrie*, *Siegfried*, *Le Crépuscule des Dieux*). Grâce à la fidélité de Louis II, il peut réaliser son rêve : construire un théâtre adapté à son ambition et faire de l'opéra une représentation initiatique. Il pose la première pierre de l'Opéra de Bayreuth en 1872. Trois ans plus tard, Wagner dirige la *Tétralogie*, un ouvrage colossal de 16 heures. Le festival est un énorme succès. Terminant sa dernière œuvre, *Parsifal*, Wagner meurt à Venise en 1883, foudroyé par une crise cardiaque.

☐ Son originalité tient en l'utilisation du *leitmotiv* : un thème musical évoque un personnage ou un lieu et ce thème revient à chaque évocation de l'un ou de l'autre.

# VERDI ET WAGNER

On oppose très souvent Verdi et Wagner. Si leur art peut paraître fondamentalement différent, leur destin d'homme suit les mêmes bonheurs et les mêmes tragédies.

| | **Verdi (1813-1901)** | **Wagner (1813-1883)** |
|---|---|---|
| Parents | Paysans | Policier ou peintre |
| Instrument | Orgue | Piano |
| Conservatoire | Non. Cours particuliers | Non. Université de Leipzig |
| 1re direction | 1834 : La *Création* de Joseph Haydn | 1834 : opéras de Bellini et de Rossini |
| Premier opéra | 1839 : *Oberto* à Milan | 1839 : *Rienzi* à Paris |
| Engagement politique | Le *Risorgimento* dès 1841, qui symbolise la résistance italienne à l'occupant autrichien. Député en 1861. | Épouse les idées révolutionnaires de 1848. Se jette dans le mouvement insurrectionniste de Dresde en 1849. |
| Protecteurs | Un épicier : Antonio Barezzi | Un roi : Louis II de Bavière |
| Opéras à message | Politique : *Nabucco* (1842) - *Hernani* (44) - *Macbeth* (47) - *Bataille de Legnano (49)* | Littéraire : *Le Vaisseau fantôme* (1841) - *Tannhäuser* (1845) - *Lohengrin* (1848) |
| Grands cycles | Trilogie : *Rigoletto*, *Le Trouvère*, *La Traviata* (1851-1853) | Tétralogie : *L'Or du Rhin*, *La Walkyrie*, *Siegfried*, *Le Crépuscule des Dieux* (1876) |
| Œuvres psychologiques | *Les Vêpres siciliennes* (1855) - *Simon Boccanegra* (1857) | *Tristan et Isolde* (1865) - *Les Maîtres chanteurs* (1868) |
| Retour au mélodisme | *Un bal masqué* (1859) - *La Force du destin* (1862) - *Dom Carlos* (1867) - *Aïda* (1871) - *Otello* (1887) - *Falstaff* (1895) | *Siegfried Idyll* (1876)<br>*Parsifal* (1882) |
| Le religieux | *Requiem* (1874) | Non |
| Les amours | Épouse Margherita Barezzi en 1836. Finit sa vie avec la chanteuse, Giuseppina Strepponi. | Épouse l'actrice Minna Planer en 1836. Se lie à Mathilde Wesendonk en 1854 et à Cosima von Bülow en 1864. |
| Drames de la vie | Sa fille meurt en 1838, son fils en 1839 et Margherita en 1840. | Sa femme Minna meurt en 1866. |
| Style | Les actions de ses opéras sont concentrées sur des temps relativement courts, et simples. Son lyrisme est tendre, d'une merveilleuse veine mélodique et ses airs marquent facilement les mémoires. | Ses opéras sont des enchaînements de mélodies soutenus par des orchestrations denses. Les actions sont lentes et leur veine mélodique, moins évidente, n'en marque pas moins les mémoires. |

# L'après-Wagner

**Wagner est allé si loin dans sa conception de « l'art total » qu'il est difficile, après lui, d'exprimer ses différences. Longtemps après sa mort l'Europe reste sous le choc de son œuvre. Outre-Rhin il a de fidèles défenseurs tels que Bruckner et Mahler. Brahms, en revanche, l'ignore totalement.**

## L'héritage wagnérien

□ Wagner a vu l'accomplissement de son rêve : un théâtre national à Bayreuth réservé à la représentation solennelle d'œuvres musicales et dramatiques. C'est une véritable révolution.

□ Pourtant, un quart de siècle après sa disparition, certains jeunes compositeurs lui tournent le dos et créent hors de son influence. Mais ses héritiers immédiats continuent dans son esprit.

□ L'influence de Wagner se ressent dans la conception des compositions : accumulation de moyens, leitmotiv, chromatismes, mélodies continues. Certains compositeurs s'en inspirent directement : Anton Bruckner ou Gustav Mahler. En revanche, Johannes Brahms incarne un nouveau romantisme, insensible à la fascination du maître.

## Anton Bruckner (1824-1896) : la fidélité à Wagner

Les symphonies de Bruckner utilisent des harmonies audacieuses. Très influencé par Wagner jusqu'à sa troisième symphonie (qu'il lui dédie), son style se clarifie ensuite dans des timbres variés et colorés. À la cathédrale de Linz, il assiste en 1863 à une représentation de *Tannhäuser*. C'est la révélation. Il compose dans l'esprit wagnérien une *Messe en ré mineur* et sa première symphonie. Professeur au Conservatoire de Vienne en 1868, il est alors surtout organiste. Il rencontre Wagner en 1873 et devient l'hôte privilégié de Bayreuth à l'occasion de la création de la *Tétralogie*. Ses œuvres (*Te Deum* et ses symphonies) font le tour de l'Europe et sont même jouées à New York et Chicago.

## Gustav Mahler (1860-1911) : un wagnérisme tourmenté

La musique de Mahler est aussi gigantesque que celle de Bruckner, dans la pure tradition wagnérienne. C'est un art contrasté, angoissé, terriblement puissant. Ses couleurs orchestrales sont somptueuses. Mahler est à la charnière de deux siècles. Contemporain de Debussy et de Freud, l'expressionnisme, la psychanalyse, la philosophie et la spiritualité marquent son œuvre. Ses grands thèmes sont : la déploration, le destin, la victoire, la transfiguration, la délivrance. De plus, la vague d'antisémitisme qui commence à secouer le monde le tourmente sans cesse. Il enseigne le piano au Conservatoire de Vienne et écrit ses premiers *lieder* en 1880. Lié à Bruckner, il commence à 23 ans une exceptionnelle carrière de chef d'orchestre. Il dirige jusqu'à dix-neuf opéras par mois, dont *Tristan et Isolde* de Wagner. De plus, il compose huit symphonies et des cycles de *lieder*. Il doit se convertir au catholicisme pour pouvoir être nommé directeur de l'Opéra de Vienne. En 1907, il perd la direction de l'opéra de Vienne. Incompris dans son pays, il part à New York diriger le Metropolitan Opera jusqu'en 1910. Malade, il rentre à Vienne en février 1911 où il meurt le 18 mai.

# BRAHMS : L'ANTI-WAGNER

## ■ Johannes Brahms (1833-1897) : le retour à un romantisme plus simple

Contemporain et ami des Schumann à qui il voue une amitié sans limites, Brahms traverse imperturbable les événements qui secouent l'Allemagne dans les années 1870. S'il s'intéresse aux racines de sa patrie, c'est principalement pour en extraire les folklores du Holstein, de la Prusse, de la Rhénanie et du pays de Bade qui vont servir de trame à ses compositions. Bien qu'il évolue dans le rayonnement de la gloire wagnérienne, Brahms réussit à garder intacte sa personnalité. Il va même jusqu'à ne jamais écrire pour le théâtre, à la différence de tous les autres compositeurs.

Brahms ne crée pas de formes musicales mais adopte celles de Beethoven et de Schumann. Dans le simple langage qui résulte de la connaissance approfondie des techniques de ses maîtres, il insuffle un romantisme sincère et peut aussi atteindre la grandeur tragique.

Les contemporains de Brahms ont souvent considéré sa musique comme ennuyeuse et lourde. En fait, le romantisme de Brahms est foncièrement allemand et fermé à toute influence latine. De ce fait, son style est quelquefois sérieux et presque austère. Mais si on regarde de près son œuvre, plus musicale que littéraire, donc éloignée de Wagner, on y découvre, à travers les audaces architecturales de Beethoven et les libertés harmoniques de Schumann, la douce mélancolie qui est la marque de son caractère. Les demi-teintes qui émaillent ses symphonies, les nuances accentuées qui charpentent toute sa musique de chambre, font de Brahms un pur romantique qui aborde tous les genres musicaux (sauf l'opéra) avec la même réussite et la même passion. Dans sa musique, se mélangent générosité et désespoir.

## ■ Sa vie, son œuvre

Brahms est originaire de Hambourg en Allemagne. Il suit des études musicales et très tôt, révèle des dons de pianiste. Il fait la connaissance de Liszt et surtout de Schumann. Ce dernier attire l'attention sur ce jeune génie. En l'espace de quelques mois, Brahms devient très célèbre. Il présente sa candidature aux fonctions de directeur de la Société philharmonique de Hambourg. On le refuse. Il s'installe à Vienne où il interprète et dirige les œuvres de Bach, Beethoven et Schumann. Il compose un *Requiem allemand* en 1869 qui le consacre comme compositeur. Il est considéré comme un romantique dans la continuité de Schumann et de Mendelssohn. Il s'éteint à Vienne le 3 avril 1897.

| | | |
|---|---|---|
| | 1833 | |
| rencontre avec Schumann | 1851 | rencontre avec Liszt |
| | 1853 | tournée de concerts |
| Directeur d'un chœur féminin | 1862 | Premier concerto pour piano |
| Installation à Vienne | 1864 | quintette piano et cordes |
| sextuor à cordes | 1865 | |
| | 1868 | *Requiem allemand* |
| symphonies concertos pièces pour piano | 1885 | |
| | 1897 | |

# Nationalisme et musique

**La musique de la fin du XIXe siècle est le retour très vif aux sources nationales. Les musiciens puisent dans les mélodies populaires de leurs pays et fondent de véritables écoles. Tchécoslovaquie, Scandinavie, Espagne et Hongrie donnent l'exemple au reste de l'Europe.**

## L'expression du sentiment national

☐ L'expression la plus évidente du nationalisme en musique est l'utilisation voulue et presque systématique du langage mélodique et rythmique des chants et danses traditionnels dans les œuvres des compositeurs dès le milieu du XIXe siècle. Cet espoir de revivifier la musique par le folklore gagne presque le monde entier. Seules l'Allemagne et l'Italie y échappent.

☐ Les compositeurs des nations du centre et du nord de l'Europe, profondément marqués par l'influence allemande, commencent alors à revendiquer un droit d'expression de leur propre sentiment national et de leurs émotions. Ce mouvement nationaliste correspond au mouvement politique musical qui traverse l'Europe. Les thèmes dominants sont alors ceux du pays natal et du retour au pays.

## L'Europe centrale, initiatrice d'un nouveau style musical

C'est surtout en Europe centrale que ce nationalisme musical est le plus fort. Les chants populaires y sont depuis longtemps l'expression des luttes sociales et de la révolte des peuples contre les oppressions. Pour la première fois, des compositeurs se mettent à étudier leur folklore musical de manière scientifique. Certains d'ailleurs parcourent leur pays, allant recueillir les chants des populations jusque dans les campagnes les plus reculées, pour les intégrer ensuite à leurs œuvres. La musique savante s'alimente ainsi aux sources vives de la musique populaire. Par la nouvelle phraséologie rythmique et la plus grande variété mélodique et harmonique de leurs œuvres, ils préparent la voie à l'affranchissement des règles et des conventions qui s'imposera au début du XXe siècle.

## Les lieux et les hommes

☐ La Tchécoslovaquie traverse une grave crise régionaliste par l'évolution séparée des Tchèques de Bohême et des Slovaques. Les événements de 1848 qui tentent l'unification donnent naissance à une véritable conscience nationale. Dans le domaine musical, le pianiste Bedrich Smetana, fonde à Prague une école de musique dont il prend la direction.

☐ La Scandinavie, suit le mouvement avec Edvard Grieg en Norvège et Jean Sibelius en Finlande.

☐ La Hongrie, au centre des événements de la Première Guerre mondiale, devient une république en novembre 1918. Mais de graves troubles accompagnent ce changement. C'est dans ces conditions de vie difficile que le jeune Béla Bartók entreprend avec son ami Zoltán Kodály de parcourir le pays, notant, de village en village, chaque mélodie populaire.

☐ L'Espagne voit s'épanouir un théâtre de tradition populaire d'une ampleur considérable, perpétué par les œuvres de Manuel de Falla en particulier.

# LES ÉCOLES NATIONALES

## ■ Le réveil tchèque

Bedrich Smetana (1824-1884) incorpore les éléments du folklore de son pays. Il acquiert une énorme popularité avec son opéra *La Fiancée vendue* (1866), véritable hymne national de Bohême et un cycle de six poèmes symphoniques dont *Ma Patrie* d'où est extrait *La Moldau*. Antónin Dvorák (1841-1904) est son continuateur le plus remarquable. Il est influencé par les classiques viennois, les harmonies de Wagner et le folklore de son pays. En 1892, il compose à New York sa *Symphonie n° 9 du Nouveau Monde* et *Le Quatuor américain*. Pour Leos Janácek (1854-1928), l'engagement va plus loin : il participe à la lutte contre l'Empire austro-hongrois avec son opéra *Jenufa* (1916).

## ■ Le réveil scandinave

C'est en Norvège qu'Edvard Grieg (1843-1907), encouragé par Liszt, entreprend une carrière de pianiste. Après un *Concerto pour piano* en 1868, il écrit, en 1874, une musique de scène pour les représentations de *Peer Gynt* d'Ibsen. L'autre pôle scandinave est éclairé par le compositeur finlandais Jean Sibelius (1865-1957), qui s'impose comme le plus grand musicien de son pays et comme un des symphonistes les plus marquants du début du XXe siècle. Il compose sept symphonies d'inspiration patriotique.

## ■ Le réveil hongrois

Professeur au Conservatoire de Budapest jusqu'en 1934, Béla Bartók (1881-1945) remonte aux sources de la musique populaire pour l'intégrer dans sa musique aux rythmes très riches. *Le Château de Barbe-Bleue* (1918), *Le Mandarin merveilleux* (1919) et le *Concerto pour piano* (1933), sont empreints des influences modernes sérielles.

## ■ Le réveil espagnol

Chaque composition de Manuel de Falla (1876-1946) manifeste une volonté de renouvellement total dans l'utilisation du langage musical, tout en exploitant la musique populaire espagnole. Il triomphe avec *La Vie brève*. Plus tard, il compose *L'Amour sorcier*, *La Danse rituelle du feu* et *Nuits dans les jardins d'Espagne*. Il émigre en Argentine en 1939 et dirige de nombreux concerts jusqu'à sa mort en 1946. Isaac Albeniz (1860-1909), pianiste virtuose, pousse très loin l'écriture du clavier dans *Iberia* (1905). Enrique Granados (1867-1916) se fait d'abord connaître comme pianiste concertiste puis il compose douze *Danses espagnoles* (1892-1900) qui s'inspirent du folklore de son pays. Il écrit en 1911 son chef-d'œuvre, les sept *Goyescas*, pièces pour piano inspirées par les tableaux de Goya. Il en tire un opéra, représenté à New York en 1916.

**Portrait de Manuel de Falla par Picasso**

# Le réveil français

**Dans la seconde moitié du XIXe siècle, des musiciens tentent d'imposer les conceptions de Wagner, d'autres se dégagent de la musique allemande en créant un courant typiquement français. D'un côté la « bande à Franck », de l'autre Lalo, Saint-Saëns et Fauré.**

## L'influence wagnérienne

☐ L'ouragan Wagner a aussi soufflé sur la France. On oublie vite Berlioz et sa formidable révolution symphoniste pour vénérer le grand maître allemand. Tous sont attirés par le phénomène et peu font l'économie du voyage à Bayreuth. C'est le cas de la « bande à Franck ». L'idée de César Franck (1822-1890) est de réunir des talents musicaux afin d'élaborer une nouvelle esthétique. Mais ceux qui le rejoignent sont déjà très marqués par l'œuvre de Wagner. Franck forme des grands musiciens, tout en écrivant des œuvres riches et d'influence germanique : *Symphonie en ré mineur* (1888) et, entre autres, les trois *Chorals pour orgue* en 1890.
☐ Henri Duparc (1848-1933), premier élève de Franck et adepte de Wagner, se rend à Bayreuth en 1869-1870. *L'Invitation au voyage*, en porte les traces.
☐ Alexis de Castillon (1838-1873) rejoint Franck en 1871 et joue un rôle décisif pour faire revivre la musique de chambre, essentielle dans son œuvre.
☐ Vincent d'Indy (1851-1931), après une visite à Bayreuth en 1876, décide de présenter à Paris les œuvres de Wagner (*Lohengrin* en 1877).
☐ Ernest Chausson (1855-1899) admire tellement Wagner qu'il passe sa lune de miel à Bayreuth en 1883. Ses œuvres principales, *Le Roi Arthus* (1896) et la *Symphonie en si bémol* (1889), sont empreintes des audaces wagnériennes.
☐ Guillaume Lekeu (1870-1894) est le dernier élève de Franck. Sa courte vie ne lui permet pas de produire beaucoup, mais ses œuvres sont sensibles et passionnées.

## Dans la mouvance wagnérienne

Hors de la « bande à Franck », deux wagnériens de talent composent, loin de toute préoccupation unificatrice. Emmanuel Chabrier (1841-1894) se consacre à la musique après avoir entendu *Tristan et Isolde* à Munich en 1879. Ses premières œuvres, *Gwendoline* (1885) et *Le Roi malgré lui* (1887), en sont fortement marquées. Les *Pièces pittoresques* pour piano sont un témoignage de son goût pour l'impressionnisme et de sa bonne humeur. Paul Dukas (1865-1935) investit dans ses premières compositions ce qu'il apprend de la musique de Wagner : *Polyeucte* (1892) et *L'Apprenti sorcier* (1897). Son opéra *Ariane et Barbe-Bleue* (1906), basé sur les principes d'actions lentes de style wagnérien, n'intéresse pas le public. Sa dernière œuvre, *La Péri* (1911), est plus attrayante et se tourne résolument vers Debussy et Ravel.

## Les indépendants

Certains compositeurs français savent maintenir une voie originale, hors de l'emprise allemande. Anti-wagnériens, Gabriel Fauré, Camille Saint-Saëns et Édouard Lalo ne se laissent pas enfermer dans une quelconque école et œuvrent avec beaucoup d'énergie et de talent au renouveau de la musique française.

# DE NOUVELLES INSPIRATIONS

## ■ L'influence espagnole : Édouard Lalo

L'Espagne inspire Édouard Lalo (1823-1892). Sa *Symphonie espagnole* est un grand succès dès sa création. Mais il s'intéresse aussi aux légendes bretonnes (*Le Roi d'Ys*) et se réfère souvent à ses maîtres, les grands romantiques français et Berlioz en particulier. Son orchestration donne une forte impulsion à la musique symphonique. Il apporte à la musique une nouvelle orchestration à la française, la première depuis Berlioz.

## ■ Une inspiration éclectique : Camille Saint-Saëns

Beaucoup de ses œuvres portent la trace de ses innombrables voyages. Défenseur de la musique française, Saint-Saëns (1835-1921) fustige Verdi quand celui-ci triomphe à Paris, manifeste son dégoût pour l'art de Franck et demande l'éviction des œuvres de Wagner des concerts français. Tout n'est pas facile pour lui dans un premier temps : échec des pièces pour piano (1858) et des opéras *Henri VIII*, *Le Timbre d'argent*, *Proserpine* (1860-1875). Mais il triomphe avec ses concertos pour piano, ses poèmes symphoniques *Le Rouet d'Omphale* (1871), *La Danse macabre* (1874), son opéra *Samson et Dalila* (1877), *Le Carnaval des animaux* (1886) et ses symphonies dont la 3e avec orgue (1886). Saint-Saëns a le sens des équilibres dans le domaine symphonique. Sa musique est élégante, et son piano, brillant. Il incarne la nouvelle virtuosité.

## ■ La tradition romantique retrouvée : Gabriel Fauré

Inspiré par les thèmes grégoriens, surtout dans son *Requiem*, Gabriel Fauré (1845-1924) puise ses idées dans ses voyages (par exemple, les *Mélodies de Venise*). Fauré a des débuts difficiles : ses premières pièces pour piano n'ont pas de succès. Il subit les échecs de *Prométhée* (1900) et de *Pénélope* (1913). Mais les succès existent : *Requiem* (1887), mélodies *La Bonne Chanson* (1892-1894), pièces pour piano *Nocturnes, Barcarolles, Préludes, Impromptus* (1910-1911), musique de chambre... L'art de Fauré est subtil et raffiné. Il ne recherche jamais la virtuosité forcée. Toutes ces qualités en font l'héritier du grand mouvement romantique du début du XIXe siècle.

***Le musicien*, Ivan Puni**

# L'opéra, du Second Empire à la fin du XIX^e^ siècle

**Sous Napoléon III, l'opéra prend deux directions : une, réaliste, l'autre, légère. Un genre nouveau apparaît, l'opérette. Le public se presse pour écouter Offenbach et délaisse Bizet.**

## La musique du Second Empire

Lorsque Louis-Napoléon Bonaparte restaure l'Empire en 1852, trois genres musicaux cohabitent : l'opéra traditionnel, l'opéra-comique, aux sujets plus réalistes, et l'opérette, divertissante et légère, dans laquelle les compositeurs se complaisent à une satire du régime impérial. Les plus grands chefs, Jules Pasdeloup, Édouard Colonne et Charles Lamoureux, diffusent leur musique dans des sociétés musicales et des concerts populaires.

## Les derniers représentants de l'opéra-comique

L'opéra-comique est l'opéra bourgeois. Il connaît son apogée au début du XIX^e^, mais il devient bientôt la cible de la nouvelle génération. Le divertissement, la satire et la parodie qui font naître l'opérette occultent très vite ce genre qui survit difficilement. Charles Gounod (1818-1893) écrit des thèmes attendrissants qui redonnent à la musique française lyrique la rigueur et la veine mélodique qui avaient un peu disparu : *Ave Maria*, *Mireille* (1864), *Roméo et Juliette* (1867). Passant de la volupté au mysticisme, il connaît la gloire avec *Faust* (1859), un des opéras les plus populaires du XIX^e^ siècle. Léo Delibes (1836-1891) excelle dans le ballet. *Coppelia* (1870) et *Sylvia* (1876) sont des œuvres aux qualités romantiques indéniables. Georges Bizet (1838-1875) écrit beaucoup d'opéras-comiques, qui sont des échecs. En 1874, *Carmen* laisse le public indifférent : trop réaliste, tragique, pittoresque, dénouement brutal ne convenant pas. Jules Massenet (1842-1912) opère une subtile synthèse des styles allemand et italien, et écrit des œuvres très mélodiques et encore très romantiques. Son incontestable réussite est *Manon* (1884). Gustave Charpentier (1860-1956) connaît la gloire avec *Louise* (1900), œuvre qui s'apparente à l'opéra vériste italien.

## Jacques Offenbach (1819-1880) : le roi de l'opérette

☐ L'humour irrespectueux et cinglant d'Offenbach n'épargne aucune catégorie sociale. L'ensemble est emballé de valses et de cancans et fait rire un Paris enivré d'intrigues et de frivolité. Ne parvenant pas à faire jouer ses opérettes, Offenbach ouvre en 1855 le théâtre des Bouffes-Parisiens.

☐ Par ses parodies et les multiples flèches qu'il tire sur les mœurs, Offenbach ne laisse pas indifférent le public, d'abord surpris puis choqué, puis enthousiaste et se pressant à chaque représentation. Ce sont *Orphée aux Enfers* (1858), *La Belle Hélène* (1864), *La Vie parisienne* (1866), *La Grande- Duchesse de Gérolstein* (1867), *La Périchole* (1868), *Les Brigands* (1869), *La Fille du tambour-major* (1879), et un opéra, *Les Contes d'Hoffmann* (1880) qu'il ne peut achever. L'opérette perd de son humour avec la fin du Second Empire. Elle devient plus « sage ». Elle influence la comédie musicale américaine.

# LES STRAUSS : DE L'OPÉRETTE À LA VALSE

## La dynastie des Strauss

Pendant que Paris s'amuse, Vienne valse. Cette danse est soudainement mise au goût du jour avec les opérettes de la famille Strauss. Une véritable dynastie de musiciens de grande qualité anime la vie viennoise pendant près d'un siècle et laisse des œuvres inoubliables que la tradition perpétue avec délice aujourd'hui encore. La famille Strauss provoque les mêmes passions qu'Offenbach en France, à cette différence près qu'il n'y a dans le fond de leurs œuvres aucune critique de la société mais plutôt une certaine flatterie des mœurs et des exigences de la mode.

### Johann Strauss (1804-1849)

De merveilleux violoniste qui fonde sa propre formation en 1825, Johann Strauss devient vite compositeur prestigieux de valses. Admiré de Chopin et de Wagner, il laisse de nombreuses compositions dont la célèbre *Marche de Radetzky,* jouée encore de nos jours en final des Concerts du Nouvel An à Vienne.

### Johann Strauss (1825-1899)

Malgré les réticences paternelles, il devient musicien. Doué pour la composition, il est rapidement le « prince » de la valse : *Le Beau Danube bleu* (1867), *Sang viennois* (1873), *La Valse de l'Empereur* (1889). Gagné par la fièvre de l'opérette au cours d'une tournée d'Offenbach, il écrit ses chefs-d'œuvre : *La Chauve-Souris* (1871) et *Le Baron tzigane* (1889). Il est désormais le roi de l'opérette viennoise. Les danses à la mode (valse, polka, marche, mazurka), la fraîcheur de son écriture, sont reconnues de tous.

### Josef Strauss (1827-1870)

Il est aussi doué en musique que son frère Johann. Néanmoins, il choisit une carrière d'ingénieur. Mais Josef a l'esprit de famille. À chaque absence de Johann, il accepte de diriger l'orchestre familial et de composer pour lui. Plus calme et plus réfléchi que son frère aîné, Josef reflète sa personnalité dans ses valses et ses polkas (*Pizzicato Polka*), très sensuelles et de facture originale. On trouve moins de puissance dans ses œuvres que dans celles de Johann et de son père, mais elles restent dans la bonne tradition des exigences viennoises.

### Eduard Strauss (1835-1916)

Comme tous les enfants Strauss, (il y en aura six en tout), Eduard est doté d'une solide formation musicale. Bien entendu, il joue dans l'orchestre familial et s'impose très rapidement, plus comme chef d'orchestre que comme compositeur. Ses œuvres, révélant beaucoup de métier, sont moins inspirées que celles de ses frères. À la mort de Johann en 1899, Eduard reprend la direction de l'orchestre des Strauss, perpétuant ainsi la tradition familiale jusqu'à la Première Guerre mondiale.

# L'élan musical russe

**Jusqu'au XIXe siècle, la Russie n'a connu que les styles italien et germanique. Balakirev crée un mouvement national avec le « groupe des Cinq ». Avec la révolution de1917, le nouveau régime impose sa musique. Certains fuient, d'autres acceptent de servir.**

## L'éclosion d'une musique authentiquement russe

Afin que la musique se libère des tutelles italienne et allemande dans les cours russes, cinq musiciens s'associent sur un art lié aux traditions populaires. Chacun exprime sa propre sensibilité et son propre talent. La fondation en 1862 du groupe des Cinq anime un foyer culturel dans la Russie de la fin du XIXe siècle.

## Les musiciens du groupe des Cinq

☐ L'association est créée par Mily Balakirev (1837-1910), disciple de Glinka. Excellent pianiste, Balakirev est le directeur de conscience du groupe.
☐ Le premier à le rejoindre est Alexandre Borodine (1833-1887). Sa musique reflète la Russie des grands espaces : *Dans les steppes de l'Asie centrale* (1880).
☐ César Cui (1835-1918), malgré ses opéras, ne s'impose pas comme compositeur.
☐ Modeste Moussorgsky (1839-1881) écrit *Boris Godounov* (1868), un hymne de reconnaissance au peuple russe qui souffre, le poème symphonique *Une nuit sur le mont Chauve* (1867) et les très célèbres *Tableaux d'une exposition* (1874).
☐ Dernier membre du groupe, Nicolaï Rimsky-Korsakov (1844-1908) est admiré pour son écriture orchestrale riche et colorée de sonorités nouvelles (bois, cuivres, percussions). Maître du poème symphonique, *Le Capriccio espagnol* (1887), *Schéhérazade* (1888), il écrit aussi de nombreux opéras dont *Ivan le Terrible* en 1881.

## En dehors du groupe des Cinq

☐ Alors que le groupe des Cinq crée un art national, Piotr Ilitch Tchaïkovski (1840-1893), musicien romantique, compose dans des formes classiques occidentales où il exprime sa mélancolie. Il laisse des œuvres inoubliables : des symphonies, dont la fameuse 6e dite *Pathétique* (1893), un *Concerto* pour piano (1875) et des ballets, *Le Lac des cygnes* (1876), *La Belle au bois dormant* (1890), *Casse-Noisette* (1891). Il compose aussi dix opéras.
☐ Dans la lignée de Tchaïkovski, Sergheï Rachmaninov (1873-1943) reste imperméable aux courants musicaux de son temps. En 1917, il émigre aux États-Unis.
☐ Igor Stravinski sait exploiter la diversité des genres tout en gardant sa personnalité. Ses œuvres de jeunesse sont marquées par sa Russie natale, ses ultimes compositions sont tournées vers la technique sérielle. En 1910, *L'Oiseau de feu* est un succès considérable. Trois ans plus tard, il déclenche à Paris un scandale en présentant *Le Sacre du printemps*, tourné vers la musique moderne du XXe siècle.
☐ Sergueï Prokofiev est un héritier des classiques à l'écriture plus incisive, avec des rythmes vifs. Après les ballets *Roméo et Juliette*, *Cendrillon* et le conte musical *Pierre et le Loup* (1936), il collabore avec Eisenstein pour la musique des films *Alexandre Nevski* (1939) et *Ivan le Terrible* (1945). À partir de 1941, il travaille *Guerre et Paix* dont une partie est représentée à Leningrad en 1946.
☐ Dimitri Chostakovitch laisse une œuvre, dramatique et de grande ampleur.

# FACE À LA RÉVOLUTION D'OCTOBRE

## ■ Pouvoir et musique

La révolution de 1917 a plusieurs conséquences sur l'art musical du pays. Tout d'abord, un certain nombre de musiciens émigrent. C'est le cas de Rachmaninov en 1917, de Prokofiev en 1918 et de Stravinski, entre autres. C'est aussi la nationalisation des maisons d'édition, conservatoires et autres opéras qui étaient sous protection impériale. Enfin, l'acte même de composer est réglementé. La musique soviétique, pour s'adresser aux masses populaires, doit s'exprimer dans un langage direct avec une harmonie traditionnelle, une mélodie lyrique, une structure claire et un rythme entraînant.
Toute l'activité musicale est bientôt placée sous le contrôle de l'Union des compositeurs, affiliée au Parti communiste soviétique, qui rappelle que l'idée essentielle de la musique est de correspondre au réalisme socialiste.

## ■ L'éloignement : Igor Stravinski

Stravinski (1882-1971) a acquis la célébrité grâce à *L'oiseau de feu*, ballet composé en 1910 après sa rencontre avec Serge de Diaghilev. La révolution d'Octobre et la prise du pouvoir par Lénine l'éloignent à jamais de son pays natal. Pendant la Première Guerre mondiale, il séjourne en Suisse et compose des œuvres de facture classique. Naturalisé français en 1936, Stravinski part pour les États-Unis à la déclaration de la Seconde Guerre mondiale et devient citoyen américain en 1945. Il mène alors une carrière de pianiste et de chef d'orchestre. Au cours des années 50, il se tourne vers la musique sérielle : *In Memoriam Dylan Thomas* (1954), *Canticum Sacrum* (1956), *Agon* (1957), *Threni* (1958)... Il s'oriente alors peu à peu vers une abstraction froide, une sorte de forme métaphysique des sons. Il meurt à New York en 1971.

## ■ Le gardien de la tradition russe : Sergueï Prokofiev

Peu intéressé par la révolution d'Octobre, Prokofiev (1891-1953) part pour les États-Unis dans l'espoir d'y faire carrière. Après un séjour à Chicago, où il compose *L'Amour des trois oranges* (1921), il s'installe à Paris et côtoie Poulenc, Stravinski et Ravel. De cette période, datent la *Symphonie n° 2*, le ballet *Pas d'Acier* (1927) et le *Concerto pour piano n° 4* (1931). Ayant le mal du pays, il accepte une tournée en URSS et obtient l'autorisation de s'y réinstaller en 1935. Si certains se font rappeler à l'ordre au nom de la construction du socialisme, Prokofiev rentre vite dans le rang, il compose même une cantate pour les vingt ans de la révolution. Sa mort, le 5 mars 1953, passe presque inaperçue, survenant le même jour que celle de Staline.

## ■ Le fidèle parmi les fidèles : Dimitri Chostakovitch

Comme ses contemporains, en 1917, Chostakovitch (1906-1975) doit faire correspondre sa musique aux règles strictes du Parti sous peine de passer pour antidémocrate. Plutôt que d'émigrer, il choisit de rester et de servir le mieux possible le régime. Musicien officiel, il ne cesse d'offrir son talent aux cérémonies commémorant la révolution : quinze symphonies, des concertos, dont deux pour violoncelle (dédiés au virtuose Rostropovitch), un oratorio, des cantates, des musiques de film, des mélodies, des pièces pour piano, qui lui valent une quantité impressionnante de récompenses (plusieurs fois prix Staline et prix Lénine).

# L'éclosion des genres au début du XXe siècle

**En Italie, le vérisme réagit aux opéras de Wagner et Verdi. Richard Strauss et Satie ignorent les courants musicaux. En France, Debussy et Ravel font exploser les traditions.**

## Le courant vériste italien (1890-1904)

□ Contre la démesure des opéras de Verdi et Wagner, l'opéra vériste (de *vero*, « vrai ») apparaît en Italie en 1890. Sa caractéristique est de traiter la réalité quotidienne. La technique musicale fait appel aux registres les plus élevés de la voix avec une ligne mélodique solide, rythmée et syllabique, incontestablement mélodramatique.
□ Les grands maîtres de l'opéra vériste sont Pietro Mascagni (1863-1945), qui, avec *Cavalleria rusticana* obtient un succès dans le monde entier et Ruggero Leoncavallo (1857-1919) qui présente en 1892 son opéra *I Pagliacci*, reflet des attitudes et des mœurs de la vie du sud de l'Italie.
□ L'art de Gioacomo Puccini (1858-1924) est plus subtil. Il abandonne le *bel canto* pour des lignes mélodiques faciles à retenir. C'est son extraordinaire intensité dramatique qui lui fait gagner l'adhésion du public dès 1893 avec *Manon Lescaut*, suivie en 1896 de *La Bohème*, de *Tosca* en 1900 et en 1904 de *Madame Butterfly*.

## En marge de tous les courants

□ Les audaces harmoniques, la tendresse mélodique, font de Richard Strauss (1864-1949) un musicien à part. La première partie de ses œuvres reste influencée par Wagner. Mais il adopte en 1910 un style plus raffiné. *Le Chevalier à la rose* (1910) qui le qualifie de « néo-baroque ». Strauss devient alors plus proche de l'esprit galant du XVIIIe. Il poursuit dans cette voie avec *Ariane à Naxos* (1916), *La Femme sans ombre* (1919) et *Arabella* (1933). Jusqu'à la Deuxième Guerre mondiale, il dirige l'Opéra de Vienne.
□ Erik Satie (1866-1925) compose une œuvre déroutante, jusqu'à la provocation, et ses lignes mélodiques simples au langage original échappent à une analyse traditionnelle. Il compose de courtes pièces pour piano, dans lesquelles les accords prédominent sur la mélodie : *Ogives* (1886), *Gymnopédies* (1888), *Gnossiennes* (1891).

## L'art français moderne : Debussy, Ravel, le groupe des Six

□ Pour libérer la musique des conventions, Claude Debussy (1862-1918) envisage de nombreuses solutions dont certaines sont d'ordre mathématique (le nombre d'or). Ses textures sonores aux variétés exceptionnelles, ses thèmes puissants évocateurs, ses harmonies audacieuses, en font un maître de la musique française du XXe siècle. Le *Prélude à l'après-midi d'un faune* (1894), inspiré d'un poème de Mallarmé, donne une étonnante impression de liberté mélodique et rythmique.
□ Maurice Ravel (1875-1937) est un orchestrateur très inventif. Sa musique évolue plus par contraste et répétitions variées que de façon continue. Dans le *Boléro* (1928), une seule mélodie est répétée. Le thème est orchestré chaque fois différemment. Le rythme est également invariable et progressif jusqu'à l'explosion finale.
□ L'art français moderne est aussi représenté par le groupe des Six, musiciens réunis autour de Cocteau et souhaitant renouer avec l'inspiration nationale.

# LE RETOUR AU CLASSICISME

## Le néo-classicisme en France : le groupe des Six

Des compositeurs du XX^e siècle pensent que les formes musicales modernes compliquées doivent être allégées. Ils tournent le dos aux tendances modernes de la musique et proposent un retour aux harmonies des maîtres anciens (classiques et baroques). C'est ce qu'expose l'écrivain Jean Cocteau dans *Le Coq et l'Arlequin*. Autour de lui, un mouvement se crée en 1919, le Groupe des Six.

**L'inspirateur**
**JEAN COCTEAU**
*Le Coq et l'Arlequin* (1919)

**L'œuvre commune :**
*Les Mariés de la tour Eiffel* (1921).

**1930 : séparation du groupe.**

**LOUIS DUREY**
(1888-1979)
L'un des rares Français de son temps, à s'être enthousiasmé pour l'atonalité de Schoenberg

**GEORGES AURIC**
(1899-1983)
*Les Fâcheux* (1924)
*Le Sang du poète* (partition sur un film de Cocteau).

**ARTHUR HONEGGER**
*Pastorale d'été* (1920)
*Roi David* (1921)
*Pacific 231* (1923).

**DARIUS MILHAUD**
(1892-1974)
*Le Bœuf sur le toit* (1919)
*La Création du monde* (1923)

**FRANCIS POULENC**
(1899-1963)
*Les Biches* (1923)
*Aubade* (1929)
*Concerto Champêtre* (1928)

**GERMAINE TAILLEFERRE**
(1892-1983)
Elle participe à l'œuvre commune et laisse des concertos et ballades qui ont été vite oubliés.

## Le néo-classicisme à l'étranger

### Allemagne

**PAUL HINDEMITH**
(1895-1963)
Jazz et musique de cabaret.
Expressionnisme.

**KURT WEILL**
(1900-1950)
*L'Opéra de quat'sous* (1928) d'après Bertold Brecht.

**CARL ORFF**
(1895-1982)
*Carmina Burana* (1935-1936)
*Catulli Carmina* (1943)
*Trionfo di Afrodite* (1953)

### Angleterre

**EDWARD ELGAR**
(1857-1934)
Tradition haendelienne.
*Concerto pour violon* (1910)

**BENJAMIN BRITTEN**
(1913-1976)
Retour aux modes grégoriens.
Vérisme. Impressionnisme.
*Peter Grimes* (1945)

### Italie

**OTTORINO RESPIGHI**
(1879-1936)
Adaptation d'œuvres anciennes.
Retour aux maîtres du passé.

# Vers la musique moderne

**L'École de Vienne ouvre la brèche avec l'atonalité, le dodécaphonisme et le sérialisme. Bien des musiciens vont s'y engouffrer et conduire l'art musical jusqu'au règne de l'ordinateur. Les compositeurs de l'an 2000 sont aussi techniciens et ingénieurs.**

## Les débuts de la musique sérielle : l'École de Vienne

□ Au début du XXe siècle la musique prend une tendance nouvelle avec l'École de Vienne fondée par Arnold Schoenberg (1874-1951). Ce Viennois influencé par Brahms et Wagner cherche de nouveaux moyens expressifs. *La Nuit transfigurée* (1899), *Gurrelieder* (1900), le *Premier Quatuor à cordes* (1905) et la *Symphonie de chambre* (1906) choquent par leurs sauts d'intervalles et leur chromatisme exacerbé. Il passe à l'atonalité en 1908 avec le *Deuxième Quatuor à cordes*, donne des cours de composition à Vienne et fait des émules. Chassé par les nazis, Schoenberg émigre aux États-Unis.
□ Anton Webern (1883-1945), qui ramène la musique à sa plus simple expression dans des formes brèves expressives, le rejoint en 1901. Si ses premières œuvres sont classiques et courtes, comme *Passacaille* (1906) ou *Pièces pour orchestre* (1909), il rattrape son maître dans *Mélodies* (1924), *Symphonie* (1928) et *Quatuor* (1938).
□ Quand Alban Berg (1885-1935) rencontre Schoenberg en 1904, c'est la révélation. Par son sens dramatique, son lyrisme, le raffinement de son orchestration, il ne provoque pas de rupture entre le romantisme et le courant sériel. Ses œuvres, *Quatuor à cordes* (1909), *Pièces pour orchestre* (1914) et son opéra *Wozzeck* (1925) s'imposent comme des chefs-d'œuvre. Il écrit un concerto pour violon *À la mémoire d'un ange* (1935) et disparaît, laissant inachevé un opéra, *Lulu.*

## De l'harmonie traditionnelle à l'atonalité

Les principes qui dominent la musique depuis toujours atteignent leurs limites vers 1900. Déjà certains compositeurs comme Debussy tentent de s'en libérer. Les recherches conduisent les musiciens à abandonner le système tonal (basé sur les modes anciens, fondé sur le rôle de la tonique, première note du mode utilisé, déterminant la tonalité de l'œuvre) pour un système atonal (écriture musicale qui laisse indéterminée la tonalité de la composition). L'atonalité recouvre toute musique n'obéissant pas (ou plus) aux lois de l'harmonie traditionnelle.

## Dodécaphonisme et musique sérielle

□ Le dodécaphonisme (du grec *dodeca,* « douze ») naît de ces nouveaux principes. Il s'agit de prendre les douzes sons de l'échelle chromatique (toutes les notes d'une gamme, altérées ou pas) et de les utiliser sans hiérarchisation, toutes les notes ayant la même valeur harmonique et tous les intervalles étant égaux. Le dodécaphonisme amène très vite les musiciens à la notion de série.
□ La série ou succession de douze notes est basée sur un principe fondamental, la non-répétition : chacune des notes doit figurer dans la série avant que l'une d'elles ne réapparaisse. La musique sérielle peut aussi s'appliquer à des séries de moins ou de plus de douze sons, dans un langage musical générant des intervalles plus petits que le demi-ton, ordinairement utilisé.

# LES COURANTS CONTEMPORAINS

## 1936

**René Leibowitz** (1913-1972), fait connaître en France l'œuvre de Schoenberg. Deux groupes de musiciens naissent.

**Les indépendants**
- Edgar Varèse (1883-1965)
- Henri Dutilleux (né en 1916)
- Maurice Ohana (né en 1924)

**La Jeune France**
- Daniel Lesur (né en 1908)
- André Jolivet (1905-1974)
- Yves Baudrier (1906-1988)
- Olivier Messiaen (1908-1992)

**Le sérialisme intégral**

## 1945

**Les élèves de Leibowitz**
- György Ligeti (né en 1923)
- Jean Barraqué (1928-1973)
- Bruno Maderna (1920-1973)
- Iannis Xenakis (1922-1993)
- Luciano Berio (né en 1925)
- Luigi Nono (1924-1994)
- Betsy Jolas (née en 1926)
- Boucourechliev (né en 1925)

**Les élèves de Messiaen**
- Pierre Boulez (né en 1925)
- Karlheinz Stockhausen (né en 1928)

**Les cours internationaux de musique nouvelle de Darmstadt**

## 1946

**1948 : musique concrète**
- Pierre Schaeffer (1910-1995)
- Pierre Henry (né en 1927)

**1950 : musique électro-acoustique**
- Stockhausen et les studios de Radio Cologne

**1954 : le néo-grégorien**
- Maurice Duruflé (1902-1986)

**1955 : musique semi-aléatoire :**
- Pierre Boulez
- Karlheinz Stockhausen
- John Cage (né en 1912)

**1958 : Groupe de recherche de musique (GRM)**
- Luc Ferrari (né en 1929)
- Ivo Malec (né en 1925)
- Guy Reibel (né en 1936)

**1965 : musique aléatoire**
- Krzysztof Penderecki (né en 1933)
- Luciano Berio
- Witold Lutoslawski (né en 1913)
- Boucourechliev
- Iannis Xenakis

**musique répétitive**
- La Monte Young, et Terry Riley (né en 1935)
- Earle Brown (né en 1926)
- Philip Glass (né en 1936)

## 1975

**IRCAM** : Institut de recherches et de coordination acoustique musique dirigé par Pierre Boulez.

## 1980

**Règne de la voix**
- Michaël Levinas (né en 1949)
- Toru Takemitsu (1930-1996)

**Survivance des principes sériels**, abandon du dodécaphonisme.

**Règne de l'ordinateur**
Le musicien est aussi technicien et ingénieur.

# Les premiers instruments

**Les instruments sont connus grâce aux peintures rupestres et aux outils retrouvés dans des tombes. Dans l'Antiquité, les instruments les plus variés apparaissent et scandent la vie religieuse et sociale. Les instruments à vent (aulos, hydraule) ou à cordes (lyre) mais aussi les percussions étaient les plus utilisés.**

## L'aulos

Cet instrument à vent de la Grèce antique a une origine orientale : on a découvert des aulos datant du IIIe millénaire dans les tombes d'Ur. Constitué d'un tube de perce cylindrique ou conique muni d'un embout où se fixe l'anche, l'aulos est fabriqué en roseau, en bois, en os ou encore en corne, en ivoire et même en métal. Il est le plus souvent utilisé par paire : les deux tuyaux de longueur inégale renforcent la sonorité et l'hétérophonie. Pour masquer le gonflement de ses joues, l'instrumentiste porte une bande de tissu ou de cuir placée comme une muselière. En vogue chez les Grecs, l'aulos accompagne les chants au cours des cérémonies funèbres, des noces, des vendanges. Les Romains l'utilisent au théâtre et lors des cérémonies religieuses et publiques. Mais les premiers chrétiens proscrivent l'aulos qui disparaît dès le Ve siècle.

## La lyre

Datant du IIIe s. av. J.-C., de grande taille, la lyre a la forme du taureau, animal sacré, dont le corps constitue la caisse de résonance et d'où partent deux bras qui soutiennent une barre d'attache. Une dizaine de cordes fixées à la base de la caisse s'enroulent sur la barre d'attache. Deux musiciens pincent les cordes à doigts nus. L'instrument prend une forme plus modeste en Égypte. Il se transforme et prend alors un aspect léger ou au contraire plus massif. Le nombre des cordes varie, de quatre à sept jusqu'à un maximum de douze. Au Moyen Âge, on attribue le nom de lyre à des instruments à cordes frottées ou pincées mais taillés dans une seule pièce de bois. C'est de cet instrument que découle le crouth (ou crwth) des bardes celtes.

## L'hydraule

Ctésibios d'Alexandrie (IIIe siècle av. J.-C.) a inventé cet ancêtre de l'orgue. L'air sous pression est fourni à des tuyaux par des pompes (cylindres en bronze) et des réservoirs (cuves de cuivre remplies partiellement d'eau, renversées). L'air s'échappe du réservoir sous pression par un entonnoir et arrive aux tuyaux. L'hydraule est employé pour les danses dans les temples d'Alexandrie. À Rome, avec les trompettes et les cors, il prend des proportions géantes et accompagne le déroulement des spectacles du cirque. À Byzance, il participe aux sonneries impériales. Il est le premier orgue de l'Occident dont Constantin V offre un exemplaire à Pépin le Bref en 747.

**Le rhombe**

Le rhombe est constitué d'une planchette de bois ou d'os, attaché par une cordelette que le musicien fait tourner autour de sa tête : l'instrument en vibration dans l'air crée un vrombissement. Le rhombe est toujours utilisé dans les populations primitives comme le montre le film *Les dieux sont tombés sur la tête.*

# INSTRUMENTS ET CIVILISATIONS

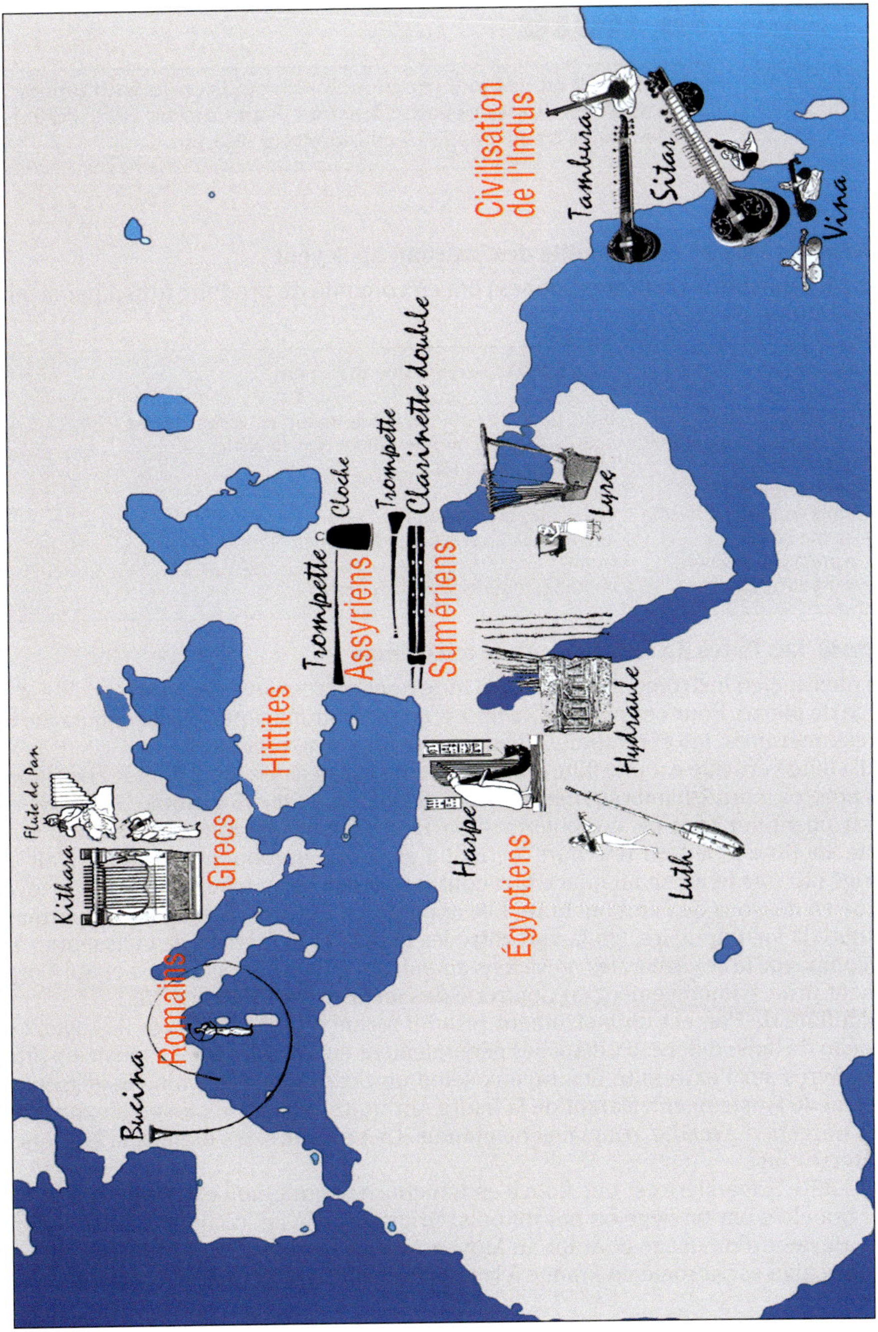

# Instruments à vent (1) : la flûte

**La flûte est un des tout premiers instruments créés par l'homme. On distingue les flûtes verticales dont l'embouchure est terminale et les flûtes transversales à embouchure latérale.**

## La variété de la famille des instruments à vent

Les instruments à vent (aérophones) ont en commun de produire le son par la mise en vibration de l'air.

**La famille des instruments à vent**

| | | |
|---|---|---|
| – à embouchure | : | flûte, flûte traversière, flûtes multiples, flûtes de Pan |
| – embouchure à conduit | : | sifflets, flûte à conduit, flûte à bec, flageolet |
| – anche simple | : | clarinette, saxophone |
| – anche double | : | hautbois, basson |
| – embouchure en bassin | : | cor, trompette, trombone |
| – anche libre | : | accordéon, concertina, harmonica, harmonium |
| – à anche et à clavier | : | orgue |
| – vent naturel | : | rhombe, toupies vrombrissantes |

## Les flûtes de tous lieux et de tous temps

Le plus ancien instrument à vent est la flûte dont on retrouve des vestiges datant de l'âge de pierre. Pour ces peuples, la flûte a un pouvoir magique, elle accompagne les rites funéraires, les cérémonies liées aux orages ou aux récoltes.

☐ La flûte verticale est une flûte constituée d'un tuyau assez long, dont le conduit est en bois, os, corne, bambou, roseau ou métal. Sa perce est cylindrique. On trouve cet instrument sur tous les continents et particulièrement en Amérique du Sud et en Asie. La flûte à bec est une flûte à conduit avec une embouchure simple. L'air est dirigé par une fente en un mince filet contre le biseau d'un trou percé dans le tuyau situé en dessous de l'embouchure. Elle apparaît en Europe au XIIe siècle et participe à toute la vie populaire. On la voit entre les mains de bergers et de chasseurs ; elle accompagne le voyageur, les musiciens ambulants qui vivent de leur art et qui s'organisent professionnellement en Confrérie des ménestrels à Paris en 1321.

☐ La flûte de Pan est un instrument primitif formé d'un assemblage de tuyaux en roseau de taille différente, disposés généralement en décroissant. Le musicien place ses lèvres sur l'extrémité des tuyaux selon un ordre que détermine le glissement latéral de l'instrument. Datant de la haute Antiquité, elle est le moyen d'expression des bergers d'Arcadie, roumains ou chinois. De nos jours, les Indiens la fabriquent en terre cuite.

☐ La flûte traversière est une flûte à embouchure latérale, son extrémité supérieure est bouchée par un liège ou par du bois. Originaire d'Asie, connue dès le IXe siècle, elle devient d'un usage courant au Moyen Âge. Le fifre, petite flûte traversière, de timbre aigu est associé en France à la musique militaire depuis le XVIe siècle.

# DE LA FLÛTE À BEC À LA FLÛTE TRAVERSIÈRE

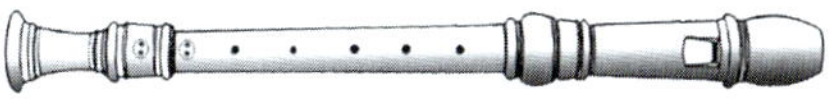

Flûte à bec

Flûte traversière

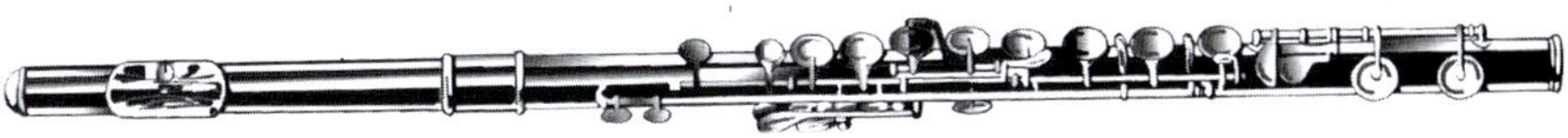

## La flûte à bec

Elle est construite en bois ou en ivoire, percée de 6 trous, ou de 8. Ce sont tout d'abord les jongleurs et ménestrels qui l'utilisent puis elle gagne les musiciens de la cour et la bourgeoisie. Elle reste l'instrument privilégié des compositeurs en France, en particulier jusqu'à la fin du XVIIe siècle. Elle disparaît jusqu'au milieu du XXe siècle où elle est remise à l'honneur en Angleterre.

Les différents types de flûtes à bec sont :

- la sopranino (flûte en *fa*)
- la soprano (en *ut*) la plus répandue
- la alto (en *fa*), *treble* anglais
- la ténor (en *ut*)
- la basse (en *fa*) dotée de clé pour le trou inférieur munie d'un « bocal » en forme de S comme le basson.

## La flûte traversière

Elle est constituée d'un tuyau cylindrique, d'argent, de métal ou de bois, percée de 18 trous, démontable en trois parties. Son système de clés et de leviers permet de boucher les trous extrêmes sans avoir à déplacer les mains. Elle prend une importance réelle à partir du début du XVIIIe siècle où elle se voit assigner la place d'instrument soliste. Sa facture est améliorée par la famille Hotteterre (fin XVIIe) et surtout par Théobald Böhm qui, dans les années 1830, lui adjoindra un ingénieux système mécanique. La flûte traversière s'imposera dans les orchestres symphoniques.

Les différentes flûtes traversières sont :

- la grande flûte (en maillechort, argent, parfois en or). Le son porte sur trois octaves ;
- la petite flûte, piccolo, est issue du fifre militaire. Son étendue est plus limitée : deux octaves et une septième ;
- la flûte grave en sol – flûte alto : son timbre moelleux en fait un instrument privilégié des compositeurs modernes.

### Quelques grands flûtistes

– *Marcel Moyse (1889-1984).* Fondateur du trio Moyse, il se produit dans le monde entier et joue sous la direction des plus grands chefs : Toscanini, Walter, Mengelberg, Klemperer, Strauss. Il a créé le *Concerto* de Jacques Ibert ; Albert Roussel, Martinu, Milhaud lui ont dédicacé de nombreuses œuvres. Il a participé à la fondation de l'École de Marlboro.

– *Michel Debost (né en 1934).* Il est nommé flûte solo à l'Orchestre de Paris et en 1981, il succède à Jean-Pierre Rampal au Conservatoire de Paris.

– *Jean-Pierre Rampal (né en 1922).* Par son enthousiasme, son dynamisme (fondateur de l'Ensemble baroque de Paris et du Quintette à vent français), il a permis à la flûte de retrouver ses lettres de noblesse. Il joue sur une flûte en or qui a appartenu au comte de Rémusat. Sa discographie énorme et son répertoire très vaste ont permis de faire découvrir des œuvres oubliées ou inconnues du répertoire classique ou de musique contemporaine.

# Instruments à vent (2) : la clarinette et le hautbois

**La clarinette et le hautbois, instruments à vent et à anche, prennent place dans l'orchestre baroque au XVIIe siècle. Leur forme ne sera définitive qu'au milieu du XIXe siècle.**

## Les trois sortes d'anches

L'anche est une lame de roseau ou de métal placée dans l'embouchure de certains instruments à vent de la famille des bois, et dont la vibration, communiquée à la colonne d'air du tube, produit le son. On distingue trois sortes d'anches :
– l'anche libre qui vibre au passage d'une colonne d'air (ex. : tuyau d'orgue, harmonica, harmonium) ;
– l'anche battante double qui comporte deux roseaux liés superposés, pincés entre les lèvres et qui vibrent au passage de l'air (ex. : hautbois) ;
– l'anche simple qui ne comporte qu'une seule languette (ex. : clarinette).

## Un instrument à anche simple : la clarinette

☐ Cet instrument à vent de la famille des bois et de perce cylindrique au pavillon évasé est constitué de cinq parties : le bec (en ébonite mais parfois en cristal), le baril ou barillet, le corps supérieur qui supporte le mécanisme dévolu à la main gauche (15 trous, 9 clefs, 3 anneaux), le corps inférieur pour la main droite (9 trous, 8 clefs et 3 anneaux) et le pavillon.
☐ Son origine remonte au IIIe millénaire av. J.-C. Elle dérive du chalumeau à anche simple du Moyen Âge et de la Renaissance. Johann Christoph Denner (1655-1707) de Nüremberg lui ajoute des clefs et remplace le tube qui renferme l'anche par un bec monté sur un tuyau. Le pavillon ajouté au tube sonore la fait ressembler à la *clarino* (petite trompette). C'est ainsi qu'elle prend le diminutif de clarinette. Le système des clefs inventé par Théobald Böhm (1824-1881) lui permet d'acquérir des vertus d'agilité et de registre. Par son extrême virtuosité et l'étendue de son registre, la clarinette est un instrument soliste privilégié. Depuis Rameau et Mozart, presque tous les compositeurs l'ont inclue dans leur répertoire.

## Un instrument à anche double : le hautbois

☐ Doté d'une anche double prise entre les lèvres, le hautbois a une perce conique. Le tuyau étroit mesure 60 cm environ et comporte trois sections : le corps du haut, le corps du bas et le pavillon en buis joliment façonné et décoré d'ivoire avec plusieurs jeux de clefs (de deux à quinze selon les instruments).
☐ Les origines du hautbois remontent à la haute Antiquité : on trouve les premières représentations d'instruments à anche en 3000 av. J.-C. en Mésopotamie. L'aulos des Grecs et la tibia des Romains sont les ancêtres du hautbois. Durant les siècles suivants, un instrument à vent, portant le nom de chalumeau (dont l'origine est le mot « roseau ») est utilisé pour les fêtes en plein air. Au XVIIe siècle, le facteur d'instrument Jacques Hotteterre lui apporte des améliorations qui donneront au hautbois sa forme actuelle. Au XIXe siècle son registre s'agrandit grâce à l'utilisation des clefs. Le hautbois offrant un répertoire varié, de nombreux compositeurs l'ont intégré dans leurs œuvres.

# ANCHE SIMPLE, ANCHE DOUBLE : UNE GRANDE FAMILLE

## ■ La famille de la clarinette

- *La petite clarinette* (en *la* bémol) : son corps, construit d'un seul tenant, mesure 25 cm. Elle est utilisée dans l'orchestre en renforcement de la flûte et du hautbois.
- *La clarinette alto* (en *mi* bémol) adopte la forme de la clarinette basse avec un bocal en métal remplaçant le pavillon.
- *La clarinette basse (en si* bémol) le plus souvent, ou en *la*) est plus grande que la clarinette alto et sonne une octave plus bas que la grande clarinette. Elle est le plus souvent utilisée dans les musiques d'harmonie.
- *La clarinette contralto* : sonne à l'octave grave de la clarinette alto.
- *La clarinette contrebasse* : octave basse de la clarinette basse.

## ■ La famille du hautbois

- *Le basson* : ses deux tuyaux accolés parallèlement et de longueur différente forment un tube de 2,60 m. Il comporte un système de 22 clefs et sonne deux octaves plus graves que le hautbois.
- *Le contrebasson :* sonne à l'octave inférieure du basson.
- *Le cor anglais* : il s'agit d'un hautbois apparu en Allemagne au début du XVIIIe siècle. On l'appelle aussi cor anglé du fait de sa forme arquée. Il reprend sa forme droite au XIXe siècle. Il est doté d'un pavillon renflé.
- *Le hautbois d'amour* : son apparition est contemporaine de celle du cor anglais.
- *Le hautbois baryton* (*heckelphone*) : c'est le plus grave des instruments du groupe des hautbois.
- *Le sarrusophone* : le chef d'orchestre Sarrus crée en 1856 cet instrument pour être joué dans les fanfares en remplacement du contrebasson qu'il dépasse dans les graves.

**La clarinette**

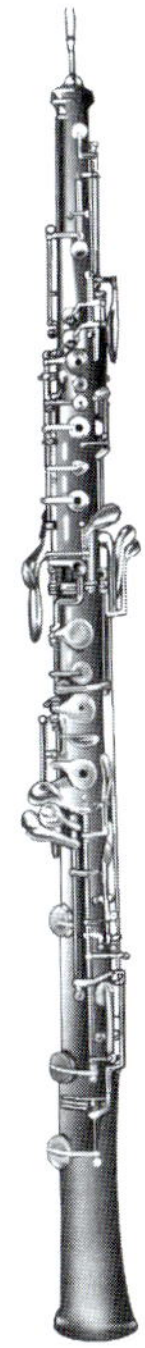

**Le hautbois**

### Le saxophone

Le saxophone est de la famille des instruments à vent à anche mais il est en cuivre. Inventé par Adolphe Sax en 1856, il repose sur les mêmes principes de fonctionnement que le hautbois et la clarinette. Il a une anche simple fixée à une embouchure en forme de bec comme la clarinette mais son tube conique et son pavillon évasé s'apparentent au hautbois. Sa famille est nombreuse puisqu'elle est composée de sept membres : sopranino (en *mi* b.), soprano (en *si* b.), alto (en *mi* b.), ténor (en *si* b.), baryton (en *mi* b.), basse (en *si* b.), contrebasse (en *mi* b.). J. Massenet, V. d'Indy, R. Strauss, M. Ravel, A. Honegger, D. Milhaud, etc. ont fait appel à lui. Il tient une place essentielle dans les formations de jazz.

# Instrument à vent, à tuyaux et à clavier : l'orgue

**Depuis l'Antiquité, l'orgue a toujours fait partie de la vie musicale. Par les améliorations techniques successives, l'orgue suscite un regain d'intérêt auprès des compositeurs de notre siècle.**

## Un instrument complexe

L'orgue est un instrument à vent et à clavier qui permet de produire une grande variété de sons grâce à l'action de ses tuyaux, déclenchée par l'instrumentiste au moyen des registres. Très complexe, il est composé de plusieurs parties.

☐ Une soufflerie (« les poumons ») fournit le vent. Elle est actionnée de nos jours par un ventilateur électrique.

☐ Les sommiers sont des conduits qui transmettent le vent provenant de la soufflerie. Quand l'organiste tire le registre (petite réglette mobile), il met le tuyau en communication avec le souffle d'air transmis par les sommiers.

☐ Les tuyaux ont une taille allant de un centimètre à dix mètres. Ils sont groupés par familles correspondant aux registres. Les tuyaux sont construits en métal ou plus rarement en bois.

☐ La console est constituée de un à cinq claviers manuels qui comprennent chacun de 56 à 61 touches.

☐ Au pied, se trouve le pédalier qui comprend trois sortes de pédales. Une pédale d'expression permet les accouplements des claviers entre eux, et les tirasses permettent l'accouplement de chaque clavier avec le pédalier.

## Les différents jeux

Le jeu est un ensemble de tuyaux de même type correspondant à un timbre ou une hauteur de son donnés.

| Mode de production du son | Nom des jeux | Aspect et emplacement des tuyaux | Qualité du son |
|---|---|---|---|
| *Jeux de fonds* tuyaux à bouche | flûtes | tuyaux larges | doux et rond |
| | montres | largeur moyenne en façade | clair et puissant |
| | gambes | tuyaux étroits | mordant et voilé |
| | bourdons | tuyaux étroits | voilé et doux |
| *Mixtures* Tuyaux à bouche | plein jeu | plusieurs tuyaux associés (3 à 5 par note) | sonorité puissante, riche |
| | cymbale | 3 à 7 rangs de tuyaux | sonorité éclatante |
| | cornet | 5 à 10 rangs de tuyaux | sonorité douce |
| *Jeux d'anche* | trompette | élément central de la batterie d'anches | utilisé en solo<br>timbre éclatant, comparable à celui des cuivres d'orchestre |
| | cromorne | le seul jeu d'anche indispensable | |
| | musette | anche battante et résonateur conique | |

# LE ROI DES INSTRUMENTS

## De l'hydraule au véritable orchestre

L'orgue apparaît en Égypte au IIIe siècle av. J.-C. sous la forme d'hydraule et se répand dans le monde romain puis en Europe occidentale. Vers le IXe siècle, il est admis dans les églises pour accompagner la liturgie. L'orgue médiéval est de modestes dimensions. Il est joué à deux mains et un souffleur alimente en air les tuyaux. Au XVe siècle, Conrad Paumann publie une méthode d'orgue. L'instrument comporte trois claviers et un pédalier, il est parfois doté de 2 000 tuyaux. Les facteurs du XVIIe siècle et les virtuoses (Frescobaldi, Sweelinck, Cabanilles) le font évoluer en inventant les jeux. Le répertoire pour orgue s'enrichit grâce à Bach, Buxtehude, Grigny, Haendel. Au XIXe siècle, la famille Cavaillé-Coll construit pour de nombreuses églises des orgues présentant des perfectionnements au niveau des registres, des pédaliers, de l'augmentation des combinaisons, du clavier et de l'introduction de sonorités nouvelles. Avec Franck, Liszt et l'école française de Widor, Dupré, Tournemire, Messiaen, Alain, l'orgue devient un instrument profane, parfois intégré à la musique symphonique (*Symphonie n° 3* de Saint-Saëns ; *Ainsi parlait Zarathoustra* de R. Strauss).

### Quelques grands organistes

– *Marie-Claire Alain (née en 1926)* : son père était compositeur ainsi que ses frères Jehan et Olivier. Elle a enregistré plusieurs intégrales de l'œuvre pour orgue de Bach dont elle est une des spécialistes les plus reconnues. Elle a également enregistré le répertoire romantique (Franck, Widor).

– *Pierre Cochereau (1924-1984)* : une carrière sans faute le mène au poste de titulaire du grand orgue de Notre-Dame de Paris. Virtuose de réputation internationale, il est également compositeur et un des maîtres de l'improvisation.

– *Jean Guillou (né en 1939)* : agrégé d'éducation musicale, professeur détaché à l'UER de musicologie à la Sorbonne, il est l'auteur de nombreuses publications. Il a enregistré l'œuvre d'orgue de G.A. Honilius et la version « de Weimar » des chorals de Leipzig de Bach.

**L'orgue**

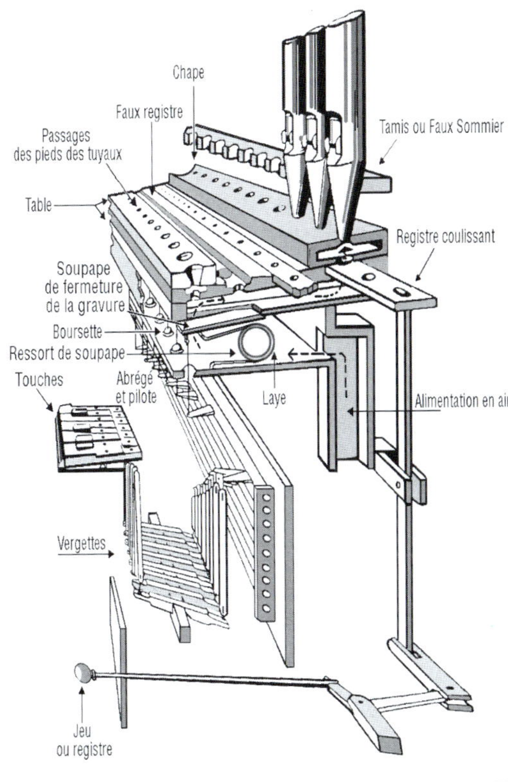

# Les cuivres : la trompette

**Appréciés pour leur sonorité éclatante (trompette, trombone) et leurs sons graves (tuba, saxhorn), les instruments à vent de la famille des cuivres ont leur place dans l'orchestre symphonique mais aussi dans les formations militaires, les fanfares, les cliques de parades et bien sûr les orchestres de jazz.**

## De la trompette naturelle à la trompette moderne

☐ En usage durant toute l'époque baroque et jusqu'au début du XIXe siècle, la trompette naturelle, que l'on trouve encore de nos jours dans les fanfares et les harmonies, produit des notes assez réduites sur l'échelle harmonique. L'ajout de pistons au XIXe siècle permet à la trompette d'étendre son registre. Appelée *trompette moderne*, la trompette à pistons est dotée d'une embouchure en bassin. Elle a une longueur variable ; sa perce est cylindrique jusqu'au pavillon qui s'évase progressivement. En allongeant sa colonne d'air, la trompette permet un jeu chromatique, en abaissant d'un demi-ton ou plus les notes émises.
☐ Aujourd'hui, on dénombre cinq sortes de trompettes : la trompette moderne en *ut* ou en *si* bémol, la trompette alto en *fa*, la petite trompette en *ré*, la trompette piccolo en *si* bémol aigu et la trompette basse en *ut*, *si* bémol ou *fa* grave.

## Du dieu Osiris au Roi-Soleil

☐ En Égypte, on attribue à Osiris l'invention de la trompette. Accessoire militaire et culturel chez les Hébreux, il est un instrument purement militaire chez les Grecs où il figure également dans les cérémonies olympiques. Les Romains utilisent la *tuba* qui s'apparente à notre clairon et le *lituus* qui a un rôle exclusivement militaire. Au Moyen Âge la trompette se modifie : c'est à cette époque que les facteurs courbent les instruments qui prennent une forme de S ou cette forme oblongue qui nous est familière aujourd'hui.
☐ À partir de 1500 apparaissent deux types d'instruments : la trompette oblongue qui ne donne que les notes naturelles, utilisée à la cour et à la guerre, et la trompette à coulisse avec laquelle les interprètes adaptent leur musique en leur permettant de jouer davantage de notes. Monteverdi introduit la trompette dans la musique de concert et dans son opéra *Orfeo*. Bach l'intègre dans ses cantates et dans ses *Concertos brandebourgeois*. En France, avec Lully, les trompettes résonnent à la gloire du Roi-Soleil. Charpentier avec son *Te Deum* donne un éclat merveilleux à cet instrument également utilisé en Angleterre par Purcell et Haendel.

## Au XIXe siècle, la trompette entre dans l'orchestre

Avec Haydn, Schubert et Beethoven, les goûts musicaux changent. L'invention des pistons par Blümel et Stölzel en 1818 donne à la trompette sa forme définitive et lui permet d'entrer définitivement dans l'orchestre. Berlioz et Rossini ramènent la trompette au concert. À la fin du XIXe siècle, la trompette retrouve la place qu'elle avait perdue : Wagner, Bruckner, Verdi. Depuis, la trompette entre dans le répertoire des musiciens modernes – Debussy, R. Strauss, Mahler, Berg, Stravinski, Ravel, Britten, Jolivet, Kagel – et des musiciens de jazz – Armstrong, Gillespie, Davis.

# LA FAMILLE DES CUIVRES

La famille des cuivres est nombreuse par la variété des instruments qui interviennent, soit dans l'orchestre (le cor), soit dans les fanfares (le cornet à pistons), soit dans les deux formations (le trombone, le tuba).

## Le cor

Le cor comporte un long tube de cuivre de 4,50 m de long, de perce conique très étroite, plusieurs fois enroulé sur lui-même et se terminant par un pavillon largement évasé, doté d'une embouchure à cuvette conique. Un système de pistons inventé par Stölzel permet d'émettre toutes les notes de l'échelle sonore : ainsi est né le cor chromatique à pistons de l'orchestre moderne. Son ancêtre est le coquillage, la conque marine ou la corne d'un animal.

## Le cornet à pistons

Le cornet à pistons est d'invention plus récente (XIXe siècle). Le tuyau est moins allongé que celui de la trompette et sa perce plus évasée, conique sur les trois quarts de sa longueur. Classé parmi les cuivres clairs, il connaît une grande vogue mais il tombe en désuétude à la fin du XIXe siècle. On lui reproche un timbre moins noble que celui de la trompette.

## Le trombone

Le trombone se distingue de la trompette par sa coulisse télescopique dont le musicien se sert pour allonger le tube. La première mention du trombone ou saqueboute remonte au mariage de Charles le Téméraire (1468). Le long tube de cuivre dont une partie mobile s'emboîte et coulisse permet sept positions qui dotent l'instrument d'une échelle chromatique complète. Le nom *trombone* est une appellation italienne du XVIIe siècle, de *tromba*, « trompette », et du suffixe *one*, basse de trompette. La virtuosité qu'il permet grâce à la coulisse, les effets de glissando, l'usage de la sourdine le font rentrer dans l'orchestre. Il prend une place importante dans les orchestres de jazz.

## Le tuba

Instrument à vent de perce conique, doté de pistons par Adolphe Sax au XIXe siècle, le tuba est la basse de la famille des cuivres. Le tuyau à embouchure est replié sur lui-même. Le pavillon, moins évasé mais plus profond que celui du cor, est dirigé vers le haut ou parfois horizontalement (on l'appelle alors *bugle*). Il fut introduit dans l'orchestre symphonique au XIXe siècle.

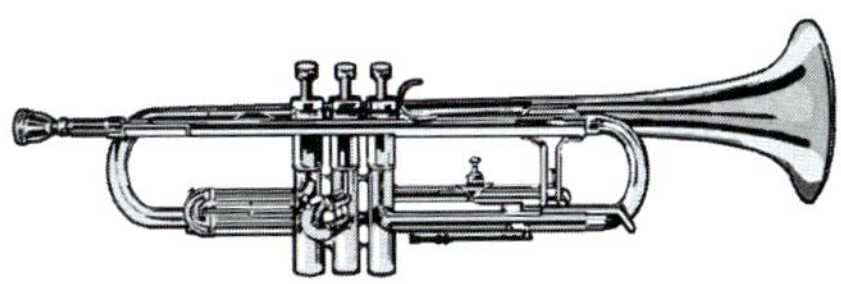

**La trompette**

**Quelques grands trompettistes**

– *Maurice André (né en 1933)* : fils de mineur et mineur lui-même, il entre au Conservatoire de Paris à 14 ans. Professeur au Conservatoire de Paris, il introduit la petite trompette dans le répertoire baroque. Il a transcrit de nombreuses œuvres pour faire connaître cet instrument et a créé de nombreuses œuvres contemporaines.

– *Bernard Soustrot (né en 1943)* : trompettiste et chef d'orchestre, il assure la direction de l'Orchestre philharmonique du Pays de la Loire et est directeur artistique de l'Opéra de Nantes. Il a créé des œuvres de Claude Ballif, Maurice Ohana et Alain Louvier.

# Un instrument à cordes et à archet : le violon

**L'apparition du violon coïncide avec les débuts de l'âge baroque. Des œuvres plus simples, pour la plupart des mélodies accompagnées, lui sont confiées : il impose d'emblée sa suprématie.**

## Le plus aigu des instruments occidentaux à archet

□ Instrument à cordes frottées par l'archet, le violon est tenu sous le menton. Le violoniste joue en posant ses doigts sur les cordes, ce qui permet de produire les notes qu'il désire. Simultanément, il fait vibrer la ou les cordes avec l'archet. Les quatre cordes, accordées de quinte en quinte, transmettent leur vibration au chevalet qui les fait parvenir à la table d'harmonie. L'air en vibration passe par des ouvertures sur la table, les ouïes, situées de part et d'autre du chevalet.

□ L'âme du violon joue un rôle essentiel pour donner à l'instrument son timbre propre en transmettant les vibrations de la table au fond ; elle a également une fonction mécanique en soutenant la pression exercée par les cordes sur le fond. C'est un petit cylindre de pin inséré verticalement entre la table d'harmonie et le fond de l'instrument.

□ L'archet est une baguette en bois légèrement incurvée sur laquelle est tendue une mèche de crins de cheval, le musicien met en vibration les cordes des instruments à archet (violon, alto, violoncelle, contrebasse) quand les crins, enduits de colophane, frottent sur les cordes de l'instrument.

## Le règne du violon

Tout d'abord traité de *vacarmini* par les violistes, le violon est l'instrument populaire qui accompagne les danses de plein air alors qu'à la fin du XVIe siècle, la viole, au son plus délicat, est l'instrument de choix des intellectuels et des artistes. Mais le violon va détrôner sa concurrente jusqu'à l'extinction complète de la viole. Il devient le plus utilisé des instruments de l'orchestre jusqu'au XXe siècle. D'autres musiques, le jazz en particulier, le feront passer au second plan.

## La viole et le violon, deux instruments différents

| Viole | Violon |
|---|---|
| Issue des vièles du Moyen Âge. | Ancêtre ravanaston ? cithare ? |
| Disparaît au début du XVIIIe siècle. | Né au XVIIe siècle. |
| Corps allongé se rétrécissant vers le manche (« épaules » tombantes).<br>Dos plat. | Caisse de résonance s'échancrant profondément sur les côtés.<br>Fond et table légèrement bombés. |
| Table percée d'ouïes en forme de C.<br>6 ou 7 cordes. | Table percée d'ouïes en forme de F.<br>4 cordes. |
| Touche large, divisée en cases par des frettes. | Touche uniforme, sans case. |
| Archet plus large, tenu dans la paume de la main tournée vers l'extérieur. | Archet plus fin, tenu paume vers l'instrument, permet des effets particuliers (pizzicati, vibrato aux sonorités chaudes, etc.). |
| Les petits modèles se tiennent sur le bras. Les grands entre les genoux. | Les petits modèles se tiennent sous le menton, le bas de la caisse placé sur la clavicule gauche. |

# VIOLON ET VIOLONISTES

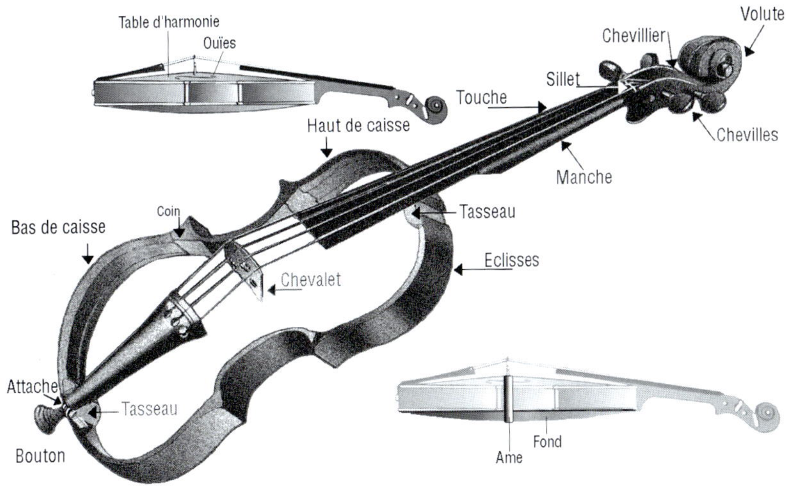


**L'anatomie du violon**

## ■ Antonio Stradivari, dit Stradivarius (1644-1737)

Il a travaillé toute sa vie à perfectionner la facture du violon, sa forme, le choix de son bois, l'esthétique de l'instrument. Sa production de mille instruments s'étend sur trois périodes :

- 1666-1690 : influence de son maître Amati
- 1690-1700 : modèles de forme plus allongée, les « longuets »
- à partir de 1700, la période d'or : le vieux maître luthier produit ses chefs-d'œuvre : le *Viotti*, le *Vieux Temps*, le *Dauphin*, le *Messie*...

Chaque instrument réalisé par Stradivarius porte un nom.

Stradivarius fixe le modèle du violon pour tous ses successeurs. Ses instruments n'étaient pas très répandus parmi les grands musiciens de son époque, mais étaient déjà très appréciés car Stradivarius jouissait d'une grande réputation dans toute l'Italie. Mais son génie n'a été reconnu que plus tard.

**Quelques grands violonistes**

– *Gidon Kremer (né en 1947)* : son grand-père est professeur au conservatoire, son père est professeur et concertiste. Grand défenseur de la musique contemporaine, il anime le Festival de musique de chambre de Lockenhaus en Autriche.

– *Yehudi Menhuin (né en 1916)* : grand humaniste, il n'a cessé de contribuer aux rapprochements entre les artistes soviétiques et occidentaux. Il a créé de nombreuses œuvres de compositeurs contemporains (B. Bartok, E. Bloch, F. Martin, etc.). Il a tout d'abord joué sur un Stradivarius de 1733, le *Prince Khevenhüller*, puis sur un Soil de 1714 en alternance avec un Guarnerius del gesù.

– *David Oistrakh (1908-1974)* : prodigieux musicologue, connaissant parfaitement les maîtres classiques, il défend la musique soviétique avec talent : Chostakovitch, Prokofiev, Khatchaturian et Kabalevski dont il a créé de nombreuses œuvres.

– *Itzhak Perlman (né en 1945)* : frappé par la poliomyélite à quatre ans, il se déplace en fauteuil roulant. À côté du grand répertoire classique, il a créé de nombreuses œuvres de musique contemporaines.

# La famille du violon : l'alto, la contrebasse, le violoncelle

**Sommet dans la facture d'instruments, le violon et sa famille viennent enrichir les timbres de l'orchestre depuis son heure de gloire à l'époque classique jusqu'à la musique de notre temps.**

## La famille proche

☐ Le violino est le violon ordinaire qu'utilise Monteverdi. Son accord se fait de quinte en quinte donnant du grave à l'aigu : *sol*, *ré*, *la*, *mi*.

☐ L'alto est d'abord appelé *viola da braccio*. Il se tient comme un violon mais est, à l'origine, plus grand que lui (de 65 à 67 cm). Son archet est plus court et plus lourd que celui du violon. Ses cordes sont accordées une quinte inférieure à celles du violon.

☐ Le violoncelle est réglé une octave plus grave que l'alto, il est posé à terre, sur un tabouret ou encore attaché au cou de l'instrumentiste. Ce n'est qu'au XIXe siècle qu'on lui ajoute une pique lui donnant une plus grande stabilité. À l'inverse du violon, le violoncelle connaît au XXe siècle un véritable regain d'intérêt : aux concertos de Saint-Saëns, Lalo, Dvorak s'ajoutent ceux d'Honegger, Milhaud, Dutilleux. La musique de chambre de Fauré, d'Indy, Debussy, Prokofiev, Britten, Kodaly exploitent les possibilités techniques de l'instrument.

☐ La contrebasse, tout d'abord nommée *contrebasse de violon*, est dotée de quatre ou cinq cordes. Ce n'est qu'au XIXe siècle qu'on fabrique de nouveau des contrebasses de violon à cinq cordes. Instrument imposant et joué debout, il demande des qualités tant musicales que physiques. Sa place dans l'orchestre est primordiale par le son grave qu'elle produit.

## Les cousins du violon

☐ Le plus petit instrument de la famille est la pochette (*taschengeige* des Allemands ou *kit* des Anglais) datant de 1619. Il est accordé à une octave plus aiguë que le violon. Par sa taille, on peut le mettre dans sa poche. Il était utilisé par les maîtres à danser pour accompagner les exercices de leurs élèves.

☐ Le violino piccolo (appelé aussi *violon de déchant*) est un instrument destiné aux enfants. Il mesure 43 cm et est accordé une quarte au-dessus du violon. Mozart l'a utilisé ; son père Léopold le mentionne en 1756 comme instrument de concert. Bach écrit pour lui dans le premier *Concerto Brandebourgeois*.

☐ La viole d'amour, sœur du violon, aurait été créée par les luthiers anglais au milieu du XVIIe siècle. Elle dérive de la viole de gambe : en effet, son fond est plat et sa partie supérieure est en pointe. Elle est dotée de six ou sept cordes doubles.

## Les disparus

En 1824, Franz Schubert a écrit une sonate en *la* mineur pour l'arpeggione, instrument à six cordes et à archet de la taille d'un violoncelle et de la forme d'une guitare, également appelé guitare violoncelle ou guitare d'amour. En 1850 le facteur Jean-Baptiste Vuillaume a créé une gigantesque contrebasse, l'octobasse, qui mesurait quatre mètres de haut et ne comportait que trois cordes : pour en jouer le musicien devait se placer sur une échelle et des leviers actionnés par des pédales permettaient de raccourcir les cordes.

# DU PLUS PETIT AU PLUS GRAND

L'alto

Le violoncelle

La contrebasse

La longueur approximative de l'alto est de 42,5 cm, soit 7,5 cm de plus que le violon. L'instrument est un violon fidèlement agrandi. Seul son archet est plus court et plus lourd que celui du violon. Sa caisse plus grande produit une sonorité plus grave : Mozart dans la *Symphonie concertante*, Berlioz dans *Harold en Italie* ou R. Strauss dans son poème symphonique *Don Quichotte* lui ont donné l'importance qui lui revient.

Plus grand que l'alto, le violoncelle mesure 1 m 30. Sa sonorité est profonde. La taille de la caisse a été fixée par Stradivarius à 75 cm pour permettre à l'instrumentiste de tenir l'instrument entre les genoux. Si les dessins de la table et du fond restent identiques à ceux du violon, le manche est plus trapu, les éclisses proportionnellement plus grandes que celles du violon et le chevalet plus haut. L'archet est plus gros mais plus court que celui du violon.

La contrebasse est, avec ses 1,80 m, le plus volumineux des instruments à archet. À la différence des autres instruments à archet, la contrebasse a des « épaules » tombantes comme son ancêtre, la basse de viole. Pour frotter les cordes, on utilise deux types d'archets : l'archet français qui se tient la main au-dessus et l'archet Simandl que l'on tient la main en dessous. La contrebasse est un élément désormais indispensable de la section rythmique.

**Quelques grands violoncellistes**

– *Pablo Casals (1876-1973).* Son père lui apprend à jouer du piano, du violon et de la flûte alors qu'il a 4 ans ; à 9 ans, il s'initie à l'orgue ; il entre au Conservatoire de Barcelone à 12 ans. À Paris, le chef Lamoureux le révèle au public. Il donne la première américaine de *Don Quichotte* de Strauss. Il adhère à la jeune République espagnole, doit s'expatrier en 1939 et se fixe à Prade, où viennent le rencontrer Oistrakh, Haskil, Kempff, Katchen... Fauré lui a dédié la *Sérénade*, Glazounov le *Konzert-Ballade*, Enesco la *Sonate pour violoncelle et piano n° 2*, Schoenberg a réorchestré pour lui le *Concerto en sol mineur* de Moon.

– *Mstislav Rostropovitch.* Né à Bakou en 1927, fils de violoncelliste, il est autant un excellent professeur qu'un très grand instrumentiste. Il a suscité plus d'une soixantaine d'œuvres : Chostakovitch, Jolivet, Prokofiev, Ohana, Dutilleux, Lutoslavski, Wiener, Sauguet lui ont consacré leurs plus belles pages. En plus de son activité de soliste, il prend la baguette à la tête de l'Orchestre de Washington et a un nombre impressionnant de créations à son actif (Britten, Druckman, Penderecki, Lutoslawski, Bernstein, Landowski, Dutilleux).

# Instruments à cordes pincées : harpe et guitare

**Bien qu'ayant connu des fortunes diverses, la harpe reste un instrument toujours apprécié. Adoptée par les musiciens d'aujourd'hui, la guitare connaît actuellement un regain d'intérêt.**

## La grande aventure de la harpe

☐ Constituée de 1 415 pièces, la harpe est munie de 47 cordes et de 7 pédales à trois positions fixées sur la partie basse de la caisse de résonance : sous l'effet de ces pédales, réunies par des tiges d'acier qui passent dans la colonne et actionnent des mécanismes, chaque corde donne trois notes. L'instrumentiste tient la harpe verticalement, la caisse de résonance placée le plus près de lui. Il peut pincer les cordes individuellement ou en accord. La harpe couvre l'étendue considérable de 6 octaves et demi.

☐ Ses origines se confondent avec celles de la lyre. Elle est l'instrument privilégié de la pratique musicale égyptienne. Mais elle est détrônée par les luths au XVe siècle. Au XVIe, sous l'impulsion de luthiers irlandais, la harpe médiévale devient chromatique par l'adjonction d'une deuxième rangée de cordes. Un luthier bavarois, G. Hochbrucker, construit en 1697 la première harpe dont les altérations sont obtenues grâce à des pédales placées de chaque côté du socle. Sébastien Érard construit en 1800 un modèle à double mouvement qu'il perfectionne pour lui donner son principe définitif.

## Très maniable, la guitare est l'instrument du voyage

☐ Cet instrument à cordes pincées appartient à la famille des luths. Elle est munie d'un long manche et d'une caisse harmonique à fond plat en sapin en forme de 8 et dotée d'un trou de résonance circulaire. Les cordes sont pincées avec les doigts sur la touche entre de fines barres d'ébène, d'ivoire ou de métal fixées transversalement qu'on appelle *sillets*. L'étendue de son registre est de trois octaves et une quinte.

☐ D'origine obscure, elle emprunte son nom au grec *kithara*. La guitare médiévale apparaît en Espagne au Xe siècle, elle porte le nom de *guiterne*. Différentes évolutions l'amènent à la guitare classique qui connaît son âge d'or jusqu'à la fin du XIXe siècle. La guitare renaît dans les années 1920 avec de Falla, Rodrigo, Schoenberg, Britten.

## La guitare acoustique et la guitare électrique : une nouvelle impulsion

La guitare a su s'adapter aux nouvelles formes musicales du blues et du jazz puis du folk et du rock : la guitare acoustique à cordes métalliques, la guitare à douze cordes et surtout la guitare électrique dotée d'un amplificateur. Cette dernière est adoptée par les guitaristes Barney Kessel, Charlie Byrd, Wes Montgomery. Jimmy Hendrix révolutionne le jeu de la guitare et réintroduit le système des doubles cordes avec la guitare folk. P. Gibson joue sur une guitare électrique à manche double. Ces nouveaux instruments font appel à l'électronique, aux chambres d'écho, aux pédales wa-wa, aux phénomènes de réverbération, aux synthétiseurs ; ils donnent à la guitare un nouvel essor.

# UNE GRANDE FAMILLE

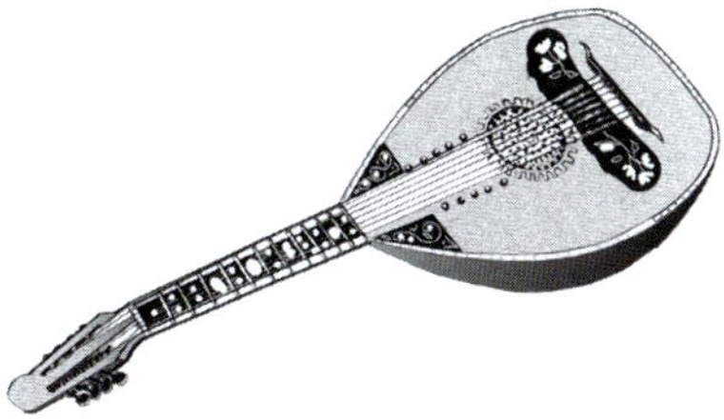

Le luth

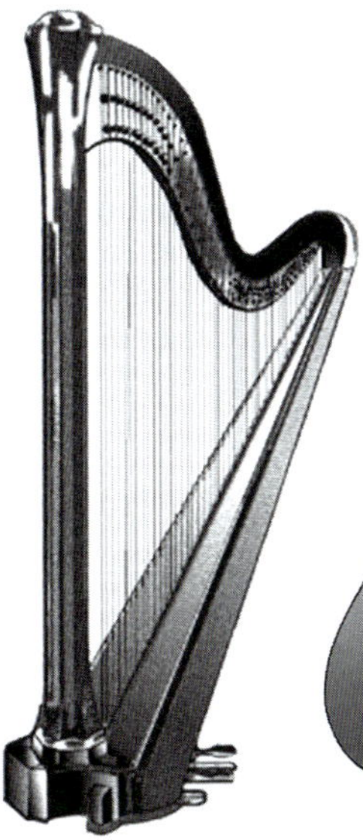

La harpe

La guitare

## Le luth

Le luth a été un des instruments les plus populaires de la Renaissance. Il est aisément identifiable par sa caisse de résonance en forme de demi-poire et son manche muni de frettes en deux parties qui se coupent à angle droit. Le nombre de ses cordes varie (il peut aller jusqu'à 21) ; la corde aiguë est la chanterelle. L'Anglais John Dowland, les Français Galtier et Mouton donnent à cet instrument de musique raffinée un rôle prépondérant qu'il garde jusqu'au XVIIe siècle alors les Espagnols lui préfèrent la *vihuela* (instrument de la Renaissance à cordes pincées dont les cordes sont accordées comme celles du luth). Il prend de nombreuses formes : l'archiluth qui fournit les notes les plus basses dans le continuo, la mandore, petit luth dont le chevillier recourbé en avant est en forme de crosse, la pandore à caisse plate et à cordes en laiton, le cistre, « luth des pauvres », à fond plat.
Les instruments de la famille du luth sont nombreux dans les pays orientaux : la *vinah* des Hindous, ou le *shamisen* à trois cordes de soie et à caisse d'harmonie quadrangulaire recouverte de peau, dont jouent les musiciennes japonaises.

**Quelques grandes harpistes**

– *Lily Laskine (1893-1988).* À 16 ans, elle est nommée harpiste à l'Opéra de Paris et devient soliste des Concerts Lamoureux, de l'Orchestre national et de l'Orchestre philharmonique de Paris. Elle a créé des œuvres de G. Tailleferre, A. Roussel, A. Jolivet, F. Schmitt, C. Pascal... Extraordinaire pédagogue, elle a apporté un grand rayonnement à la harpe.
– *Marielle Nordmann (née en 1941).* Élève de L. Laskine, elle fonde le trio Nordmann avec A. Guibert et R. Fontanarosa et se produit sur toutes les scènes du monde. Elle joue également avec son mari, le violoniste Patrice Fontanarosa.

**Quelques grands guitaristes**

– *Alexandre Lagoya (né en 1929).* Il a formé un célèbre duo avec la guitariste française Ida Presti. Il apporte une technique nouvelle à la guitare et enseigne au Conservatoire de Paris. Il a créé de nombreuses œuvres dont des compositions de P. Petit, J. Charpentier, Damasse.
– *Narciso Yepes (né en 1929).* La musique du film *Jeux interdits* qu'il compose en 1952 l'a rendu célèbre. Il réalise le premier enregistrement du *Concerto de Aranjuez* de Rodrigo. Lui-même compositeur, il est également chercheur et découvre de nombreuses œuvres disparues qu'il fait découvrir au monde sur sa guitare à dix cordes.

# Instruments à cordes et à clavier (1) : le clavecin

**Certains affirment à tort que le clavecin est l'ancêtre du piano. Leur filiation, leur principe, tout les sépare : les cordes du clavecin sont pincées, celles du piano frappées.**

## Le clavecin, un instrument à la facture élaborée

☐ Le clavecin a une forme similaire à celle du piano à queue. Ses cordes métalliques sont tendues parallèlement au grand côté sur une caisse de résonance qui, à l'inverse du piano, est close. Quand l'instrumentiste appuie sur une touche, une languette (la flèche) située horizontalement à la corde l'accroche (la pince) en passant. D'où le terme de *corde pincée*.

☐ Les clavecins actuels comportent deux claviers : à chaque touche correspond une série de cordes qui constituent les registres ou jeux. En utilisant l'un ou l'autre clavier, ou en choisissant des tirettes manuelles ou même des pédales, on peut actionner les différents registres. Dans sa forme la plus développée, le clavecin mesure environ 2,30 m de long et 0,90 m de large.

## La naissance du clavecin

☐ Le clavecin apparaît au début du XVIe siècle. Proche de l'épinette, il s'en distingue par ses dimensions plus grandes et par la présence d'un deuxième jeu de cordes qui sonne à l'octave. Comme l'orgue, un deuxième clavier, parfois un troisième, viennent s'adjoindre au premier et accéder à différents jeux.

☐ Jusqu'au milieu du XVIIIe siècle, le clavecin a un rôle prépondérant dans l'histoire de la musique : instrument directeur (le chef est au clavecin), accompagnateur (basse continue), soliste ou concertant. À la fin du XVIe siècle et au XVIIe, le clavecin atteint la perfection sonore grâce à une dynastie de facteurs, la famille Rückers, établie à Anvers. Avec deux claviers, cinq octaves, une mécanique irréprochable, les instruments atteignent leur plénitude mais leurs possibilités ne conviennent plus à l'esthétique musicale de l'époque qui lui préfère les nuances d'une autre famille d'instruments, celle des cordes frappées.

## La musique pour clavecin

En plus de son rôle de soutien harmonique dans la musique d'ensemble, d'église, de chambre et de théâtre, le clavecin acquiert un répertoire propre. Champion de Chambonnières (1601-1672), d'Anglebert (1628-1691), L.-C. Daquin (1694-1772), Couperin et Rameau donnent au clavecin ses lettres de noblesse. Les virginalistes anglais, W. Byrd (1543-1623), O. Gibbons (1583-1625), T. Morley (1557-1602) cultivent plus particulièrement les danses. D. Scarlatti (1685-1757), le Padre Soler (1729-1783), Bach, Haendel amènent le clavecin au sommet de la musique instrumentale. Après une éclipse de deux siècles, sous l'impulsion de la claveciniste Wanda Landowska, il retrouve du crédit auprès des compositeurs modernes : Poulenc, de Falla, Martinu, Ibert, Ohana et une école nouvelle, illustrée en France par J.-M. Damasse et à l'étranger par L. Bério et G. Ligeti, amorce le renouveau de cet instrument.

# ORIGINE ET MÉCANISME DU CLAVECIN

## La généalogie du clavecin

**Psaltérion**
Triangulaire ou trapézoïdal, d'origine orientale, introduit en Europe au XII^e^ siècle ; les cordes sont pincées avec les doigts ou avec un plectre.

↓

**Épinette**
De forme triangulaire, pentagonale, rectangulaire, souvent dépourvu de pied, posé sur un meuble, cet instrument est plus petit que le clavecin et n'a qu'un clavier. Les cordes sont pincées.

↓

**Clavecin**
Apparition d'un deuxième clavier et de jeux. L'instrument prend des dimensions plus importantes.

**Le clavecin**

## Le mécanisme de la corde pincée

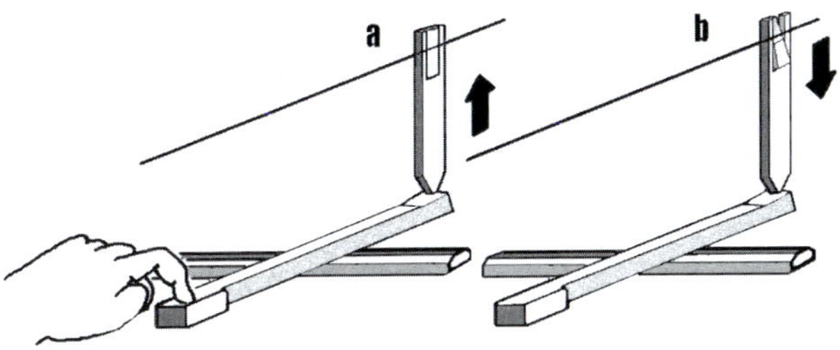


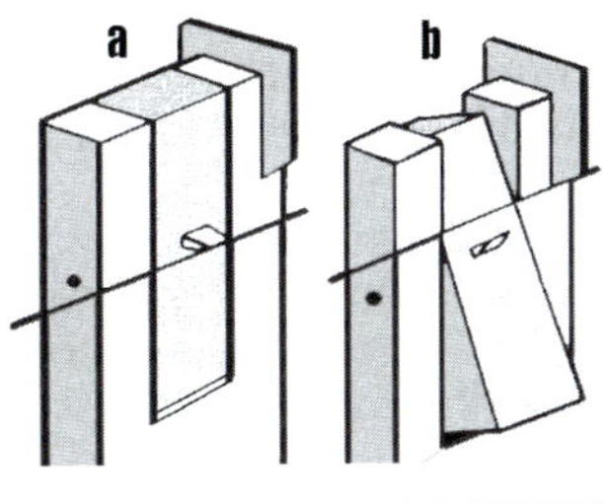


*Ci-dessus.* Lorsque la touche est appuyée (a), la languette ou plectre en cuir, située dans le sautereau, pince la corde en passant. Lorsque la touche est relâchée (b), un pivot placé sur le sautereau fait passer le plectre à côté de la corde.

*À gauche* : plectre pinçant (a) et en retour (b).

# Instruments à cordes et à clavier (2) : le piano

**Au début du XVIIIe siècle, l'apparition du piano-forte ne convient pas aux goûts de l'époque. Pourtant, un siècle plus tard, il devient l'instrument privilégié des romantiques.**

## Une mécanique complexe

☐ Le piano est un instrument à clavier et à cordes frappées. Il comprend un cordier, une mécanique, un clavier, des pédales. Les cordes sont frappées au moyen de petits marteaux actionnés par un clavier qui compte 85 ou 88 touches blanches et noires. Chaque marteau frappe de une à trois cordes : une pour les graves, deux pour le médium, trois pour les aiguës.

☐ L'échappement est la partie la plus importante de la mécanique du piano. Il s'agit d'une pièce de bois articulée au milieu du chevalet qui oblige le marteau à revenir en arrière avec rapidité aussitôt après la percussion des cordes. On peut ainsi frapper une corde autant de fois et aussi vite qu'on le désire.

☐ L'étouffoir est un coussin de feutre qui appuie en permanence sur les cordes. Lorsque le marteau frappe la corde, un système permet à l'étouffoir de se soulever ; ainsi la corde peut vibrer et produire un son. Dès que le marteau retombe, l'étouffoir revient sur la corde et stoppe sa vibration, et donc arrête le son.

☐ Deux pédales assurent des fonctions différentes : la pédale de gauche, pédale douce, diminue et adoucit le son ; la pédale de droite, pédale forte, augmente la durée de la résonance des cordes frappées.

☐ L'étendue habituelle du piano est de 7 octaves un quart, la plus vaste après celle de l'orgue.

## Les ancêtres du piano : du tympanon au clavicorde

☐ Originaire du Proche-Orient, le premier instrument à cordes frappées, le tympanon ou dulcimer, parvient en Europe par les Balkans au XVe siècle et rencontre immédiatement un grand succès auprès des cours. Le premier instrument à clavier du Moyen Âge est le clavicorde. Les cordes sont parallèles au clavier. Le clavicorde est doté d'un dispositif à tangentes, petites lamelles de laiton qui frappent les cordes en des points déterminés. Il est ainsi possible d'obtenir d'une même corde plusieurs sons de hauteur différente.

## Le redoutable concurrent du clavecin : le piano-forte

☐ En 1698, B. Cristofori construit le premier *gravicembalo col piano e forte*, pour jouer *piano* (doucement) et *forte* (fort), en gardant la forme du clavecin, mais en installant des marteaux garnis de peau de daim et du double système d'échappement et d'étouffoir.

☐ La fin du XVIIIe siècle marque l'intérêt croissant des compositeurs pour le *piano-forte* : Bach, Mozart et Clementi se passionnent pour l'évolution de l'instrument. L'ère du piano ne commence que dans le dernier tiers du XVIIIe siècle. Les perfectionnements techniques dont il est l'objet emportent l'adhésion des compositeurs romantiques qui en font leur instrument de prédilection.

# LE MONDE DU PIANO

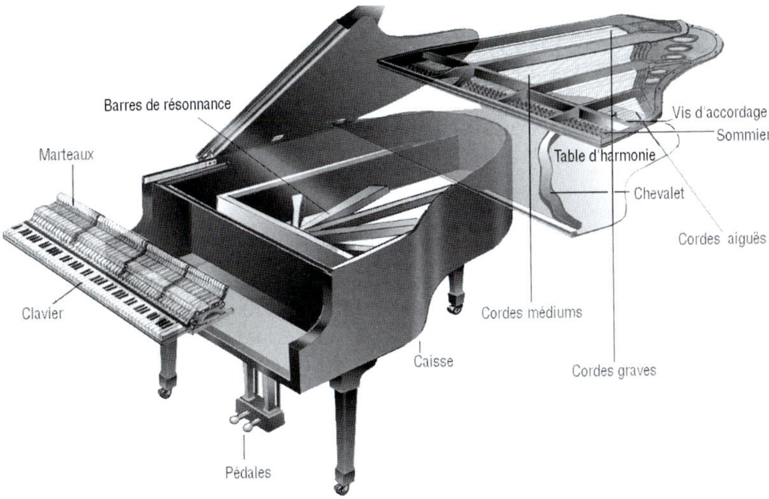


**Le piano**

## ■ Des pianos pour tous les goûts

– *Piano à queue* : la caisse est en forme de harpe, disposée horizontalement.
– *Piano droit* : la caisse rectangulaire est verticale. J. Schmidt à Strasbourg en 1780 puis quelques années plus tard S. Érard et C. Pleyel conçoivent cet instrument dont les cordes sont croisées sur un cadre métallique vertical doté d'un double échappement.
– *Piano mécanique, pneumatique* : les marteaux sont actionnés par un cylindre ou une bande perforée qui défile dans un mécanisme automatique.
– *Piano basque* : P. J. Sormanini invente en 1841 un piano dont les cordes sont remplacées par une rangée de tambourins accordés et les batteurs actionnés par un clavier.
– *Piano transpositeur* : destiné à l'usage des amateurs malhabiles, il facilite la transposition des chansons ou permet d'accompagner les instruments à vent.

**Quelques grands pianistes**

– *Arturo Benedetti-Michelangeli (1920-1995).* À 19 ans, il remporte le 1er prix au Concours international de Genève. Il se fait remarquer dans le monde musical par son extrême perfectionnisme. Il ne se déplace jamais sans son propre piano. Il laisse des enregistrements inoubliables d'œuvres de Debussy, Ravel, Schumann, sans oublier les anciens maîtres italiens.
– *Glenn Gould (1932-1982).* La version des *Variations Goldberg* de Bach lui apporte une renommée internationale. À 32 ans, il renonce aux concerts et se retire dans sa maison canadienne où il dispose d'un studio d'enregistrement. Il fait découvrir des œuvres nouvelles et son répertoire s'étend de Bach à Schœnberg.
– *Sviatoslav Richter* (né en 1915). Ce pianiste russe est le fils d'un compositeur et organiste. Il travaille dans la célèbre classe de Neuhaus et devient l'ami de Rostropovitch et de Prokofiev. C'est un perfectionniste d'un talent immense et d'une mémoire infaillible. Il est le fondateur depuis 1964 du festival de la Grange de Meslay (près de Tours).

# Les percussions

**Les instruments à percussion marquent ou battent le rythme. Ce sont les premiers objets sonores que l'homme a créés. Cette famille regroupe de nombreux instruments divers et de provenances variées qu'on peut classer en deux grands types : les instruments à sons déterminés et ceux à sons indéterminés.**

## Percussion et musique occidentale

Les instruments à percussion apparaissent au Moyen Âge. Utilisés tout d'abord dans la musique des défilés militaires, puis dans les ensembles instrumentaux destinés à la danse, ils accompagnent à partir de la Renaissance les grandes cantates et motets religieux. Les timbales avaient attiré l'attention de Monteverdi puisqu'il les avait utilisées dans son opéra *Orfeo* en 1600 ; on les retrouve chez Lully dans sa musique d'opéra. Au XIXe siècle, les percussions prennent une place importante dans les formations orchestrales de Berlioz. Dans la musique moderne les percussions tiennent une grande place.

## Les diverses classifications

☐ Dans son *Grand Traité d'instrumentation et d'orchestration*, Berlioz distingue deux types d'instruments dans la famille des percussions : ceux qui produisent un son déterminé (la hauteur de son est définie) et ceux à son indéterminé, émettant des fréquences imprécises.

☐ Les facteurs d'instruments distinguent quatre catégories :
– les métaux (cloches, cymbales) ;
– les peaux (grosse caisse, tambours) ;
– les claviers (xylophones, vibraphones) ;
– les accessoires (fouet, triangle, grelots, castagnettes).

☐ Une classification s'appuyant sur le type de son produit et la structure de l'instrument donne la répartition suivante.

| | **Clavier Lames** | **Peau** | **Accessoires** |
|---|---|---|---|
| **Sons déterminés** | Glockenspiel, celesta, xylophone, vibraphone, métallophone, marimba, xylorimba | Timbales, tambours, tambourin de basque | Enclume, cloches, triangle, cymbales crotales |
| **Sons indéterminés** | | Caisse claire, caisse roulante, grosse caisse, tambourin, bongo | Wood-block, castagnettes, fouet, maracas, crécelles, éolyphones, hochets, claves, harpe de verre, harmonica de verre |

# PETITE ENCYCLOPÉDIE DES PERCUSSIONS

**Bongo** : fût court ouvert à la base sur lequel sont tendues des peaux frappées à la main.

**Caisse claire** : tambour de dimensions réduites (jazz).

**Caisse roulante** : gros tambour militaire à la hauteur de son indéterminée.

**Castagnettes** : deux faces en ivoire ou en bois sont évidées pour augmenter la résonance de l'instrument.

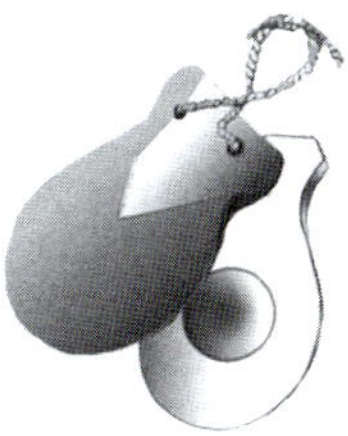

**Celesta** : petit piano à lames métalliques.

**Cloche** : en verre, porcelaine, nacre mais surtout en bronze.

**Crécelles** : cadre en bois qui pivote autour d'un axe cylindrique doté d'un cylindre denté sur lequel butent des langues de bois.

**Cymbales** : utilisées chez les militaires, chez les musiciens de jazz et dans les orchestres symphoniques.

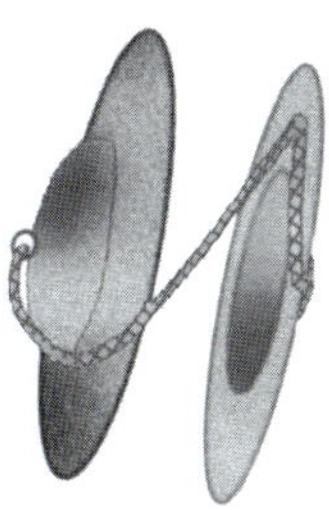

**Glockenspiel** : carillon à clavier et lames métalliques.

**Grosse caisse** : appelé *bedon* au Moyen Âge, porté à dos d'homme, cet instrument de 70 cm de diamètre s'illustre toujours dans les fanfares.

**Fouet** : deux ou plusieurs lames de bois entrechoquées réunies par une charnière produisent un son très sec.

**Harmonica de verre** : série de coupes de verre ou de cristal mises en vibration par une friction des doigts humides sur leur bord.

**Hochet** : réceptacle dans lequel sont enfermées de petites particules solides.

**Marimba** : sorte de xylophone ayant au-dessous des calebasses.

**Métallophone** : plaques en métal mises en vibration par percussion.

**Tambour** : avant tout d'usage militaire, c'est l'instrument de la marche.

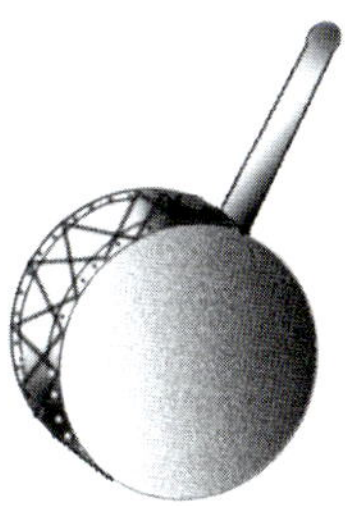

**Tambourin** : à caisse relativement longue (70 cm) et à diamètre étroit (30 cm), il est tenu sous la hanche.

**Tambour de basque** : à membrane unique tendue sur un cadre.

**Tam-tam** : sorte de gong, alliage de cuivre et d'étain.

**Timbales** : peau tendue sur un résonateur parabolique en demi-sphère, en cuivre ou en laiton.

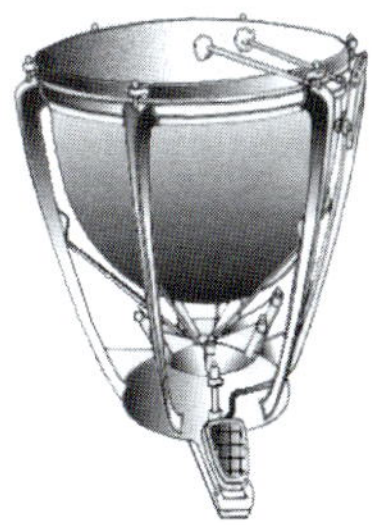

**Triangle** : d'origine orientale, le triangle est apparu au Moyen Âge.

**Vibraphone** : instrument à lamelles doté d'un moteur électrique.

**Wood-block** : bloc de bois utilisée dans le théâtre populaire d'Extrême-Orient mais aussi dans le jazz.

**Xylorimba** : instrument proche du xylophone et du marimba.

# Les instruments mécaniques et électriques

**Les instruments mécaniques et électriques ont une vie et des usages variés : les uns disparaissent, d'autres au contraire se substituent parfois complètement aux instruments de l'orchestre.**

## Les instruments mécaniques

Ces instruments témoignent de la faculté de l'homme à créer des machines qui apportent le rêve, le merveilleux et l'insolite. L'ingéniosité des fabricants a permis de produire des objets sonores, bijoux, montres, tabatières, mais aussi de mécaniser des instruments de musique.

□ Le piano mécanique fonctionne au moyen d'une manivelle qui actionne un cylindre perforé. Doté d'un système de planchettes munies de dents qui actionnent les touches du clavier, sans intervention du jeu manuel.

□ Le piano automatique (XIXe et XXe s.) est plutôt analogue à l'orgue de Barbarie : un gros cylindre de bois muni de pointes de fer ou clous qui accrochent le marteau et le projettent sur la corde au moyen d'un ressort.

□ Le piano pneumatique ou pianola. Inventé à la fin du XIXe siècle, il est équipé d'un rouleau constitué de perforations qui se placent devant sur une sorte de flûte de Pan en cuivre. L'air émis par des pédales articulées vers les soufflets agit sur les touches et les marteaux et reproduit une composition de musique.

□ L'orgue mécanique (orgue de Barbarie) a été inventé par Giovanni Barberi di Modena vers 1700. Il est formé d'un cylindre contenu dans une caisse tournant à l'aide d'une manivelle et pourvu de pointes agissant sur un mécanisme qui fait affluer de l'air produit par un soufflet dans des tuyaux. On rencontre différents types d'orgue de Barbarie : souvent décorés, les orgues à vapeur sont glissés sur un chariot, d'autres instruments sont tirés par un cheval…

## Les instruments électriques

L'apparition des instruments électriques remonte au lendemain de la Première Guerre mondiale.

□ La guitare électrique s'est imposée dans le monde entier car elle se prête à un large répertoire. Elle est dotée d'un système d'amplification. La guitare basse est munie de quatre cordes. D'autres guitares peuvent prendre des formes inhabituelles : la guitare à deux manches, la guitare à manche unique et à pédales avec une table horizontale.

□ Le vibraphone est un instrument idiophone à percussion au son déterminé. Il comporte une série de lamelles en acier percutées avec des baguettes. Les lames sont disposées de manière telle que les sons donnent une progression chromatique. Sous chaque lame, un tube métallique fait fonction de résonateur.

□ Dans l'orgue électrique, il n'y a plus d'air qui passe dans les tuyaux mais des sons créés à partir de signaux fournis par des oscillations de circuits électroniques et amplifiés par des haut-parleurs. Le piano électrique est basé sur le même principe.

# VERS LES INSTRUMENTS DU XXI$^{e}$ SIECLE

## L'ordinateur

L'ordinateur est utilisé à la fin des années 1970. Les microprocesseurs lui permettent de réaliser une synthèse sonore. Max Matthews réalise les premiers essais en laboratoire : on donne à l'ordinateur de nombreuses informations qui définissent les coordonnées de l'onde sonore. Ces coordonnées sont transmises aux bornes d'un haut-parleur après avoir transité par un convertisseur qui transforme les informations discontinues en signal continu. En France, l'IRCAM (Institut de recherches et de coordination acoustique musique) utilise le 4X un ordinateur très sophistiqué.

## Le synthétiseur

Le synthétiseur est créé par R. Moog dans les années 1960 pour réunir en un seul instrument les principaux appareils d'un studio d'enregistrement de musique électronique. Il est constitué d'un ensemble de modules de traitement pouvant être connectés les uns aux autres : oscillateur, filtre, générateur ou modulateur d'amplitude. Avec le système de programmation et de mémoire, on peut produire de la musique sans l'intervention de l'homme. Les plus récents synthétiseurs produisent un son digital qui remplace le son analogique. Il est très employé chez les musiciens de variété.

**Un studio de l'IRCAM**

# La voix

**Considérée comme l'expression musicale la plus noble, c'est à la Renaissance que la voix prend toute son importance, confortée ensuite avec une nouvelle forme musicale, l'opéra. En l'accompagnant, les nouveaux instruments lui donnent une place toujours plus essentielle.**

## Des origines à la Renaissance

☐ Le chant a une grande importance dans l'Antiquité. Au milieu du IVe siècle apparaissent les hymnes, chants lyriques en vers ou en prose, dans les offices chrétiens. Saint Amboise (v. 340-397) favorise la diffusion d'hymnes faciles à retenir et à chanter. Sous Grégoire Ier, la liturgie, grâce notamment à l'antiphonaire (recueil de chants de messe) prend une place considérable dans l'Église. La musique chrétienne se transmet uniquement par tradition orale jusqu'à l'apparition au milieu du IXe siècle des neumes, suite de barres et de points, ancêtres des notes marquées sur une partition. Le répertoire devenant plus compliqué, plus difficile à retenir, le moine Notker le Bègue (830-912) développe les tropes, moyen mnémotechnique par lequel chaque syllabe des mots à chanter répond à une note.

☐ Le chant intéresse également le domaine profane : trouvères et troubadours (fin du XIe siècle) abandonnent le latin pour la langue vernaculaire. C'est avec l'école de Notre-Dame (fin du XIIe siècle) que la voix principale grégorienne s'enrichit d'un accompagnement à trois et quatre voix évoluant par mouvements contraires de plus en plus compliqués. Tout d'abord chanté à une seule voix, le texte liturgique est mis en musique pour plusieurs interprètes. Dans le motet écrit pour trois ou quatre parties, les voix se mélangent les unes aux autres. La musique s'installe sur le parvis des églises, et au XIIIe siècle, de véritables spectacles sur des textes religieux sont instaurés. Au XIVe siècle, l'Église a perdu son hégémonie sur l'art, la pensée et la culture. La musique devient descriptive et les instruments gagnent un début d'indépendance vis-à-vis de la voix.

## La voix, instrument roi de la Renaissance et de l'opéra

☐ La musique s'affranchit progressivement de la domination de l'Église. La Renaissance redonne un plus grand équilibre entre les voix. Dans les cours, le madrigal prend pour thème l'amour et les sujets frivoles ; il atteint sa perfection à la fin du XVIe siècle avec les Italiens Monteverdi, Gesualdo (1560-1613) et Marenzo (1553-1599).

☐ L'opéra donne une place encore plus importante à la voix. Avec l'opéra, le spectacle est total : émerveillé par les décors et les mises en scène somptueux, le public attend les grands airs interprétés par des chanteurs fameux, les castrats.

## Les castrats

Timbre aigu et clair, la tessiture élevée des jeunes garçons, mais aussi la puissance respiratoire des adultes, les voix irréelles de ces créatures concourent à créer la magie que le public demande à l'opéra en cette deuxième partie du XVIIe siècle italien. L'émasculation était pourtant une pratique datant de la basse Antiquité. Les femmes n'étant pas autorisées à chanter dans les églises, les castrats sont admis au XVIe siècle dans les chapelles.

# UN INSTRUMENT AUX INFINIES POSSIBILITÉS

| | Type de voix | Tessiture | Catégorie | Timbre |
|---|---|---|---|---|
| FEMMES | Soprano |  | Soprano léger<br>ou<br>Colorature | Très aisé dans l'aigu<br>Virtuosité |
| | | | Soprano lyrique | Puissant et expressif |
| | | | Soprano dramatique | Ample et fort |
| | Mezzo-soprano | 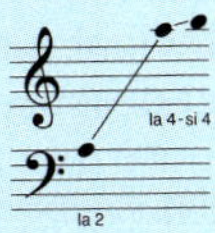 | Léger | Plus étendu que celui de soprano |
| | | | Lyrique | À l'aise dans les graves |
| | Contralto (Alto) | 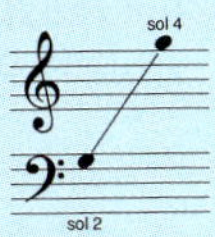 | Mezzo-soprano lyrique (le plus souvent) | La plus grave des voix de femmes<br>Sonorité chaude et riche<br>Voix assez rare |
| HOMMES | Ténor |  | Haute-contre<br>ou<br>Contre-ténor | Le plus aigu chez l'homme<br>Proche de la voix de contralto |
| | | | Fort ténor<br>Ténor héroïque | Puissant, les notes du médium sont sonores |
| | |  | Premier ténor | Charme et douceur |
| | | | Ténor léger | Pour des rôles peu dramatiques |
| | Baryton |  | Baryton Verdi | Dramatique, mis à la mode par Verdi |
| | | | Baryton Martin | Léger et aigu, nom donné en souvenir de J.-B. Martin (1767-1837) |
| | | | Baryton | Le plus courant pour un homme |
| | Basse |  | Basse chantante | Plus grave que la voix de baryton mais capable de chanter dans l'aigu |
| | | | Basse profonde | Capable de grandes profondeurs |

# Les signes de notation (1)

**Les origines de notre système de notation actuel datent du Xe siècle. Gui d'Arezzo (995-1050) en concrétise les premières expériences. Il recommande l'emploi d'une portée avec des espaces et des lignes indiquant la hauteur des notes. Jusque-là, la musique était notée par neumes.**

## La portée

☐ La portée est un système qui permet de codifier les notes. Elle est constituée de cinq lignes à intervalles égaux et de quatre interlignes que l'on compte habituellement de bas en haut. Les notes peuvent être écrites sur les lignes (elles sont alors « portées ») ou dans les interlignes. Lorsque le système devient insuffisant, on peut rajouter des lignes supplémentaires, plus courtes, soit au-dessus, soit au-dessous.
☐ Suivant la tessiture de l'instrument choisi (étendue sonore que peut couvrir correctement une voix, ou étendue moyenne dans laquelle est écrite une composition vocale ou instrumentale), on utilise une ou plusieurs portées. Pour une voix ou un instrument monophonique, on utilise une portée. Les instruments polyphoniques (piano) utilisent deux portées, l'orgue trois (une supplémentaire pour le pédalier).

## Les notes

☐ Les sept notes de la gamme utilisées sont : *ut* (ou *do*), *ré*, *mi*, *fa*, *sol*, *la*, *si*. Cette série suffit à couvrir l'ensemble du spectre audible. Il est possible de la continuer au-delà de ses limites supérieures ou inférieures, suivant les possibilités vocales ou instrumentales. L'ordre des notes ne change jamais. Parallèlement à ce système, les Anglo-Saxons utilisent un autre mode, fondé sur l'alphabet, dont le point de départ est la note *la* (hauteur du diapason) et non la note *ut*. A = *la* ; B = *si* ; C = *ut* (*do*) ; D = *ré* ; E = *mi* ; F = *fa* ; G = *sol*.
☐ Le nom des notes provient des premières syllabes des vers de l'hymne de saint Jean Baptiste : « *Ut queant laxis, Resonare fibris, Mira gestorum, Famuli tuorum, Solve polluti, Labii reatum* ». Ce n'est qu'au XVIe siècle, par juxtaposition des initiales de Sancte Iohannes, les deux derniers mots de l'hymne de saint Jean Baptiste, qu'est adopté le nom de la septième note, le *si*.

## Les durées et silences

☐ Pour déterminer la durée des notes, on leur a affecté une figure. Ce sont des signes qui ont une valeur relative calculée à partir de la pulsation cardiaque moyenne d'un individu : ronde = 4 temps ; blanche = 2 temps ; noire = 1 temps ; croche = 1/2 temps ; double croche = 1/4 de temps ; triple croche = 1/8 de temps ; quadruple croche = 1/16 de temps, dans le cas où la noire est l'unité de temps (mais on peut avoir des mesures où l'unité est la blanche ou la croche, etc.).
☐ Pour indiquer les espaces sans notes, on utilise sur la portée des signes de silences en liaison avec les durées qu'ils occupent : pause = 4 temps ; demi-pause = 2 temps ; soupir = 1 temps ; demi-soupir = 1/2 temps ; quart de soupir = 1/4 de temps ; huitième de soupir = 1/8 de temps ; seizième de soupir = 1/16 de temps, dans le cas où la noire est l'unité de temps.

# L'ORGANISATION DES NOTES SUR LA PORTÉE

## ■ Les correspondances

À chaque durée de note correspond une durée de silence que le compositeur peut utiliser pour aérer sa musique.

| Durée en temps | Note | Figure | Silence | Figure |
|---|---|---|---|---|
| 4 | Ronde | 𝅝 | Pause | 𝄻 |
| 2 | Blanche | 𝅗𝅥 | Demi-pause | 𝄼 |
| 1 | Noire | 𝅘𝅥 | Soupir | 𝄽 ou 𝄽 |
| 1/2 | Croche | 𝅘𝅥𝅮 | Demi-soupir | 𝄾 |
| 1/4 | Double croche | 𝅘𝅥𝅯 | Quart de soupir | 𝄿 |
| 1/8 | Triple croche | 𝅘𝅥𝅰 | Huitième de soupir | 𝅀 |
| 1/16 | Quadruple croche | 𝅘𝅥𝅱 | Seizième de soupir | 𝅁 |

*N.B.* : La concordance phonétique entraînant des confusions, il est utile de rappeler qu'une pause ne se pose pas mais s'accroche.

## ■ Un exemple d'écriture des notes et des silences sur la portée

– Les notes et leur durée

– Les silences

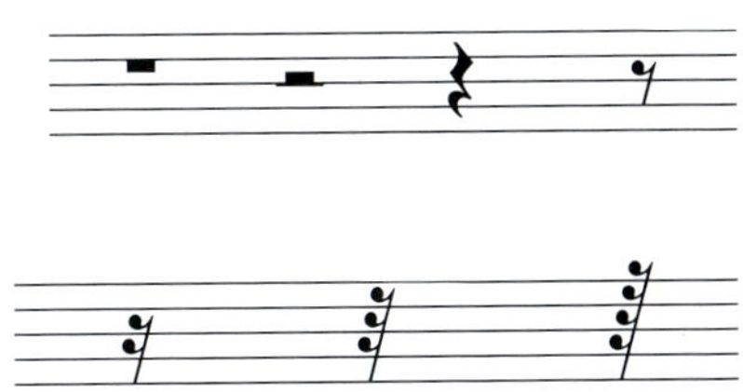

*N.B.* : Les espaces entre les différentes notes et les signes de silences sont ici donnés de manière tout à fait aléatoire. Ces espaces peuvent être plus grands ou plus petits suivant les compositions.

**Le diapason**

Ce mot vient du grec *dia pasôn khordôn* (par toutes les cordes). Le diapason désigne aujourd'hui un appareil inventé par John Shore en 1711 : deux branches de métal qui, mises en vibration, donnent le *la* de référence pour accorder les instruments de musique. La norme internationale fixe le *la* du diapason à 440 vibrations par seconde bien que beaucoup de musiciens s'accordent maintenant à 442. Cette norme sert à la fabrication et à l'accord des instruments pour leur permettre de jouer ensemble. Avant l'exécution d'une œuvre, les musiciens de l'orchestre accordent leurs instruments. Le *la* du diapason est alors donné par le hautbois, l'un des instruments à vent les moins sensibles aux changements de température. Aujourd'hui, on utilise de plus en plus les diapasons électroniques.

# Les signes de notation (2)

**Lorsqu'on observe une partition de piano, on constate qu'au début des deux portées sont inscrits deux signes différents : une clé de *sol* pour la portée supérieure et une clé de *fa* pour la portée inférieure. Pour cet instrument, la clé de *sol* est associée à la main droite (pour l'aigu) et la clé de *fa* à la main gauche (pour le grave).**

## Les clés

Sur la portée de 5 lignes, on ne peut inscrire que 11 notes correspondant à l'étendue d'une voix normale. Pour permettre l'écriture des autres voix et des instruments à tessitures différentes, on utilise trois types de clés. Ce sont des signes placés au début de la portée suivis parfois de deux points qui encadrent la ligne portant la note-repère.

☐ La clé de *sol*, sur la deuxième ligne, indique que la hauteur de cette note est *sol.*

☐ La clé de *fa*, sur la quatrième ou la troisième ligne, indique que la position de cette note est *fa*.

☐ La clé d'*ut* peut occuper les première, deuxième, troisième ou quatrième lignes mais, dans tous les cas, la note indiquée est *do*.

☐ Les autres notes se déterminent toutes par rapport à la première indiquée par la clé. Chaque type de clé correspond à un registre particulier : l'aigu pour la clé de *sol*, le grave pour la clé de *fa* et le médium pour les clés d'*ut*. À chaque voix et à chaque instrument est affectée une clé correspondant à sa tessiture propre.

## Les altérations

☐ Les altérations sont des accidents qui modifient les notes. Il existe deux sortes d'altérations : le dièse (#), qui élève d'un demi-ton la note devant laquelle il est placé, et le bémol (♭), qui abaisse d'un demi-ton la note devant laquelle il est placé. Un troisième signe, le bécarre (♮), annule l'effet de dièse et de bémol et la note redevient naturelle.

☐ En général, quant une note doit être altérée tout au long d'une partition, on place les dièses et les bémols en tête de la portée, après la clé, sur les lignes correspondantes. La tonalité choisie détermine l'armature (ou armure). Si ces altérations interviennent en cours de partition, à l'état isolé, on les appelle des accidents. Les altérations permettent de diviser la gamme de 7 notes en 12 intervalles d'un demi-ton.

## Les autres signes

☐ Le point placé au-dessus ou au-dessous d'une note indique que cette note doit être jouée *piquée* (c'est-à-dire détachée des autres, en opposition à *liée*). Toutefois, un point staccato implique une réduction d'au moins la moitié de la durée de la note jouée.

☐ Le point placé immédiatement derrière une note indique que la durée de cette note est prolongée de la moitié de sa valeur. C'est une note pointée.

☐ La liaison est une courbe placée au-dessus ou au-dessous de plusieurs notes, rejoignant les têtes des première et dernière notes concernées. Elle indique que ces notes doivent être jouées *legato,* « liées ». Sur les instruments à cordes, une liaison correspond à un coup d'archet. Dans la musique vocale, les notes concernées sont produites d'un seul souffle. Une liaison peut concerner des notes de durées différentes.

# L'ORGANISATION DES SIGNES SUR LA PORTÉE

## Les clés

– La clé de *sol*

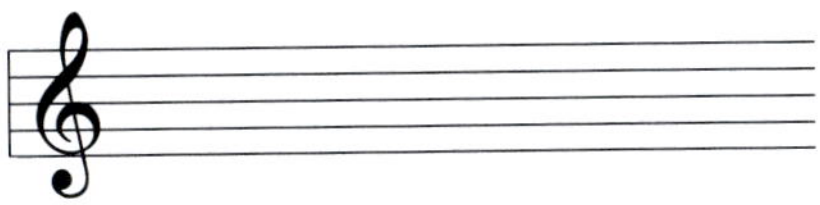

– La clé de *fa* (la plus usitée)

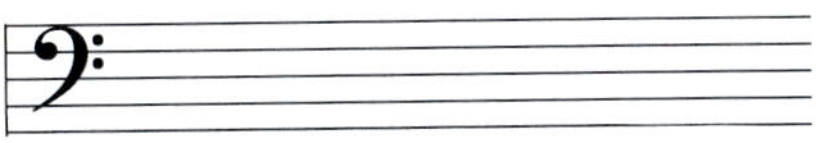

– Les clés d'*ut* (les plus usitées)

## Les signes d'interprétation

– Les liaisons

## Les altérations

– Le dièse

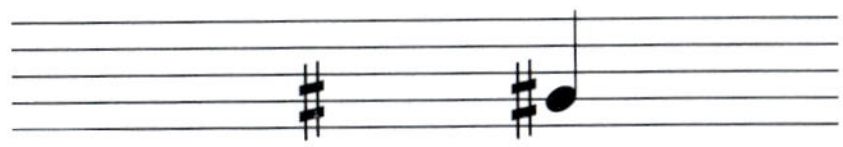

– Le bémol

– Le bécarre

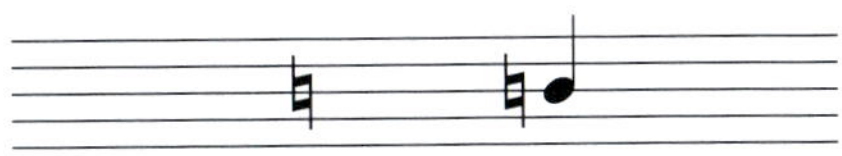

## Augmentation et diminution de temps

– Le point d'orgue

– Le point staccato

– Les notes pointées

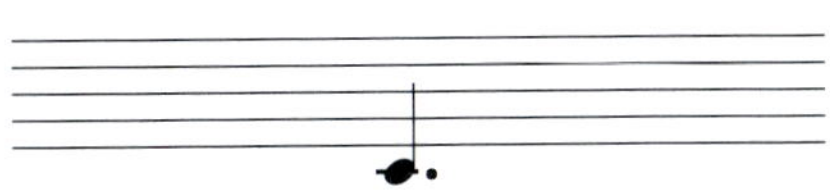

### Les clés de Gui (ou Guido) d'Arezzo

On doit à Gui d'Arezzo (995-1050) d'avoir fait progresser la recherche sur les différentes clés. Ce moine bénédictin avait préconisé l'usage de 4 lignes de couleurs différentes : ligne 1, noire ; ligne 2, rouge ; ligne 3, noire ; ligne 4, jaune ou verte. Un C était inscrit sur la quatrième ligne, symbolisant la note *ut* et un F était inscrit sur la deuxième ligne, symbolisant la note *fa*. C'est là un premier essai de codification de la musique, permettant d'écrire au moins deux voix, un pas vers la polyphonie.

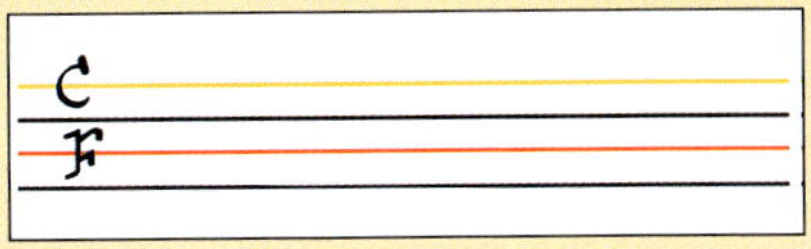

# La mesure

**Les barres de mesures sont utilisées dans certaines musiques pour clavier depuis le XIVe siècle, mais il faut attendre le milieu du XVIIe siècle pour trouver une disposition analogue à celle que nous utilisons aujourd'hui. Mais mesures simples et mesures composées se côtoient depuis la Renaissance.**

## Les trois éléments du langage musical

Sur la portée de 5 lignes, on écrit des notes suivant la clé indiquée au début. Ceci constitue le langage musical. On peut modifier la hauteur des notes grâce aux altérations. Mais il faut à ces éléments un ordre en trois dimensions : l'horizontalité (longueur dans l'espace) représente la mélodie ; la verticalité (largeur dans l'espace) représente l'harmonie (ou science des accords) ; la mesure, la division d'un morceau de musique en unités de temps égales. La mesure donne à la musique son volume car c'est elle qui lui permet de s'inscrire dans une certaine durée.

## La mesure

☐ La mesure est indiquée par un signe placé au début d'un morceau de musique après la clé et l'armature ou au cours du morceau en cas de modifications. La mesure se compose de 2 chiffres, notés l'un au-dessus de l'autre, celui du bas définissant l'unité de temps par rapport à la ronde, celui du haut indiquant le nombre de ces unités dans chaque mesure. Ainsi, 3/4 (on dit « trois-quatre ») indique qu'il y a l'équivalent de 3 fois le quart d'une ronde par mesure, c'est-à-dire 3 noires (nous sommes donc dans une mesure à 3 temps).

☐ Des barres de mesure divisent la portée en différentes parties ; elles se placent verticalement sur les lignes. La somme des valeurs (notes ou silences) comprises entre deux barres de mesure doit être égale pour toutes les mesures d'un même morceau de musique. La barre de mesure simple sépare les mesures entre elles ; la barre de mesure double se place à la fin d'un morceau.

## Mesures simples et mesures composées

Les mesures simples comportent une subdivision binaire de l'unité : en deux, en quatre, en huit, etc. Les mesures composées comportent une subdivision ternaire de l'unité : en trois, en six, en neuf, etc. Pour les mesures composées, les unités de temps sont des valeurs pointées, pour pouvoir être divisées par trois. Ainsi, 6/8 (six-huit) signifie que nous avons 6 fois 1/8 de ronde dans chaque mesure, soient 6 croches. Cette mesure composée comporte donc 2 temps, dont chacun est représenté par une noire pointée (une noire pointée est égale à 3 croches, donc 2 noires pointées à 6 croches). Bien que dotées de chiffrages différents, certaines mesures peuvent avoir la même durée globale en terme de temps. Mais il y a une différence au point de vue de l'effet rythmique : une mesure à 2/4 et une mesure à 6/8 ont la même valeur globale (2 temps) mais une pulsation rythmique totalement différente. Il existe aussi des mesures irrégulières, comme 7/4 que l'on rencontre fréquemment dans le folklore d'Europe centrale et orientale et dans les œuvres de compositeurs du XXe siècle qui, comme Bartók, ont été influencés par ces musiques populaires.

# MESURE ET DÉMESURE

Une mesure est délimitée par des barres verticales

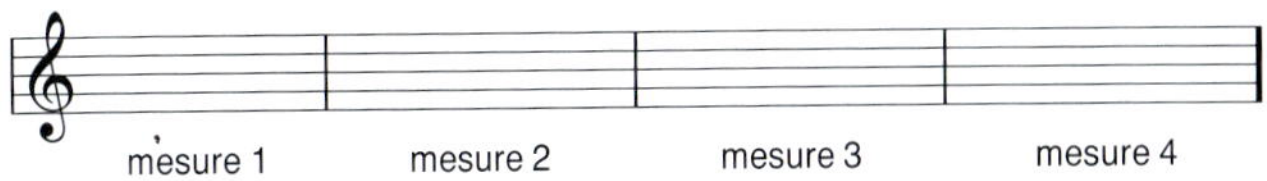


Un exemple de mesure simple à 2/4

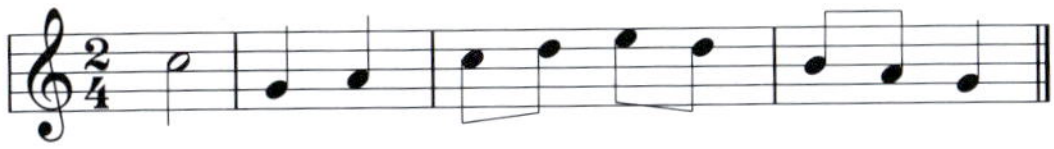

Un exemple de mesure composée à 6/8

## Les mesures simples

| Chiffre | 1 | 2 | 4 | 8 | 16 |
|---|---|---|---|---|---|
| Unité de temps | 𝅝 | 𝅗𝅥 | ♩ | ♪ | 𝅘𝅥𝅯 |
| Mesure binaire | 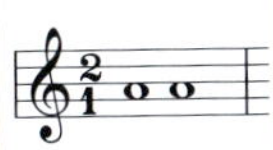 | 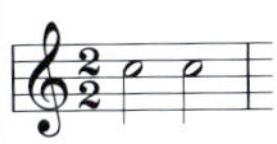 |  |  |  |
| Mesure ternaire | 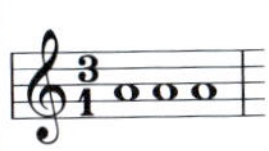 | 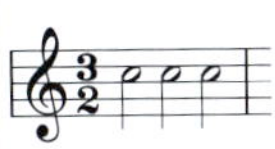 |  |  |  |

## Les mesures composées

| Unité de temps | 𝅝. | 𝅗𝅥. | ♩. | ♪. | 𝅘𝅥𝅯. |
|---|---|---|---|---|---|
| Mesure binaire | 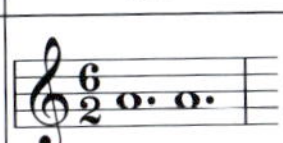 | 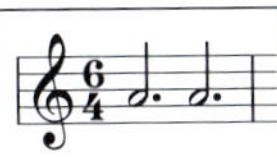 | 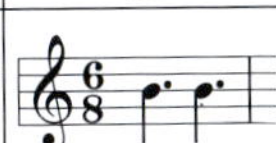 | 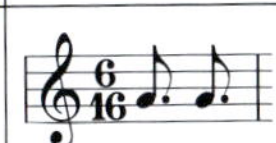 | 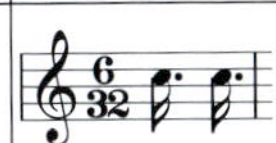 |
| Mesure ternaire | 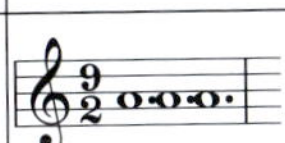 | 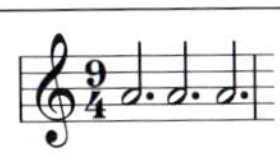 | 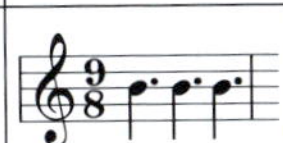 |  |  |

## Comment battre la mesure ?

**La mesure à deux temps**
Le premier temps : en bas
Le deuxième temps : en haut

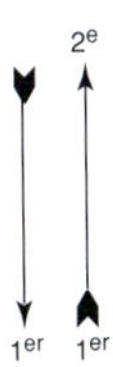


**La mesure à trois temps**
Le premier temps : en bas
Le deuxième temps : à droite
Le troisième temps : en haut

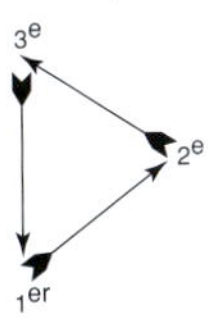


**La mesure à quatre temps**
Le premier temps : en bas
Le deuxième temps : à gauche
Le troisième temps : à droite
Le quatrième temps : en haut

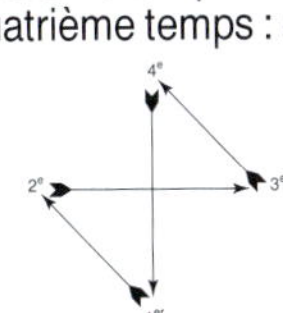

# Les intervalles

**Il y a toujours eu des intervalles entre les notes. Car si la musique est une succession de notes, elle est aussi une succession d'intervalles. C'est la science du XXe siècle qui fait progresser leur connaissance et leur utilisation. Par exemple, nous n'apprécions plus la notion de dissonance de la même manière qu'au XVIIIe.**

## Qu'est-ce qu'un intervalle ?

☐ Un intervalle est une distance entre deux notes de hauteurs différentes. Le nom de chaque intervalle correspond au nombre de notes de la gamme qu'il réunit. C'est l'ensemble de ces notes ainsi comptées (y compris la première et la dernière) qui donne son nom à l'intervalle : 2 notes consécutives : une seconde ; 3 notes consécutives : une tierce ; 4 notes consécutives : une quarte ; puis une quinte, sixte, septième, octave, neuvième, etc. Quand on énonce un intervalle, on a l'habitude de n'en prononcer que les notes extrêmes : la quinte *do-sol* (*do, ré, mi, fa, sol*).
☐ Un intervalle peut être ascendant (*do-ré*) ou bien descendant (*ré-do*). Les intervalles supérieurs à une octave sont dits redoublés. Ainsi, *do-ré* à l'octave au-dessus (*do, ré, mi, fa, sol, la, si, do, ré*) peut être considéré comme une neuvième ou une seconde redoublée (qui comporte deux fois l'intervalle *do-ré*).

## La composition des intervalles

☐ Les intervalles peuvent être différents suivant les notes qu'ils réunissent. Si on prend comme point de départ la note *do*, et qu'on ne joue que sur les touches blanches du piano (à l'exception donc des notes altérées), on obtient 1 ton entre *do* et *ré*, 1 ton entre *ré* et *mi*. L'intervalle de tierce *do-mi* comporte donc 2 tons. On dit que c'est une tierce majeure. Si on utilise la note altérée *mi* bémol à la place du *mi*, on diminue l'intervalle de 1 demi-ton, et pourtant il réunit toujours 3 notes (*do, ré, mi* bémol) : c'est une tierce mineure. Les intervalles majeurs de seconde, tierce, sixte et septième réduits de 1 demi-ton à l'une de leurs extrémités deviennent mineurs. Ils sont appelés *imparfaits*. La quarte, la quinte et l'octave n'ont qu'une seule forme naturelle et leurs intervalles sont appelés *justes*.
☐ Tous les intervalles peuvent être augmentés ou diminués. Il suffit d'ajouter 1 demi-ton à la quinte juste *do-sol* et en faire *do-sol dièse* pour obtenir une quinte augmentée. De même si on lui retire 1 demi-ton pour faire *do-sol bémol*, on obtient une quinte diminuée. Enfin, un intervalle peut être renversé si on permute la position de ses deux notes extrêmes : la quarte *do-fa* renversée donne *fa-do* et dans ce cas on obtient une quinte.

## Les intervalles mélodiques ou harmoniques

☐ Pour jouer un intervalle mélodique, on fait entendre successivement les notes qu'il réunit. Il est ascendant du grave à l'aigu et descendant dans le cas contraire.
☐ Un intervalle harmonique est celui dont seules les notes extrêmes sont jouées simultanément. On dit que certains intervalles harmoniques (tierces, sixtes et tous les intervalles justes) sont concordants, c'est-à-dire qu'ils paraissent agréables à l'oreille. Les autres (secondes, septièmes, et tous les intervalles augmentés ou diminués) sont discordants, c'est-à-dire qu'ils provoquent des dissonances.

# QUELQUES EXEMPLES D'INTERVALLES

## Ascendant

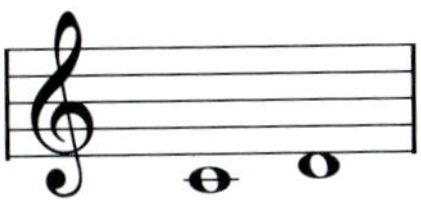
seconde

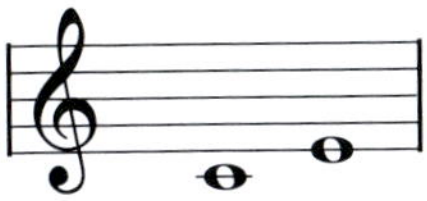
tierce

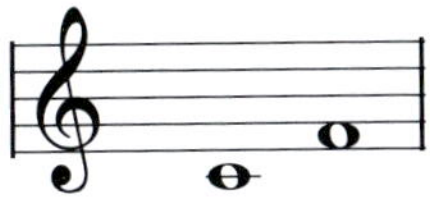
quarte

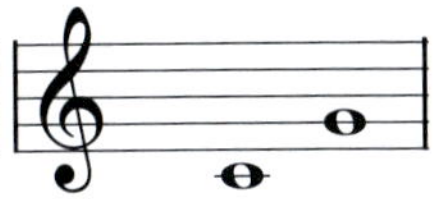
quinte

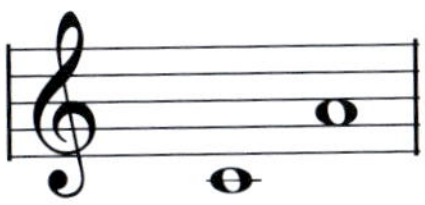
sixte

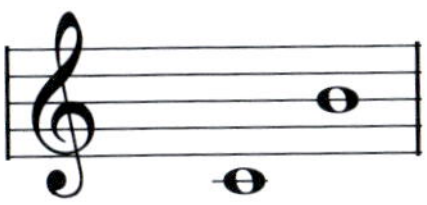
septième

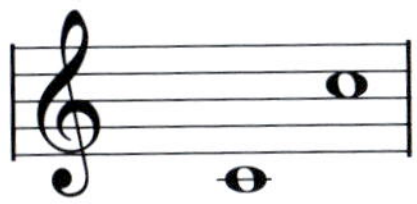
octave

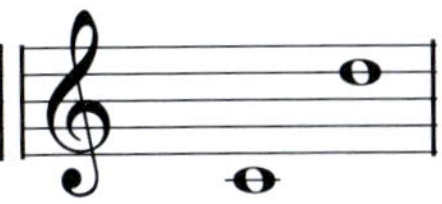
neuvième

## Majeur et mineur

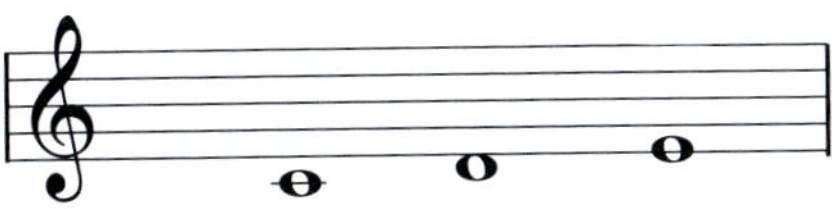
1 ton 1 ton

*do-mi* est une tierce majeure

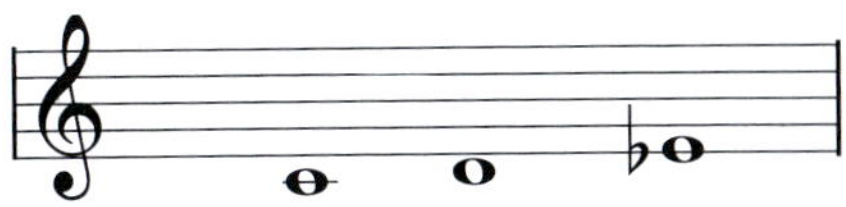
1 ton 1/2 ton

*do-mi* ♭ est une tierce mineure

## Augmenté et diminué

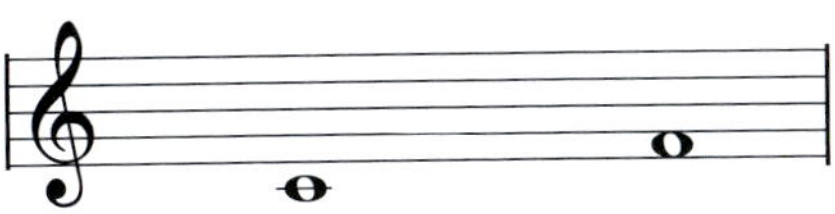
quarte juste

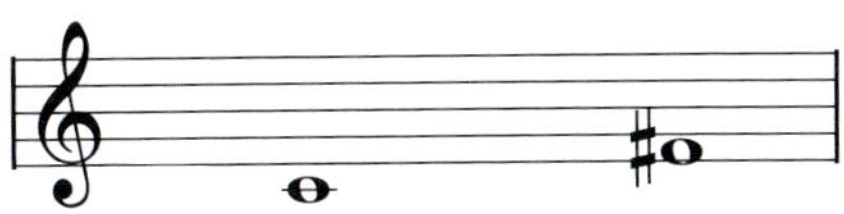
quarte augmentée ou triton

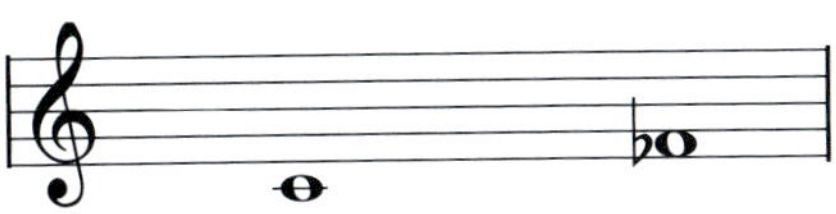
quarte diminuée

## Mélodique ou harmonique

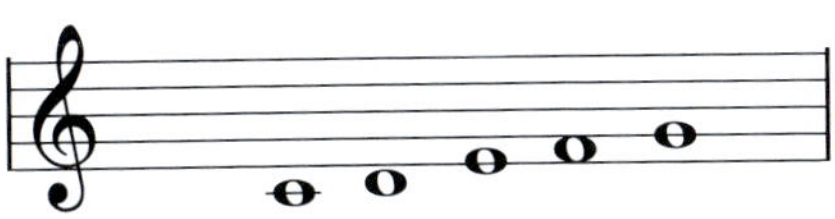
quinte mélodique

Toutes les notes sont jouées successivement

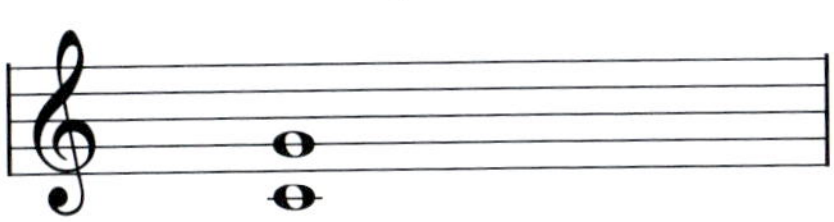
quinte harmonique

Les deux notes extrêmes sont jouées ensemble

### Dissonances-concordances

Le problème de la dissonance a pris de l'importance au XVI^e siècle avec l'apparition d'une musique plus expressive. Il est dû à la polyphonie naissante qui multiplie les voix. Au XX^e siècle, la dissonance prouve, avec Debussy, qu'elle peut être agréable à l'oreille. À l'opposé de Debussy, Mozart insiste sur les notes consonantes dont l'association est agréable à l'oreille et ne provoque pas de tension chez l'auditeur. Cependant Mozart a aussi écrit un *Quatuor à cordes* (K.465 en *ut*) dont le surnom « Les dissonances » indique que le compositeur était averti des chocs et contre-chocs que certaines notes pouvaient provoquer entre elles. Datant de 1785, cette œuvre fait partie des *Six Quatuors* dédiés à Joseph Haydn (1732-1809), et fait un usage remarquable des dissonances dans son introduction.

# La gamme

**L'origine la plus lointaine des gammes se trouve probablement dans les inflexions de la parole. En théorie, le nombre total de ces inflexions est infini. Toutefois, dans la musique, les peuples ont adopté des langages caractéristiques plus réduits qui s'expriment en termes de gammes, de degrés, de tons et de demi-tons.**

## La notion de gamme

□ La gamme est une disposition schématique des notes dans l'ordre ascendant ou descendant. Elle régit tout le système musical. Elle enchaîne en général des degrés conjoints. L'exemple le plus simple est celui de la gamme de *do* majeur composée de 5 tons et 2 demi-tons. Un ton sépare *do* et *ré*, *ré* et *mi*, *fa* et *sol*, *sol* et *la*, *la* et *si*. Un demi-ton sépare *mi* et *fa*, *si* et *do*.
□ Chaque note ou degré de la gamme, a un nom. La note de départ est la tonique, la 2^e^ la sus-tonique, la 3^e^ la médiante, la 4^e^ la sous-dominante, la 5^e^ la dominante, la 6^e^ la sus-dominante, la 7^e^ la sensible, et la 8^e^ est la répétition de la tonique. Dans la gamme de *do*, *do* est la tonique, *mi* la médiante et *sol* la dominante.

## La gamme diatonique et la gamme chromatique

□ Une gamme diatonique se compose d'une succession de tons et demi-tons comme au sein de l'octave *do-do*. Toute gamme composée de 5 tons et de 2 demi-tons, répondant à ce schéma est considérée diatonique. La gamme diatonique n'utilise que 7 degrés sur les 12 possibles dans le système occidental. La gamme diatonique de *do* majeur a la particularité de ne comporter aucune note altérée.
□ Une gamme est dite chromatique quand elle se compose de la succession des 12 demi-tons de l'octave. Elle peut aussi commencer sur n'importe quelle note. C'est une gamme diatonique à laquelle sont ajoutés les 5 degrés manquants. La notation mélodique de la gamme chromatique utilise généralement les notes « diésées » en montant et les notes « bémolisées » en descendant. S'il peut exister 12 gammes diatoniques (autant que de degrés possibles), il n'existe qu'une seule gamme chromatique dans l'absolu, puisque, quelle que soit la note par laquelle elle commence, elle couvre forcément les 12 demi-tons compris dans l'octave.
□ Toutes les gammes, qu'elles soient diatoniques ou chromatiques, prennent le ton et le nom de la note par laquelle elles commencent.
□ Dans la musique sérielle du XX^e^ siècle, où il n'y a plus de tonique et où les 12 notes de l'octave sont aussi importantes les unes que les autres, la gamme chromatique prend parfois le nom de gamme dodécaphonique. Dans la musique orientale, la gamme s'appuie sur une série de 5 notes. C'est une gamme pentatonique.

## La gamme majeure et la gamme mineure

Il existe deux types de gammes diatoniques : majeure et mineure. À chaque gamme majeure correspond une gamme mineure. Une gamme est dite majeure lorsqu'elle se compose d'une succession de 1 ton, 1 ton, 1 demi-ton, 1 ton, 1 ton, 1 ton, 1 demi-ton et quand sa tierce et sa sixte sont majeures. Une gamme est dite mineure quand sa tierce et sa sixte sont mineures.

# ORGANISER LA GAMME

## Les tons et les demi-tons à partir du clavier du piano

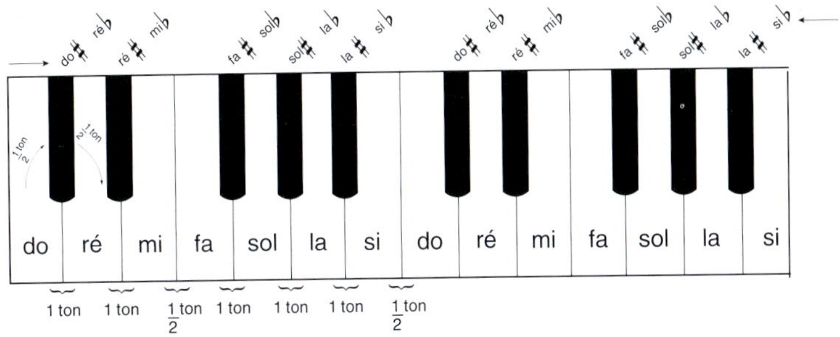


## Gamme diatonique de do majeur

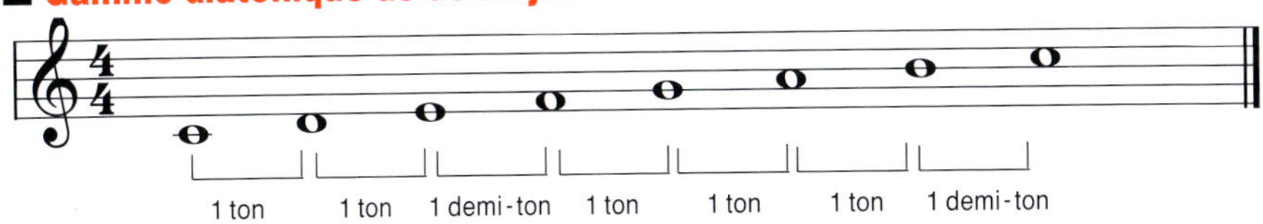


## Gamme diatonique de do mineur

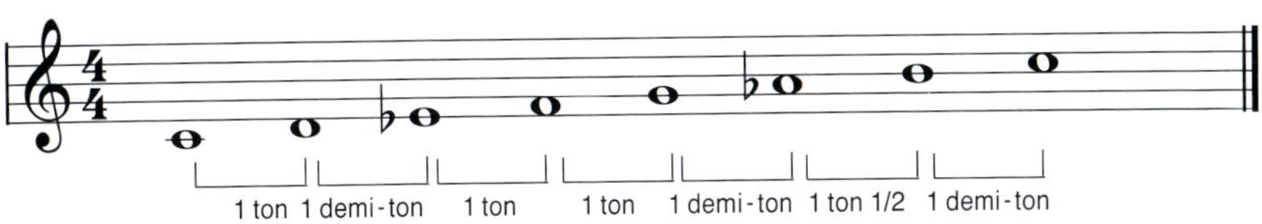


## Gamme chromatique descendante sur le degré de si

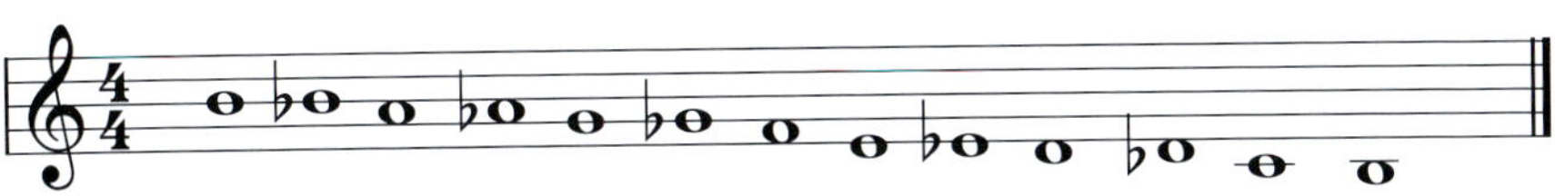

Les notes sont « bémolisées » en gamme descendante et « diésées » en gamme ascendante.

**La gamme de Pythagore**

La gamme de Pythagore (VIe siècle av. J.-C.), est fondée sur les planètes : à chaque planète correspond une note. La lune est le ré, Mercure le do, Vénus le si, le Soleil le la, Mars le sol, Jupiter le fa et Saturne le mi. D'après Pythagore, la Terre produit un son, puisqu'elle est en mouvement. Les autres planètes, par leur rotation autour de la Terre, produisent elles aussi un son. Plus la planète est éloignée, plus le mouvement est rapide, plus le son est aigu. Et inversement… Cette théorie vécut près de deux mille ans. Mais elle est morte brusquement par la découverte de Neptune en 1619. Il n'était pas possible d'ajouter une huitième note à un système si précis.

# Les modes et les tonalités

**Au Moyen Âge, le mot *modus* était utilisé dans le sens « intervalle ». De nos jours, on emploie l'adjectif *modal* pour désigner une musique dont la forme tonale n'est pas gouvernée par le système des tonalités majeures et mineures.**

## Les modes

☐ Le mode est la manière d'être d'un ton majeur ou mineur en fonction de la disposition des intervalles sur l'échelle d'une gamme. Les premiers musiciens s'étaient employés à construire un cadre théorique susceptible de s'adapter à tous les répertoires. Au temps du grégorien (IX^e s.), il est devenu essentiel d'unifier les anciens modes grecs pour les accorder au mieux à la mode de l'époque. On a donc regroupé l'ensemble du répertoire autour de sept modes principaux : le dorien (mode de *mi*), l'hypodorien (mode de *la*), le phrygien (mode de *ré*), l'hypophrygien (mode de *sol*), le lydien (mode de *do*), l'hypolydien (mode de *fa*), le mixolydien (mode de *si*). Les modes découpent et déterminent un cadre mélodique.

☐ Si on joue au piano les notes « naturelles » (touches blanches exclusivement), on s'aperçoit que les tons et les demi-tons sont toujours placés entre les mêmes notes : 1 demi-ton entre *mi-fa* et *si-do* et 1 ton entre chaque autre. Dans le cas du mode de *do*, les demi-tons sont placés entre les 3^e et 4^e degrés et entre les 7^e et 8^e degrés. Si on change de mode, mode de *ré* par exemple, on constate que cette structure change. Dans le mode de *ré*, les demi-tons sont placés entre les 2^e et 3^e degrés et entre les 6^e et 7^e degrés. Un morceau écrit en mode de *ré*, en raison du décalage des tons et des demi-tons, a donc une certaine « couleur » ou valeur expressive forcément bien différente de celle d'un morceau écrit en mode de *do*.

## Le mode majeur et le mode mineur

☐ À partir de l'époque classique (XVIII^e s.), on ne conserve que deux modes : le mode majeur et le mode mineur. Le modèle du mode majeur est la gamme de *do*. La gamme de *la* sert de modèle à toutes les autres gammes mineures.

☐ Chaque gamme peut être transposée. Il s'agit à partir de n'importe quelle note, d'utiliser le moule de la gamme majeure de *do*, en respectant la place des tons et des demi-tons. On est alors obligé d'avoir recours aux altérations (bémol ou dièse) pour respecter cette structure.

## La tonalité

☐ La tonalité est l'organisation des hauteurs des sons permettant une articulation de la musique dans le temps. Le système tonal fonctionne à partir des deux modes, majeur et mineur. La tonique, premier degré de toute gamme, commande la tonalité et donc la relation des notes entre elles. Une composition dite en *sol* mineur est écrite dans la tonalité de *sol*, dans le mode mineur.

☐ Pour écrire les différentes gammes autres que celle de *do* majeur, qu'elles soient majeures ou mineures, on a recours aux altérations. Dans toute autre gamme que celle de *do* majeur, pour respecter la structure 5 tons, 2 demi-tons, on doit soit augmenter, soit abaisser certaines notes de 1 demi-ton.

# LA RONDE DES MODES

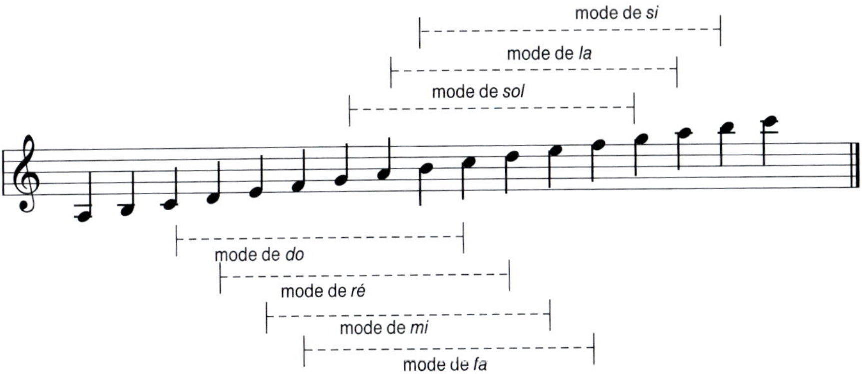


## ■ Les 15 tonalités

**Un extrait de partition en *sol* majeur**

**Un extrait de partition en *sol* mineur**

### Le terme « mode » en question

Au Moyen Âge, le mot *modus* était parfois utilisé dans le sens d'« intervalle ». Cette interprétation a subsisté jusqu'en 1609. Le mot *mode* est encore employé de nos jours dans deux autres sens plus connus : les modes rythmiques et dans le sens de « gammes » ou de « type de mélodie ». Ce dernier sens s'applique souvent aux musiques extra-européennes. De nos jours, on emploie l'adjectif *modal* pour désigner une musique dont la forme tonale n'est pas gouvernée par le système des tonalités majeures ou mineures.

# Le rythme

**Si au Moyen Âge, le grégorien était non mesuré, plus tourné vers la beauté mélodique, aux XVII^e^ et XVIII^e^ siècles, la régularité rythmique était tenue pour indispensable. Cette conception est peu à peu abandonnée par les romantiques. Au XX^e^, grâce à la danse, le rythme devient une force génératrice de la musique.**

## Qu'est-ce que le rythme ?

□ Le mot rythme, du grec *rhythmos*, « mouvement cadencé », régit la disposition et la succession des temps dans une composition musicale. Le rythme est une succession de temps forts et de temps faibles. Dans les mesures à 2 temps, le temps fort est sur le 1^er^ temps ; dans une mesure à 3 temps, il est sur les 1^er^ et 3^e^ temps. Dans une mesure à 4 temps, les 1^er^ et 3^e^ temps sont les temps forts.

□ Le rythme peut être composé de divers éléments indépendants :

– le mètre est indiqué par le chiffrage de la mesure (exemple : 3/4), qui reste identique d'un bout à l'autre avec répétition des mêmes cellules (isorythmie), ou peut varier par superposition de cellules différentes (polyrythmie). Le tempo qui est lié au chiffrage de la mesure est indiqué par un signe métronomique ;

– les durées des différentes notes (rondes, blanches, noires, croches, etc.) ;

– les phrases, ensembles de notes en groupes de temps ou de mesures.

Ces éléments de régularité et d'égalité sont parfois modifiés par les compositeurs par l'emploi de procédés qui rompent la sensation d'équilibre d'un morceau.

## Le contretemps et la syncope

□ Le contretemps est un procédé d'écriture musicale qui consiste à articuler un son sur un temps faible ou sur la partie faible d'un temps, en plaçant des silences sur les temps forts. On inverse donc l'accentuation normale des notes.

□ Lorsque le contretemps se prolonge sur le temps d'après, on l'appelle syncope. Dans la musique mesurée, l'accent est toujours porté sur le premier temps de la mesure. Il y a syncope dès qu'une variante, qui a pour effet de modifier le rythme, est apportée à ce schéma de base. La syncope n'intervient que dans une seule partie ou sur une seule voix à la fois, pendant que les autres parties conservent l'accentuation normale. La syncope est souvent caractéristique de musiques extra-européennes, dont la musique africaine et la musique noire américaine (jazz, ragtime, etc.).

## De la bonne utilisation des contretemps et des syncopes

Voici les quatres règles essentielles pour bien utiliser les contretemps et les syncopes :

– Des notes sur des temps normalement faibles peuvent être prolongées, par des liaisons, sur des temps normalement forts, déplaçant ainsi l'effet de l'accent.

– Des silences peuvent décaler les notes des temps forts vers des temps faibles (contretemps).

– Des notes peuvent être placées entre les temps et prolongées par des liaisons sur chaque temps suivant.

– Des accents peuvent être marqués sur des temps faibles.

# CONTRETEMPS ET SYNCOPES

## ■ Le contretemps

contretemps

## ■ La syncope

Beethoven : extrait de la *Symphonie n° 6*, 3e mouvement

## ■ Le tempo

♩ = 60

## ■ La phrase musicale

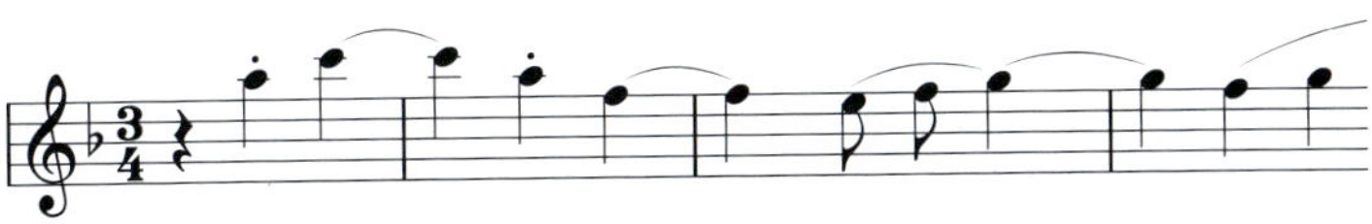

Mozart : extrait de la *Symphonie n° 38*, final

La phrase musicale identifiée par les liaisons est aussi appelée phrasé.

### Johannes Brahms (1833-1897) ou l'apothéose de la syncope

Si Beethoven excellait en utilisant des thèmes courts, rythmés et incisifs, Brahms est un poète lyrique qui préfère de longues mélodies. L'inspiration de Beethoven semble venir d'un message politique ou religieux, celle de Brahms est apolitique et antilittéraire. Ses schémas, abstraits, sont souvent très complexes, soit dans leur structure (il utilise volontiers les contre-rythmes), soit dans la transformation de ses thèmes. La rythmique brahmsienne est en effet très caractéristique. L'apothéose en est la syncope en tout genre qui contrarie les barres de mesures, dont le débit est alternativement souple et heurté, et dont les rythmes pointés si nombreux confèrent à sa musique une accentuation tellement particulière comme par exemple dans *l'Ouverture académique* (1879), qu'il est absolument impossible de la ramener à un cadre systématique quelconque. On ne peut qu'admirer l'utilisation géniale de la syncope, l'agencement et aussi l'orchestration qui sonne admirablement.

# La polyphonie

**La polyphonie, du grec *polys*, « plusieurs » et *phônê*, « son », est un procédé qui consiste à superposer plusieurs lignes mélodiques. Les premières références de polyphonie apparaissent au XIe siècle. Deux étapes marquent l'évolution de la polyphonie : le contrepoint et l'harmonie.**

## Le contrepoint

Le contrepoint, du latin *punctus contra punctum,* « note contre note », a pour principe la superposition de lignes mélodiques différentes, jouées simultanément. Il apparaît avec la musique de la fin du Moyen Âge. Son procédé d'écriture privilégie la mélodie. En effet, l'auditeur cherche davantage à écouter la musique « horizontalement », c'est-à-dire à entendre individuellement les différentes voix séparées plutôt que leurs effets combinés « verticalement ». Le contrepoint est rigoureux lorsqu'il n'utilise qu'une seule figure de note par voix (ex. : des noires) et fleuri lorsqu'il combine les différentes figures de notes.

## L'harmonie

L'harmonie, du grec *harmonia* « ajustement », « arrangement » est une technique d'organisation des sons d'un point de vue vertical, ce qui la distingue du contrepoint qui est organisé mélodiquement d'un point de vue horizontal. C'est la science des accords. L'harmonie est donc l'élément d'accord entre les différentes parties d'une œuvre. La prise de conscience de la consonance (en opposition à la dissonance), à partir du XVIe siècle, marque la naissance de la pensée harmonique. L'octave apparaît alors, avec la quinte juste, la tierce et la sixte comme les intervalles les plus à même de respecter cette consonance. On les utilise alors en accords parfaits (par exemple sur *do* : *do-mi-sol-do*, joués simultanément), majeurs ou mineurs.

## Les cadences et les modulations

☐ La cadence, de l'italien *cadere*, « tomber », est un enchaînement d'accords qui donne l'impression d'un repos ou d'une ponctuation dans le déroulement d'une phrase musicale. Une cadence est dite parfaite si elle se compose d'un accord de tonique (premier degré de la gamme) précédé d'un accord de dominante (5e degré de la gamme). Exemple : *do* majeur, accord majeur de dominante (*sol-si-ré*), puis accord majeur de tonique (*do-mi-sol*). Ce type de cadence est aussi appelé *finale* ou *complète* et conclue également un morceau. La cadence *imparfaite*, ou *suspensive*, se compose le plus souvent d'un accord de dominante précédé d'un accord de tonique ou de sous-dominante. Elle s'utilise en cours d'œuvre, à la fin ou au milieu d'une phrase, mais ne possède pas la finalité des cadences parfaites. Elle induit un effet de surprise et sert souvent à retarder la cadence parfaite.

☐ La cadence est aussi une période, précédant la conclusion d'un mouvement ou d'un morceau, pendant laquelle le soliste peut manifester sa virtuosité. Improvisée jusqu'au XVIIe siècle, elle est écrite par les compositeurs par la suite.

☐ La modulation est l'art de passer d'une tonalité à une autre tonalité dans le même ouvrage musical. La modulation peut faire évoluer une œuvre d'un ton majeur à un ton mineur (de *do* majeur à *la* mineur, par exemple).

# LES RÈGLES DE LA POLYPHONIE

## Le contrepoint

Au XVIe siècle, les intervalles de quarte et de quinte aux autres voix sont remplacés par ceux de tierce et de sixte, jugés moins dissonants. Puis, plus on avance vers le romantisme, plus le contrepoint est considéré comme savant et académique. Certains compositeurs continuent quand même à l'utiliser (Beethoven et Schubert), mais plus par défi. Le contrepoint reste avant tout la forme médiévale de la polyphonie.

## L'harmonie

Dans l'accord parfait mineur, la tierce est mineure et a un effet plus « sombre ». Le contraste entre l'accord parfait majeur et l'accord parfait mineur sur la même note fondamentale (sur le *do* par exemple), constitue l'une des ressources les plus puissantes de l'harmonie.

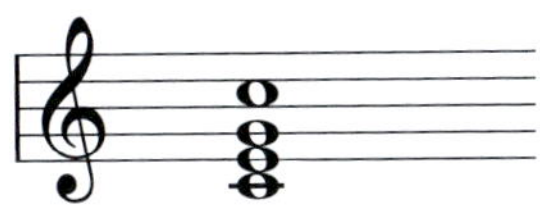
accord parfait de *do* majeur

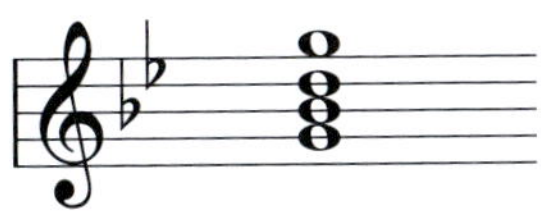
accord parfait de *sol* mineur

## Les cadences au piano

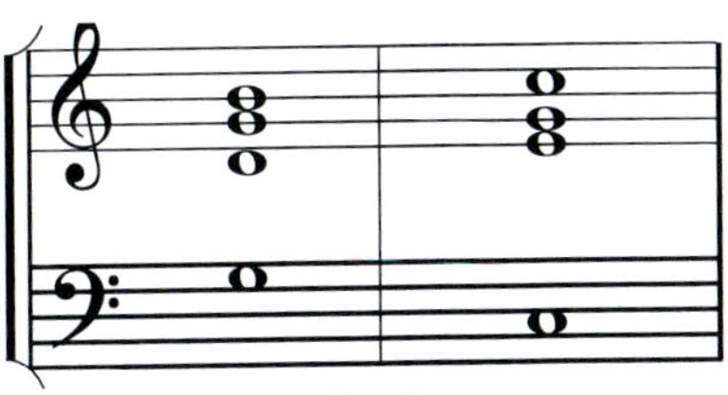
do majeur
dominante tonique - cadence parfaite

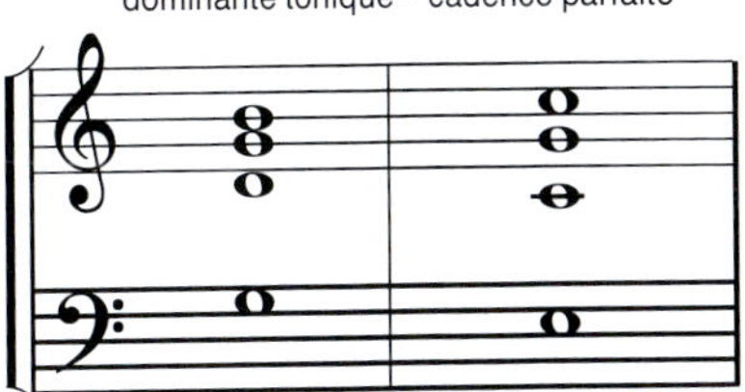
do majeur
dominante médiante - cadence imparfaite

Source : *Traité complet d'harmonie théorique et pratique* d'Émile Durant

### Les origines de la polyphonie

C'est dans le traité *Musica Enchiriadis* que l'on trouve pour la première fois à la fin du IXe siècle mention de la polyphonie. Ce traité a longtemps été attribué à Hucbald, moine de Saint-Amand près de Tournai. On sait aujourd'hui qu'il n'en est rien et que son véritable auteur serait Ogier ou Otger, abbé d'un monastère de Laon. Les premiers essais de la polyphonie, dits diaphonie, se sont faits par la superposition de deux voix. La première voix est appelée principale (elle possède le chant donné) et la seconde organale (elle commence à l'unisson, tandis que monte la voix principale, puis commence à suivre la mélodie dès que l'intervalle de quarte est atteint, pour la rejoindre après). La multiplication complexe des voix ne se réalisa concrètement que beaucoup plus tard.

# Les signes d'expression

**Écrite, la musique est faite pour être jouée. Pour exprimer au mieux les volontés du compositeur, les interprètes respectent précisément les indications de mouvements et de nuances précisées sur les partitions. Ils aspirent à donner l'exécution qui aurait paru idéale à son auteur. C'est de l'interprétation que naît l'émotion.**

## Abréviation, accentuation et ornementation du langage musical

☐ Les renvois servent à indiquer une reprise partielle ou totale d'un morceau. Ils sont notés par une double barre de mesure précédée de deux points à laquelle répond une autre barre de mesure suivie aussi de deux points marquant le début de la reprise. Une reprise totale s'exprime souvent par le terme *da capo* (ou *D.C.*) qui signifie « à partir du début ».

☐ L'accentuation est la mise en relief d'une note ou d'un accord par une augmentation de la dynamique, une prolongation de la durée ou un léger silence avant de jouer la note. Le >, qui fait porter sur la note une attaque plus énergique, est souvent accompagné de *sforzando* (en abrégé : *sfz*), « en renforçant ». Le point, placé au-dessus ou au-dessous d'une note, lui retranche la moitié de sa durée. Le tiret, placé comme le point, est au contraire la prolongation expressive d'une note.

☐ L'ornementation tient du désir d'embellir une ligne mélodique. Les ornements les plus utilisés sont l'appoggiature, souvent écrite en petits caractères sur la partition, qui introduit une dissonance résolue par la note suivante, le mordant, battement simple ou double entre une note et sa voisine, caractérisé par une dentelure en « v » simple ou redoublée, le trille, battement rapide d'une note avec la note voisine d'un ton maximum, noté « tr » au-dessus de la note, le trémolo, battement entre deux notes distantes de plus d'un ton et le gruppetto, trille de 4 notes, notes supérieure, principale, inférieure, principale et représenté par un ∽ .

## Le mouvement

Le mouvement désigne l'allure dans laquelle une mélodie doit être interprétée. Le mouvement est indiqué par un terme placé au-dessus de la portée et auquel correspond un rythme de battements du métronome, par exemple : lento (lent), adagio (moins lent), andante (modéré), allegro (vif), vivace (très vif). Les différents mouvements admettent des variations d'accélération ou de ralentissement : animo (animé), rallentando (en ralentissant), ritardendo (en retardant), ad libitum (à volonté), rubato (relâché) entre autres. Ils peuvent être précédés de préfixes : più (plus), meno (moins), molto (très), un poco (un peu), quasi (presque), ma non troppo (mais pas trop).

## Les nuances

La nuance désigne les différences d'intensité qui donnent vie à l'œuvre. On identifie ainsi : pianissimo (***pp***) (très doux), piano (***p***) (doux), mezzo-piano (***mp***) (moyennement doux), mezzo-forte (***mf***) (moyennement fort), forte (***f***) (fort), fortissimo (***ff***) (très fort), crescendo (***cresc***) (en augmentant), decrescendo (***decresc***) (en diminuant).

# DES INDICATEURS POUR MIEUX INTERPRÉTER

## ■ Le *da capo* ou la reprise

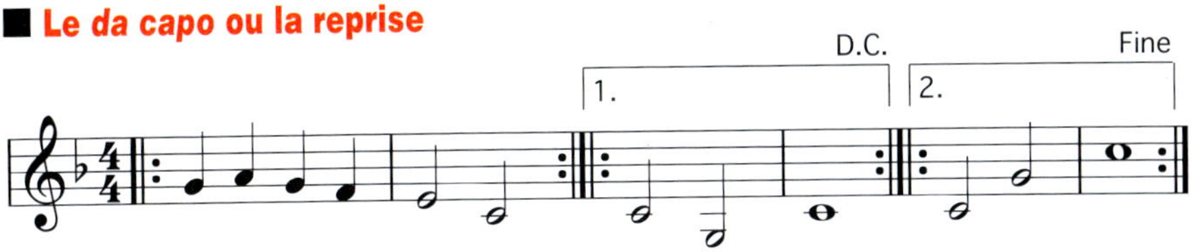


## ■ Les accentuations

## ■ Les mouvements

En plus de toutes leurs variations possibles, les différents mouvements ont des caractères. Ils peuvent être précédés de « *con* » (avec) ou « *senza* » (sans) :

- *anima* (âme)
- *brio* (vivacité)
- *espressione* (expression)
- *fuoco* (flamme)
- *moto* (mouvement)
- *spirito* (esprit)
- *rigore* (rigueur)

On peut aussi les qualifier avec beaucoup de précision :

- *affetuoso* (affectueux)
- *agitato* (agité)
- *appassionato* (passionné)
- *cantabile* (chanté)
- *capricioso* (capricieux)
- *comodo* (aisé)
- *disperato* (désespéré)
- *doloroso* (douloureux)
- *energico* (énergique)
- *espressivo* (expressif)
- *furioso* (furieux)
- *giocoso* (joyeux)
- *grazioso* (gracieux)
- *leggiero* (léger)
- *maestoso* (majestueux)
- *malinconico* (mélancolique)
- *mesto* (triste)
- *patetico* (pathétique)
- *pomposo* (pompeux)
- *religioso* (religieux)
- *risoluto* (résolu)
- *rustico* (rustique)

### Le rôle de l'interprète

L'activité artistique de l'interprète est nécessaire et indispensable à la musique. L'œuvre musicale n'existe pas tant que l'interprète ne lui donne pas son existence temporelle. L'interprétation n'est pas une exécution banale. Elle doit être une réinvention des pensées musicales exprimées par le compositeur. Même en respectant à la lettre les conseils de l'auteur et les moindres détails de la partition, le champ reste encore vaste pour donner libre cours aux facultés créatrices de l'interprète. L'interprète doit donc réaliser un équilibre entre la pensée de l'auteur et sa liberté créatrice, suivant les meilleures voies et ses plus intimes convictions pour reproduire au plus près ses volontés et l'expression de son art. Son rôle est capital : c'est lui qui transmet le message à l'auditeur, et c'est de lui que nous détenons les éléments fondamentaux de notre connaissance musicale.

# Les harmoniques

**L'acoustique musicale est une discipline très ancienne dont les origines remontent à Pythagore (VI^e siècle av. J.-C.). Son idée géniale a été de diviser une corde en plusieurs parties égales et de leur attribuer des intervalles, établissant du même coup une correspondance entre arithmétique et musique.**

## La notion de mouvement périodique

□ La reproduction identique et indéfinie d'un mouvement, musical ou non, est appelée *période*. Un cycle est un élément isolé qui se répète périodiquement. L'amplitude (a) est l'élongation maximale du cycle à partir de sa position de repos. La fréquence (N) est le nombre de cycles par unités de temps (en acoustique l'unité de temps est la seconde) et s'exprime en hertz (Hz). Les branches du diapason oscillent 440 fois par seconde ; la fréquence du mouvement est donc égale à 440 Hz.
□ Il existe des mouvements périodiques simples et complexes. Mais tout mouvement périodique complexe peut se décomposer en une somme de mouvements périodiques simples (ou sinusoïdaux). Les mouvements simples sont appelés harmoniques et l'harmonique de plus petite fréquence le fondamental. Toute harmonique a pour fréquence *n* fois celle du fondamental. Lorsque deux fréquences voisines entrent en combinaison, la résultante passe périodiquement par des minima et des maxima d'amplitude qui se traduisent pour l'oreille par des renforcements et des atténuations, que l'on nomme battements. Ces battements peuvent permettre d'entendre de très petites différences de hauteur entre deux fréquences simultanées (entre 1 000 Hz et 1 001Hz) .

## La série harmonique

□ La notion de série harmonique est l'application la plus importante pour les musiciens. Quelle que soit la fréquence d'un fondamental, ses harmoniques entretiennent avec lui des rapports numériques constants : l'harmonique 2 a toujours une fréquence double, l'harmonique 13, une fréquence treize fois plus grande, etc. Les harmoniques d'un son fondamental sont ordonnés en une succession invariable d'intervalles.
□ C'est cette succession d'intervalles qu'on appelle série harmonique. En pratique, un son a quelques dizaines d'harmoniques au maximum. Le numéro d'ordre d'un harmonique est son coefficient multiplicateur pour la fréquence : l'harmonique 6 a six fois la fréquence du fondamental.

## Génération et propagation des ondes

□ Une onde est reproduite par l'ébranlement élastique des molécules du milieu dans lequel elle se propage. L'air est un milieu élastique et le son une variation de pression. Les oscillations sont de quatre types :
– entretenues. Elles s'exercent de façon constante et continue.
– amorties. Elles s'exercent sous forme de chocs ou d'impulsions.
– de relaxation. Elles sont asymétriques et fonctionnent sur deux périodes : un aller qui met en vibration et un retour qui délivre les harmoniques.
– carrées. Elles s'exercent aussi sur un aller et un retour, mais avec un temps d'arrêt important entre les deux.

# DE LA THÉORIE À LA VISUALISATION DES PHÉNOMÈNES

## La représentation d'un mouvement

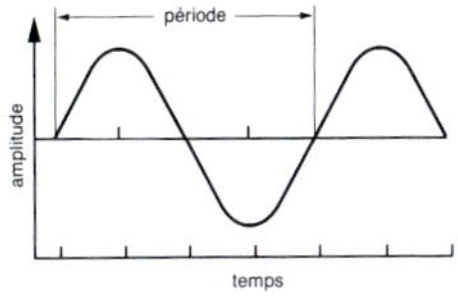


mouvement périodique simple

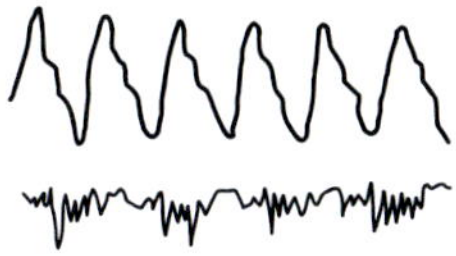

mouvement périodique complexe

## La série harmonique

La structure mathématique de la série harmonique lui confère des propriétés particulières qu'il est important de connaître pour en comprendre l'organisation. Voici, à partir d'un fondamental *ut* (*do*) grave, la série des 16 premiers harmoniques :

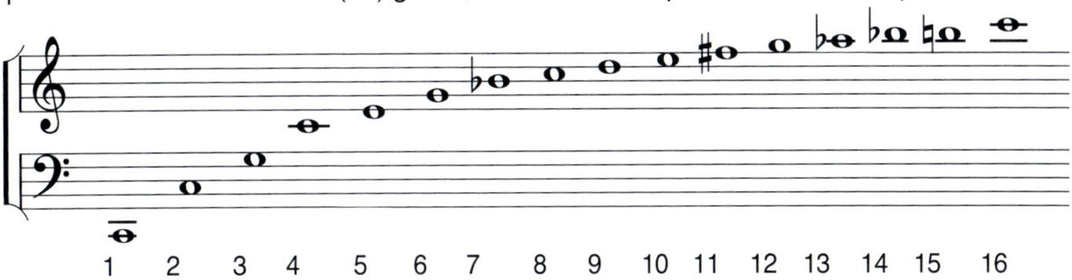


Lorsque le son *do* (1) est joué (par exemple sur une touche du piano), il fait entendre, après le son *do*, les 15 notes (harmoniques) qui suivent.
Prenons l'exemple de l'intervalle de tierce majeure de *do* : *do-mi* (symbolisé par les 2 notes harmoniques sur la clé de *sol*). Le *mi* est le 5^e^ harmonique et le *do* est le 4^e^ harmonique. On peut exprimer l'intervalle de tierce par le rapport fractionnaire : 5/4.
Prenons maintenant l'exemple de l'intervalle de quinte : *do-sol*. Cet intervalle est délimité par les 2^e^ et 3^e^ harmoniques (sur la clé de *fa*). Son rapport fractionnaire est 3/2.
Ainsi de suite, on peut trouver le rapport fractionnaire de tous les intervalles existants à partir des harmoniques de la fondamentale (quelle que soit cette fondamentale, les rapports seront toujours les mêmes).

## Les types d'oscillations

- entretenue

- amortie

- de relaxation

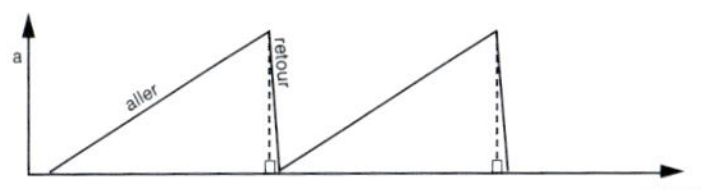


- carrée

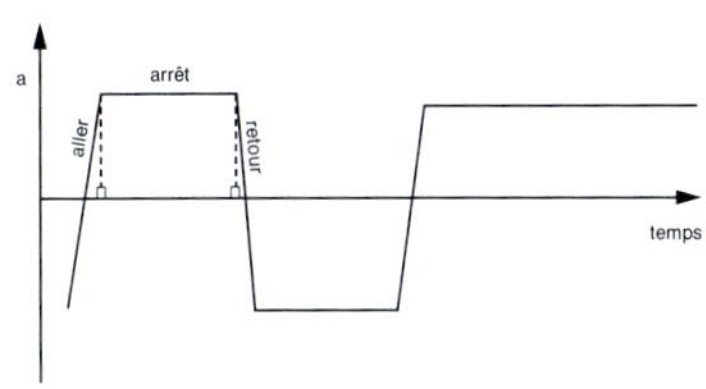

# L'acoustique

**Les travaux menés depuis l'Antiquité sur les phénomènes acoustiques nous conduisent à une connaissance plus approfondie de notre façon de percevoir les sons. Nous recherchons désormais les conditions optimales pour écouter de la musique. L'acoustique architecturale a permis cette prise de conscience.**

## Lorsque les ondes rencontrent des obstacles...

Il existe presque toujours des obstacles qui modifient le comportement des ondes. Quand une onde rencontre un obstacle, elle est renvoyée, réfléchie par cet obstacle. On appelle *onde incidente* celle qui arrive et *onde réfléchie* celle qui repart. Selon la nature, la forme et même la taille des obstacles, plusieurs cas de réflexions peuvent exister.

□ Quand un auditeur écoute un musicien dans une salle de concert, il reçoit d'abord un son direct qui correspond au trajet le plus court, puis un deuxième front d'ondes, puis un troisième, etc., jusqu'à extinction de l'onde. En fait ces arrivées successives sont si rapprochées que l'oreille humaine a du mal à les séparer. C'est le phénomène de réverbération.

□ Le temps de réverbération est le temps en secondes mis par une impulsion de 1 000 Hz à baisser de 60 dB après une interruption brusque. Ce temps est proportionnel au volume de la salle et inversement proportionnel au coefficient d'absorption des parois. Un temps de réverbération d'une seconde est jugé trop sec pour une salle de concert. Le bon temps se situe entre deux et trois secondes. L'écho consiste en une réflexion unique, séparée de l'onde directe par un silence. Il se produit souvent en plein air, où l'absence de parois latérales et de plafond empêche sa répétition. Mais si les parois réfléchissantes sont assez éloignées l'une de l'autre, l'auditeur peut percevoir une salve d'impulsions à caractère périodique appelée *écho répétitif*.

## Focalisation et absorption

□ La focalisation est un cas particulier de réflexion sur certaines voûtes ou surfaces courbes. Les ondes sonores émises à partir d'une source se réfléchissent sur un symétrique du point de départ appelé *point focal*. Le rayonnement sonore est donc focalisé, c'est-à-dire concentré en un espace restreint.

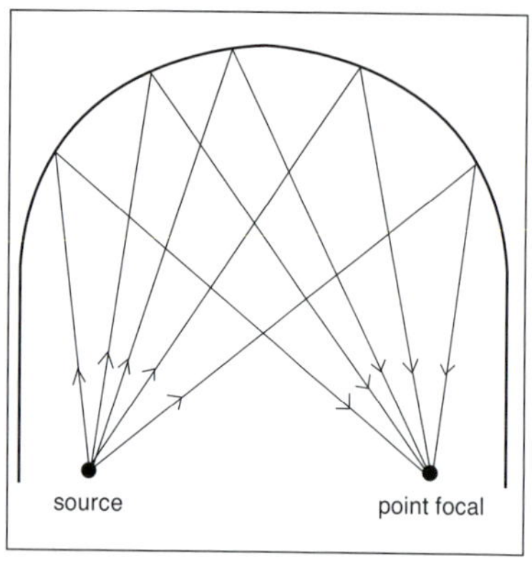


□ Les différents matériaux sur lesquels frappent les ondes sont plus ou moins élastiques et possèdent plus ou moins la faculté de réfléchir l'énergie qui leur parvient. Un matériau est d'autant plus absorbant qu'il est moins réfléchissant. L'air joue un rôle dans l'absorption du son, négligeable quand les distances de propagation sont courtes, comme dans une petite salle, mais appréciable quand les distances sont plus longues comme dans une grande salle.

# L'ACOUSTIQUE ARCHITECTURALE

## ■ La conception d'une salle de concert

Il existe des méthodes d'acoustique architecturale bien connues. Elles font appel à la géométrie pour prévoir le trajet des ondes. Son calcul sur ordinateur permet d'envisager un grand nombre de paramètres.

Après cette phase de calcul vient une phase d'essais, réalisée à l'aide de maquettes dans lesquelles on injecte des sons qui sont ensuite captés par des micros, puis enregistrés et analysés. Si les essais se révèlent bons, la salle est construite sur ces bases.

Tout cela ne permet pas toujours d'atteindre la qualité optimale. Mais il est possible, une fois la salle construite, de modifier sa configuration architecturale pour masquer ou éliminer certaines faiblesses. Il restera toutefois la subjectivité qui fait varier les opinions sur la qualité de l'acoustique de telle ou telle salle.

## ■ La qualité de l'acoustique

Bien que scientifique, la conception d'une salle de concert repose sur des phénomènes aléatoires tels que :

– *le public* : suivant les représentations le nombre de personnes présentes n'est jamais le même ;

– *le taux d'absorption* : les matériaux utilisés, les types de vêtements du public, l'atmosphère, peuvent faire changer les résultats.

La qualité de l'acoustique d'une salle repose sur ces deux éléments qui, variant d'une représentation à une autre, sont donc très changeants.

**La salle de l'opéra Bastille**

# Genre, style et forme

**Comme en littérature, le langage musical est organisé par une grammaire : le solfège est l'articulation des mots. L'accord des mots les uns avec les autres répond aux formes élémentaires qui s'organisent en structures et entrent dans une catégorie ou genre musical : en littérature, on parle de roman, d'épopée...**

## Genre

☐ Il est possible de classer une œuvre selon la technique (musique vocale, musique instrumentale) ou l'inspiration (musique religieuse, musique profane). Mais la distinction est difficile, car il existe des musiques profanes vocales ou instrumentales et des musiques sacrées instrumentales ou vocales.

☐ On parle aussi de « genre lyrique » ou de « genre concerto », tout comme l'écrivain adopte le genre de la tragédie, de l'essai, du roman, de la biographie. Le genre « concerto » par exemple, comprend des morceaux qui ont tous la même origine : dialoguer avec l'idée de concurrence.

## Style

☐ Tout comme en littérature, le terme « style » peut définir l'écriture du compositeur. C'est ce qui fait qu'une œuvre est originale et reflète la personnalité du compositeur. Le style de Bach n'est en rien comparable avec le style de Debussy. En effet la musique de Bach est l'expression d'un ordre, elle est équilibrée, réglée et ancrée dans la tradition de la polyphonie et du choral. Celle de Debussy, au contraire, donne sans cesse l'impression de liberté, de sensualité, avec des harmonies riches et raffinées rappelant la musique orientale.

☐ Mais il y a parfois ambiguïté car deux styles peuvent coexister : Mozart, par exemple, utilise à la fois le style ancien « fugué » et le style « galant » au sein même de certains de ses opéras. C'est le cas de *La Flûte enchantée*. Dans cet opéra, il a recours à un choral luthérien (scène des « Deux hommes en armes ») dans un style fugué pratiquement délaissé à l'époque, pour aussitôt renouer avec une mélodie pleine de charme, de style galant où l'harmonie évite toute complexité et basculer peu à peu dans le burlesque (scène de Papageno appelant Papagena).

## Forme

☐ La forme est la manière dont l'ensemble d'une œuvre est constituée. De même qu'une phrase est composée d'un sujet, d'un verbe et d'un complément d'objet, une œuvre musicale est constituée de structures qui, reliées entre elles, constituent un tout qu'on appelle forme. Une fugue, un concerto ou une symphonie sont, par exemple, appelées formes musicales.

☐ On dénombre une centaine de formes mais certaines ont davantage les faveurs des compositeurs comme par exemple : l'opéra, la symphonie. Ce choix peut varier selon les siècles.

☐ Il peut y avoir confusion car il existe deux types de formes. Certains parlent de « formes abstraites », qui concernent la structure interne d'une œuvre, par opposition aux « formes concrètes » qui sont la configuration globale d'une œuvre achevée.

# FORMES ÉLÉMENTAIRES ET FORMES MUSICALES

## Les principales formes élémentaires

La forme élémentaire est un principe de composition commun à toutes les formes musicales.

- *Basse continue, basse chiffrée* : sur les partitions des XVII^e et XVIII^e siècles ne figuraient que la mélodie et des chiffres. Ceux-ci, sorte de code, permettaient au musicien d'accompagner à vue.

Cette forme est la caractéristique de la musique baroque dans laquelle l'attention de l'auditeur se porte tout d'abord sur la mélodie qui est « soutenue » par la basse, succession d'accords dans la tonalité de la pièce jouée.

- *Canon* : deux ou plusieurs voix entrent successivement en jeu et suivent exactement la même ligne mélodique.
- *Contrepoint* : plusieurs voix se superposent pour constituer un ensemble harmonieux. En général, le compositeur expose un thème puis le déforme et le superpose au premier, et y adjoint un autre qu'il enlace aux deux premiers, et ainsi de suite. En reproduisant une mélodie précédemment entendue dans une autre voix, le compositeur utilise le contrepoint sous forme « d'imitation ».
- *Modulation* : en passant d'une tonalité à une autre, on « module » une composition. Dans *Tristan et Iseult*, la totalité de l'œuvre comporte des altérations à la clé, à l'exception de la toute dernière mesure qui est un accord parfait. Wagner a voulu ainsi marquer la sénérité enfin trouvée dans la mort de ses héros.
- *Forme binaire* : un morceau de musique comporte deux parties souvent reprises dans une tonalité différente.
- *Forme* da capo (à partir du début) : la composition comporte une première partie (A), puis une deuxième partie dans une tonalité différente (B), et enfin la réexposition intégrale de la première partie, selon le schéma A-B-A.

## Quelques formes musicales

| Type de musique | Genre | Formes musicales |
|---|---|---|
| Musique instrumentale | Mouvements de danse | Allemande, menuet, boléro, paso-doble, tango, valse, etc. |
| | Avec un seul instrument<br>Avec orchestre seul<br>Avec un instrument soliste et orchestre | Concerto, divertimento, étude, musique de chambre, poème symphonique, prélude, rhapsodie, sérénade, sonate, suite, symphonie, etc. |
| Musique vocale | Œuvres brèves | Aria, mélodie, récitatif, lied, romance, vaudeville, etc. |
| | Musique religieuse | Cantate, messe, motet, oratorio |
| | Musique lyrique | Opéra, opera buffa, opéra-comique, opera seria, mélodrame, pastorale, singspiel |

# Les mouvements de danse

**La danse est pratiquée par toutes les civilisations depuis des temps très anciens. La pratique de la danse prit des formes très variées selon les époques. Elle se répandit dans tous les milieux sociaux et il existe aussi bien des danses de cour que des danses populaires.**

## La danse, une pratique liée à l'histoire des hommes

La musique et la danse ont toujours été intimement liées. Dès l'Antiquité, la danse a ses professionnels. Les Grecs élaborent une grammaire chorégraphique et pratiquent la gymnopédie. Chez les Hébreux, les femmes dansent en chantant. La période qui va de la décadence de l'Empire au Moyen Âge fait rarement mention de la danse. En effet, l'Église a combattu la danse qu'elle qualifiait d'immorale.

## De la basse-danse à la suite

□ Au XVe siècle, une des premières danses, la basse-danse, est enseignée par les maîtres à danser et se pratique sur une musique lente et cérémoniale. En Italie, ce sont la gaillarde, au caractère vif, la pavane, danse noble solennelle, la bergamasque et la tarentelle. En France, on danse la bourrée, la gavotte, d'origine provençale, et la courante. En Allemagne, naît l'allemande, une danse à quatre temps au rythme modéré ; en Espagne, la chaconne et, en Angleterre, la gigue, au mouvement vif.

□ La suite est une série de pièces instrumentales écrites dans la même tonalité qui réunit deux danses aux mouvements contrastés, interprétées essentiellement par le clavecin et le luth. Elle se répand alors dans toute l'Europe au cours des XVIIe et XVIIIe siècles. Sa forme se stabilise : tout d'abord en quatre mouvements – allemande, courante, sarabande, gigue –, elle est ensuite précédée d'un mouvement introductif, le prélude. C'est Bach qui porta la suite à son plus haut niveau. À partir du XVIIIe siècle, elle déclina pour être plus tard éclipsée par la sonate et la symphonie.

## Du menuet aux danses d'aujourd'hui

□ Le menuet, très en vogue au XVIIe siècle, constitue un sommet dans l'évolution de la danse en France. Ses pas sont élaborés par le maître à danser de Louis XIV et la musique composée par Lully. Il se répand dans toute l'Europe et prend place dans l'opéra ou dans les œuvres des grands compositeurs.

□ Le ballet, forme théâtrale de la danse, est régi par un schéma préétabli de figures et de gestes chorégraphiques exécutés dans un décor approprié et accompagné par une musique composée à son intention.

□ La valse, danse à trois temps dont l'origine remonte aux danses paysannes allemandes, prendra son essor à Vienne au XIXe siècle avec les Strauss. De nombreux compositeurs l'ont intégrée à des œuvres très diverses.

□ Célèbres à l'époque romantique, la polonaise et la mazurka sont des danses d'origine polonaise. La polka, danse paysanne tchèque à deux temps, se développa également au XIXe.

□ Les nouvelles danses apparues à la fin du XIXe siècle et au début du XXe proviennent souvent d'outre-Atlantique : le fox-trot, le charleston, le boogie-woogie d'Amérique du Nord ; le tango, la bossa nova, le cha-cha-cha et la samba d'Amérique du Sud.

# SUITES POUR VIOLONCELLE SEUL
# J.S. BACH

**Extrait de la première Suite**

## ■ L'œuvre en question

Composées à Köthen vers 1720, les *Suites pour violoncelle* sont destinées à un instrument dont la corde la plus aiguë est un demi-ton au-dessous de la normale (*sol* et non *la*), ce qui permet la réalisation d'accords spéciaux. Elles présentent de grandes difficultés lorsqu'elles sont jouées sur un violoncelle normalement accordé. Elles commencent toutes par un prélude, sorte d'ouverture à la française, suivi de quatre mouvements constitués des quatre danses traditionnelles (allemande, courante, sarabande, gigue). Entre la sarabande et la gigue, Bach a placé une « double galanterie » (menuets 1 et 2 pour les deux premières suites, bourrées 1 et 2 pour les suites 3 et 4 et gavottes 1 et 2 pour les deux dernières).

## ■ Un exemple : la cinquième Suite

Plus encore que les autres pièces du cycle, la cinquième Suite se place sous le signe du goût français. La forme du prélude est en effet celle d'une ouverture à la française. La deuxième partie débute sur le thème d'une fugue rapide (principe fondé sur l'imitation, où les voix semblent se poursuivre dans un mouvement de fuite). Elle est abondamment variée dans la suite du morceau avec un effet polyphonique exceptionnel. On retrouve la manière française dans les styles de l'allemande (à caractère assez solennel) et de la courante (rapide), tandis que la sarabande (grave et lente) marque une pause avant les gavottes d'allure sautillante et la gigue finale qui accélère le mouvement sur des rythmes pointés. Bach exploite ici à la fois la largeur de l'ambitus du violoncelle (étendue de l'instrument de sa note la plus grave à sa note la plus aiguë), ses possibilités expressives dans le jeu mélodique et sa richesse dans le jeu polyphonique. Le savoir-faire de Bach est tel, sa connaissance des artifices techniques si poussée, que l'auditeur de cette suite semble entendre plus d'une ligne mélodique à la fois.

Le grand violoncelliste Pablo Casals aimait tellement ces œuvres de Bach qu'il avait pris l'habitude de jouer chaque matin de la semaine une suite. Le dimanche, il les rejouait toutes les six...

# Le concerto

**Issu du latin *concertare*, « rivaliser », « converser », le concerto désigne une composition musicale écrite pour un ou plusieurs solistes et un orchestre. On distingue trois formes principales de concerto : le concerto vocale, le concerto grosso et le concerto pour soliste.**

## Le concerto vocale

Le terme concerto apparaît avec Andrea Gabrieli (1510-1586) et son élève et neveu Giovanni Gabrieli (1557-1612). Il désigne une œuvre vocale d'inspiration religieuse avec accompagnement instrumental, le concerto d'église (*concerto da chiesa*). Il s'agit en fait d'une sorte de cantate. Le concerto vocale emprunte les structures de la cantate.

## Le concerto grosso

☐ Deux groupes sonores inégaux conversent entre eux : les instruments solistes d'une part (*concertino* ou petit concert) et le plein orchestre d'autre part (*ripieno* ou *grosso*). Corelli (1653-1713), considéré à tort comme l'inventeur du concerto grosso, Muffat (1653-1704) et Torelli (1658-1709) lui donneront toute son ampleur. La forme la plus achevée du concerto grosso est donnée par les *Concertos brandebourgeois* de J.S. Bach. La symphonie concertante est une variante de concerto grosso

☐ À partir de la deuxième moitié du XVIII^e siècle, le concerto grosso s'efface devant le concerto pour soliste. Le triple *Concerto pour piano, violon et violoncelle* de Beethoven et le double *Concerto pour violon et violoncelle* de Brahms dérivent du concerto grosso. Le concerto grosso réapparaît au XX^e siècle (*Concerto grosso* de E. Bloch, *Concerto pour orchestre* de Bartók, *Concerto philharmonique* de P. Hindemith, *Ebony Concerto* pour orchestre de jazz de I. Stravinski).

☐ Le concerto grosso peut avoir la même structure que celle de la sonate d'église en quatre mouvements. Avec Vivaldi, le concerto grosso comporte trois mouvements : rapide – lent – rapide.

## Le concerto pour soliste

☐ Le premier, Torelli écrit dans cette forme au début du XVIII^e siècle. Le groupe des solistes du concerto grosso est remplacé par un seul instrument qui « concerte » avec l'orchestre entier. C'est ainsi qu'apparaissent les concertos pour violoncelle (Vivaldi), trompette (Telemann, Vivaldi), hautbois (Albinoni, Cimarosa, Haendel), orgue (Haendel). Bach écrit les premiers concertos pour clavier et orchestre.

☐ Avec l'apparition de la symphonie, le concerto prend des dimensions plus grandes : l'orchestre est plus imposant et le soliste doit faire preuve de toute sa virtuosité (Chopin, Paganini, Brahms et Liszt). À l'image de la symphonie, le concerto pour soliste comporte une introduction orchestrale dans laquelle sont présentés les thèmes qui seront repris par le soliste. Dans sa forme classique, telle que l'adopte Mozart, il comporte traditionnellement trois mouvements : allegro de forme sonate, rapide ; andante ou adagio, lent ; rondo, rapide. Chaque mouvement se termine par une cadence (le soliste n'est plus soutenu par l'orchestre) suivie par une reprise du thème principal. À l'origine, la cadence est libre mais bientôt, avec Beethoven, elle est écrite par le compositeur.

# LE CONCERTO EN SOL MAJEUR
# M. RAVEL

## L'œuvre en question

Le *Concerto pour piano et orchestre en sol majeur* de Maurice Ravel personnifie l'existence et la fête. La composition de l'ouvrage fut terminée le 11 novembre 1931. Il fut exécuté en première audition le 14 janvier 1932 à Paris par Marguerite Long (pianiste française née en 1874 et décédée en 1966), Ravel dirigeant l'orchestre.

## Analyse de l'œuvre

– *Allegro,* premier mouvement : le thème est effectué au piccolo (petite flûte), rythmé par les contretemps des cordes, les roulements des percussions, les arpèges du piano. C'est délibérément une ambiance de fête et de foule. Un deuxième thème est énoncé au piano puis aux bois. Il s'agit d'une mélodie à la fois pudique et douce qui ouvre sur l'univers merveilleux du rêve.

**Premier énoncé du premier thème au picolo**

**Première apparition du piano en soliste**

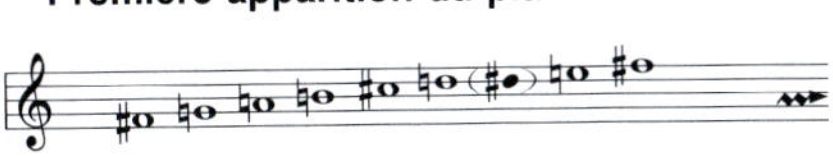

**Thème au piano, puis au bois**

– *Adagio,* deuxième mouvement : une des plus grandes pages de toute la musique. Une immense phrase d'abord au piano puis, quelques mesures après, l'entrée de l'orchestre, section centrale allant crescendo, et enfin reprise quasi intégrale de la grande phrase initiale, cette fois-ci au cor anglais. La mesure est à trois temps simples mais l'accompagnement est sur une mesure composée. La musique glisse sans accrocs par-dessus un mouvement régulier, immuable comme celui du temps.

**Mesure à 3 temps avec accompagnement 6/8 ou 3/8**

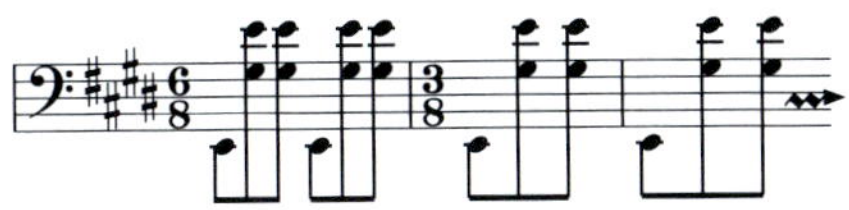

– *Presto,* troisième mouvement : ce mouvement, d'une jubilation extrême, contraste avec l'andante précédent. À la limite, on éprouve une certaine gêne à voir le charme se rompre aux premiers accords tonitruants de ce final. Quelques éléments de jazz, des *glissandi* au trombone ajoutent au pittoresque de cette page dont chaque partie se trouve isolée des autres par les quatre accords qui l'ont ouverte si glorieusement. Le thème principal, exécuté au piano, est fait de doubles croches qui tournent sur elles-mêmes en donnant l'impression d'un mouvement perpétuel, base de toute l'unité de ce finale.

**Une suite de double croches**

# L'étude

**L'étude est généralement une pièce à vocation didactique, destinée à un instrument. Brèves, les études sont le plus souvent rassemblées dans un recueil. Leur but est de permettre d'explorer la technique de l'instrument ou des éléments proprement musicaux.**

## Une technique instrumentale

Les études apparaissent avec Purcell (*Les Lessons*), Scarlatti (*Essercizi*), Telemann (*Le Parfait Maître de musique*) et surtout Bach (*Le Clavier bien tempéré*, *Les Inventions*). Les clavecinistes français, Couperin (*L'Art de toucher le clavecin*, 1716) et J. P. Rameau (*Pièces pour clavecin avec une méthode*) permettent d'expliquer la nouvelle technique de l'instrument. Dans *Gradus ad Parnassum*, Clementi (1752-1832) veut, dans les trois volumes qui le composent, développer certains procédés de technique pianistique. Il y expose aussi les modèles des formes classiques (canons, fugues, préludes, suites, rondos, premiers mouvements de sonates).

## Une écriture pianistique nouvelle

☐ Au siècle des romantiques, l'instrument soliste est roi : Hummel, Liszt, Cramer, Czerny, Reicha, Moscheles écrivent pour le piano. Avec le violoniste Paganini, les études pour violon encouragent les pianistes à se surpasser : ses 24 *Caprices* inspireront de multiples transcriptions, adaptations et variations pour le piano (*Six Études d'après Paganini* de Liszt, deux séries d'*Études* de Schumann op. 3 et op. 10, les *Variations* de Brahms). Toutes les difficultés d'interprétation sont traitées : gammes, arpèges, trilles, tierces, octaves, accords parallèles, etc.

☐ En plus de leur rôle pédagogique, les œuvres de Chopin (douze *Études* op. 10, douze *Études* op. 25, trois *Études* dites *posthumes*), de Schumann (*Études symphoniques* pour piano op. 13), de Liszt (*Études d'exécution transcendante*) apportent à l'étude celui d'une véritable composition musicale. Le compositeur C. Alkan (1813-1888), ami de Victor Hugo, de Liszt et de Chopin, a une écriture pianistique virtuose et tournée vers la recherche : son inspiration grandiose lui a fait porter le surnom de « Berlioz du piano ». Au XX<sup>e</sup> siècle, Scriabine et surtout les deux cahiers de six *Études* de Debussy prolongent le genre tout en le renouvelant. Bartók dans *Mikrokosmos* réunit en six recueils une méthode allant du plus facile à une écriture pianistique nouvelle. Olivier Messiaen écrit lui aussi *Quatre Études de rythme* pour le piano. La musique électroacoustique n'échappe pas à la règle, avec P. Schaeffer (*Études de bruits*), P. Henry, K. Stockhausen (*Études électroniques*). L. Berio dans *Sequenze* écrit des études de sonorités instrumentales.

## La structure de l'étude

L'étude n'a pas de structure précise : on y rencontre la forme binaire, le lied, la suite, parfois la sonate avec fugue et canon, la variation ou plus rarement le rondo. Sa forme indépendante lui permet de porter des titres différents : prélude, caprice, fantaisie. On rencontre souvent le chiffre 12 (ou 6 ou 24) dans beaucoup de recueils d'études : il est probable que les musiciens aient fait référence au *Clavier bien tempéré* de Bach.

# ÉTUDES N° 3 ET 4 OPUS 10 POUR PIANO
# F. CHOPIN

## L'œuvre en question

Commencées à Varsovie, tout comme les exercices destinés à développer la virtuosité du jeune compositeur (1832-1837), terminées à Paris, les 24 *Études* de Chopin (1810-1847) sont devenues le bréviaire du pianiste de tous les jours. En aucune manière l'inspiration n'est mise au second plan. Jamais la technique ne prend le pas sur elle. Le premier cahier, opus 10, est dédié à Liszt, qui en fut l'interprète prestigieux.

## Étude n° 3 opus 10 en mi majeur

Surnommée abusivement *Tristesse* par un éditeur en mal de sous-titres, elle arracha à Chopin une exclamation douloureuse : « Ô mon pays ! ». La romance par laquelle elle débute et s'achève, fait apparaître les difficultés du jeu polyphonique en donnant à interpréter une ligne mélodique que le pianiste doit jouer legato. Dans cette *Étude*, ce qui émeut immédiatement dès les premières mesures, c'est le grain du son, cette façon d'arriver sur la pointe des pieds au seuil de chaque mesure et de n'affirmer que peu à peu son propos, refusant toute surcharge. C'est le romantisme à l'état pur.

## Étude n° 4 opus 10 en ut dièse mineur

En opposition à l'*Étude n° 3* très romantique, l'*Étude n° 4* a un langage qui se caractérise par le raffinement du détail au sein d'une mélodie dominante et des structures qui l'accompagnent. C'est l'influence de Bach des 48 *Préludes* et *Fugues* que l'on retrouve dans cette étude. S'il avait pu en planifier l'ensemble d'avance, Chopin aurait sûrement, à l'instar de Bach, utilisé tous les tons majeurs et mineurs, comme il le fit plus tard pour ses 24 *Préludes* de l'opus 28. Cette toccata impétueuse développe l'égalité des doigts des deux mains, leur brio et leur volubilité, la main étant dans une position tantôt ramassée, tantôt écartée. Il y a ici un miracle d'équilibre entre la technique instrumentale et l'émotion, certainement très proche de la personnalité du compositeur, toujours tiraillé entre une virtuosité naturelle et un romantisme exacerbé.

**Thème de l'Étude n° 3 opus 10 en mi majeur**

**Thème de l'Étude n° 4 opus 10 en ut dièse mineur**

# La musique de chambre

**Cette expression distingue d'abord les formes de musique vocales ou instrumentales profanes de celles à caractère sacré (*da chiesa*). Depuis les compositions pour un seul exécutant jusqu'au petit orchestre ou petit chœur, toutes les formes peuvent se rencontrer, de un à huit instrumentistes sans chef ni soliste privilégié.**

## Le duo

Utilisé à partir du XVI^e siècle, ce terme désigne n'importe quelle composition pour deux instruments ou deux voix concertant entre eux. Les duos vocaux de chambre sont généralement accompagnés par le clavecin ou le piano. Le duo instrumental s'articule souvent sur le schéma de la sonate. Il peut avoir un but pédagogique (exercice suivi par l'élève et par le maître).

## Le trio

☐ Ce terme désigne toute formation instrumentale constituée de trois musiciens solistes. Au XVII^e siècle, on appelle *trio* la « sonate à trois »... confiée à quatre instruments (deux violons, viole de gambe et clavecin qui est en fait la basse). Les sonates à trois du début du XVIII^e siècle mettent en jeu un violon et un clavecin qui couvrent deux voix. À l'époque classique, le trio est une sonate concertante pour trois instruments. Les œuvres ainsi intitulées respectent généralement la forme sonate en trois ou quatre mouvements.

☐ Le trio pour piano, violon et violoncelle est la formation la plus utilisée. Le trio à cordes (violon, alto et violoncelle) a été adopté par de nombreux compositeurs. Il existe également des trios d'anches ou d'autres combinaisons. Le trio d'orgue est une pièce à trois voix jouée sur deux claviers manuels et le pédalier (choral en trio, sonate en trio de Bach). Le trio vocal appartient à la musique lyrique. On le trouve dans la cantate et dans l'opéra.

## Le quatuor

On désigne par quatuor un morceau instrumental ou vocal écrit pour quatre voix. Au XVII^e s. le groupe de cordes comprenant deux violons, un alto et un violoncelle, qui est la cellule de base de l'orchestre, prend son individualité et devient un ensemble pour former le quatuor de solistes. Avec la sonate, le quatuor à cordes est la principale forme de musique de chambre : à partir de Haydn et de Mozart, tous les grands musiciens composent pour lui. Le quatuor vocal est une combinaison sonore qui allie les quatre principaux types de voix humaines : soprano, alto, ténor, basse.

## Le quintette, le sextuor, le septuor, l'octuor

Le quintette pour cinq instruments est en vogue chez les compositeurs romantiques mais aussi dans la musique moderne. Son écriture est difficile quand l'auteur choisit le piano qui ne doit pas se cantonner au simple rôle d'accompagnateur. Toutes les combinaisons instrumentales peuvent se rencontrer : par exemple, un quintette à cordes est composé de 2 violons, 1 alto, 1 violoncelle et 1 contrebasse. Proches de la musique de chambre, les sextuors, septuors, octuors sont des combinaisons diverses d'instruments.

# QUATUOR À CORDES EN UT MAJEUR
# J. HAYDN

## L'œuvre en question

En janvier 1797, Haydn (1732-1809) compose un hymne à l'empereur d'Autriche, François II. À la fin de l'année 1797, il intègre cette œuvre au *Quatuor à cordes en ut majeur* qu'il vient de composer. Ce sera le deuxième mouvement. Au XXe siècle, le thème de l'hymne impérial est repris comme hymne national.

## Analyse de l'œuvre

– *Premier mouvement : allegro* - le thème arrive d'entrée de jeu, riche, de caractère, de forte assise avec une cadence appuyée. Les quatre instruments (2 violons, 1 alto, 1 violoncelle) sont réunis en une seule voix. Le mouvement se termine par une réexposition du thème comme au début.

– *Deuxième mouvement : poco adagio* - Haydn opte ici pour un thème varié. Dans un premier temps, le thème est exposé. Il s'agit de l'hymne impérial autrichien. Son rythme pointé lui confère une allure martiale. Au cours des quatre variations, chaque instrument va énoncer tour à tour ce thème :

– 1re variation : à deux voix. C'est le second violon qui présente le thème.

– 2e variation : le violoncelle chante le thème.

– 3e variation : l'alto interprète le thème dans l'aigu.

– 4e variation : le premier violon chante le thème accompagné par les trois autres instruments.

– *Troisième mouvement : menuets* - le 1er menuet, très aérien. Le 2e menuet s'enchaîne, rompant totalement du point de vue rythmique avec le précédent. Puis reprise du 1er menuet.

– *Quatrième mouvement : finale presto* - Ce mouvement apparaît comme plus dramatique. Avec allégresse, la reprise (coda) achève cette œuvre.

**Hymne impérial autrichien (2e mouvement)**

# L'ouverture

**L'ouverture est une composition instrumentale placée au début d'œuvres lyriques (opéra, opéra-comique, oratorio) ou instrumentales. En général, l'ouverture d'un opéra comporte tous les thèmes des airs principaux qui vont constituer la structure et l'argument de l'œuvre.**

## L'ouverture à l'italienne

On la trouve dès le XVII^e^ siècle. Elle consiste en une courte *canzone* ou *sinfonia* en prélude à un opéra. La plus ancienne ouverture est la toccata de trombones et d'orgue qui précède l'*Orfeo* de Monteverdi. Perfectionnée et généralisée par A. Scarlatti, l'ouverture est constituée de deux mouvements rapides encadrant un mouvement lent. Elle était souvent destinée à faire taire le public.

## L'ouverture à la française

☐ Dans le ballet de cour fixé par Lully, l'ouverture à la française est inverse de celle de l'ouverture à l'italienne : lent (grave) - rapide - lent. Purcell, Haendel et Rameau adoptent l'ouverture lulliste, mais Rameau la réduit : son ouverture se limite à un mouvement lent qui précède un autre plus rapide et plus court.
☐ L'ouverture désigne aussi une pièce musicale indépendante et prend diverses formes : Bach écrit quatre *Ouvertures à la française* qui sont en fait des suites instrumentales. Elles sont en quatre parties : la première lente et majestueuse s'enchaîne à un allegro de style fugué suivi de la reprise abrégée de la première partie et parfois d'une ou deux danses. Mozart lui donne des dimensions plus imposantes : elles sont parfois uniquement données en concert. C'est ainsi qu'au XIX^e^ siècle, l'ouverture devient une forme libre : *Ouverture tragique* de Brahms, *Ouverture solennelle* de Tchaïkovski, le *Carnaval romain* de Berlioz.

## L'Ouverture d'un opéra

Au XVIII^e^ siècle, Gluck, dans la préface d'*Alceste*, écrit une ouverture pour « informer les spectateurs de la nature de l'action qui se prépare et en former, pour ainsi dire, l'argument ». Avec Rossini, l'ouverture est l'ensemble de présentation des principaux airs de l'opéra. Il arrive que ses ouvertures soient plus connues que l'œuvre elle-même : l'ouverture de *La Pie voleuse*. L'opéra du XX^e^ siècle réduit souvent l'ouverture à de très courtes dimensions. Dans *Pelléas et Mélisande* de Debussy, l'ouverture est réduite à une brève introduction musicale. Dans *Wozzeck* de Berg, elle ne consiste plus qu'en un minuscule prélude. Chez R. Strauss, dans *Salomé* et *Elektra*, elle disparaît complètement.

## Le prologue

En préambule d'une œuvre dramatique, le compositeur illustre les faits précédant l'action dans le prologue. Sorte de cantate allégorique, le prologue est de rigueur dans l'opéra classique français de Lully. Rameau l'abandonne et le remplace par l'ouverture, mais le prologue réapparaît au XIX^e^ siècle avec Berlioz (*Roméo et Juliette*) et surtout Wagner (*L'Or du Rhin*, constitue le prologue de *l'Anneau du Nibelung*).

# GUILLAUME TELL
# G. ROSSINI

## L'œuvre en question

Composé en 1829, *Guillaume Tell* est le dernier opéra de Rossini (1792-1868). Lors de sa première, le public se montra hésitant et ne lui accorda le succès que quelques jours plus tard. Tout ce qu'on attendait de Rossini et de son répertoire habituel était absent de cette œuvre. C'est justement ce qui fait la grandeur de *Guillaume Tell*. Le style pathétique est très nouveau, Rossini insère dans son opéra des chants populaires suisses. L'ouverture de cet opéra ressemble à une symphonie « miniature ». Elle est composée de quatre mouvements dans lesquels on décrit, tour à tour, les vallées tranquilles de la Suisse, un orage, une scène champêtre et une chevauchée triomphale.

## Déroulement de l'ouverture

– *Andante* (introduction). Il s'agit d'un solo réparti entre cinq violoncelles qui se relaient dans une mélodie digne des plus grands romantiques du XIXe siècle et qui constitue une pièce à part entière. Ce passage évoque le calme et la beauté des vallées suisses.

– *Allegro* (l'orage) : l'orage monte (trémolos de cordes et de bois). Le tonnerre roule au lointain (crescendo d'orchestre et timbales) et se déchaîne. Puis il s'éloigne (descrescendo de l'intensité, en diminuant). La nature s'égaie de nouveau de chants d'oiseaux (bois graves, flûtes).

– *Andante* (pastorale) : dans la sérénité des alpages, un berger joue un air, un autre lui répond. C'est un ravissant solo de cor anglais doublé d'un accompagnement virtuose à la flûte qui ramène le calme.

– *Allegro vivace* (galop final) : une fanfare annonce triomphalement la victoire des partisans de Guillaume Tell (trompettes puis cordes et bois, puis orchestre en fortissimo).

**Thème du solo de violoncelles (1re partie de l'ouverture)**

**Thème du cor anglais (3e partie de l'ouverture)**

# Le poème symphonique

**Conçu pour le grand orchestre, le poème symphonique, en général en un seul mouvement, entre dans le cadre de la musique à programme ; il est en effet souvent inspiré par un texte littéraire, une légende, une description naturaliste ou un personnage biblique.**

## De la musique descriptive à la musique à programme

□ De tous temps, les musiciens ont essayé de dépeindre des sujets extra-musicaux, qu'ils soient poétiques, littéraires ou picturaux, en utilisant des moyens dynamiques ou des symboles. Au XVe siècle, Janequin pratiquait déjà la musique descriptive dans *Le Chant des Oiseaux*, *La Bataille de Marignan* ou *Les Cris de Paris* où il utilisait des onomatopées pour reproduire l'atmosphère de la ville.

□ Le poème symphonique, composition pour orchestre d'inspiration littéraire, picturale, mythique ou naturaliste, prend toute sa dimension vers le milieu du XIXe siècle avec Liszt, et représente la forme la plus complète de la musique à programme. Avant lui, Vivaldi dans ses concertos *Les Quatre Saisons*, Haydn dans ses symphonies *Le Matin, Le Midi, Le Soir*, ou Beethoven dans sa *Symphonie pastorale*, ont écrit une musique à programme.

## De la musique à programme au poème symphonique

□ Avec la période romantique, plutôt que l'écriture d'une musique récréative, le besoin d'exprimer les sentiments profonds se fait sentir chez les compositeurs. Tout en se référant aux formes établies par leurs maîtres classiques, ils recherchent une illustration plus marquée de leur discours : ainsi Mendelssohn écrit-il les symphonies *Écossaise, Italienne*, marqué par les séjours qu'il accomplit dans ces pays. Chez Liszt, le poème symphonique fait une lointaine référence à des textes poétiques : les *Préludes* (1854), pourtant fondés sur des poèmes de Joseph Autran, plongent l'auditeur dans le climat poétique de Lamartine.

□ Le poème symphonique intéresse aussi de nombreux musiciens qui, par la structure libre de cette forme musicale, expriment leur particularisme national : Rimski-Korsakov, *Capriccio espagnol* ; Dukas, *L'Apprenti sorcier* ; Saint-Saëns, *La Danse macabre* ; Debussy, *La Mer, Images* ; Franck, *Le Chasseur maudit* ; Borodine, *Dans les steppes de l'Asie centrale* ; Smetana, *Ma Patrie* ; Tchaïkovski, *Manfred, Les Pins de Rome*. Bruckner s'exprime à l'aide d'un programme dans sa *Quatrième Symphonie* surnommée par lui *Romantique*. Mahler se sert du poème de Jean-Paul pour sa symphonie *Titan*.

□ Au XXe siècle, le poème symphonique reste d'actualité : Schoenberg, *La Nuit transfigurée* ; Scriabine, *Le Poème de l'extase* ; *Prométhée* et surtout R. Strauss, *Till Eulespiegel, Don Juan, Don Quichotte, Vie d'un héros, Mort et Transfiguration*.

## Vers une plus grande liberté des règles de l'écriture

Le poème symphonique peut se couler dans les schémas préexistants (sonate, thème et variations, etc.). En principe composé pour orchestre, il peut exister des exceptions comme par exemple le poème symphonique pour piano *Poème des montagnes* de V. d'Indy. Moussorgski a composé les *Tableaux d'une exposition* pour le piano et Ravel en a magistralement orchestré l'œuvre.

# LA MER
# C. DEBUSSY

## L'œuvre en question

*La Mer* de Claude Debussy est une suite de trois poèmes symphoniques. Créée aux Concerts Lamoureux en 1905, cette œuvre dérouta le public. Debussy utilise toutes les ressources de la musique pour symboliser la mer : les sonorités pour imiter la voix de la mer, les rythmes pour en suggérer les mouvements, les harmonies et les timbres pour donner à l'oreille l'équivalent des nuances et des reflets que l'œil perçoit.

## Audition de l'œuvre

– *De l'aube à midi sur la mer*. Ce premier poème symphonique suit la lente progression de la lumière jusqu'à l'apothéose dans le soleil éblouissant de midi. La phrase la plus expressive est énoncée au cor anglais et à la trompette dès le début. On retrouvera ce thème dans le troisième poème, c'est le thème cyclique.

– *Jeux de vagues.* C'est le poème du mouvement de la mer. L'éparpillement sonore est à son comble. Une seule constante mélodique, un intervalle de quarte augmentée, va hanter toute la pièce. L'orchestre vit de tous les côtés à la fois : le flux et le reflux des flûtes et des clarinettes, l'appel voilé des cors, la phrase du cor anglais, reprise chaleureusement par les violoncelles, le frémissement des cordes et de fines percussions, cymbales, triangle et glockenspiel. Ce monde recréé par la musique est constamment mouvant et donne l'impression d'un temps musical indéterminé.

– *Le dialogue du vent et de la mer.* Ce troisième poème symphonique apporte l'élément sonore du spectacle maritime. Il reprend le thème du premier poème, au cor anglais, et le thème cyclique à la trompette. Exposé par les bois, un nouveau thème mélodique est opposé peu à peu à de grands élans confiés en majeure partie aux cordes. La reprise fait une synthèse de tous les motifs exposés et termine l'œuvre.

***La mer orageuse*, Gustave Courbet**

# Le prélude et la fugue

**Prélude et fugue... Deux formes musicales opposées dans leur esprit : le prélude est une forme d'improvisation alors que la fugue répond à des critères stricts et savants de composition. Pourtant un musicien de génie, Bach, a su les relier étroitement dans *Le Clavier bien tempéré*.**

## Une improvisation-introduction

Le prélude appartient à la musique instrumentale. Il introduit une ou plusieurs pièces de caractère plus composé : fugue ou suite de danses. Il trouve son origine dans la musique de luth du XVIe siècle, *intazione*, phrases qu'improvisaient l'instrumentiste avant de jouer, pour vérifier l'accord de son instrument. Les polyphonistes français, anglais et allemands ont cultivé cette forme. Chez Couperin, au XVIIe, le prélude a une forme très libre sans notation précise de mesure. Son seul lien avec la suite du morceau est la tonalité. C'est Bach qui, le premier, organise l'*intazione* en lui donnant une structure propre. Les 48 *Préludes et Fugues dans tous les tons et demi-tons* du *Clavier bien tempéré* (1722 et 1744) ont pour but de montrer qu'un instrument à clavier peut jouer dans toutes les tonalités.

## Une forme spécifique pour le piano et pour l'orchestre

☐ Aux XIXe et XXe siècles, le prélude connaît un véritable renouveau : il devient une forme spécifique au piano : les 24 *Préludes* de Chopin sont très disparates : nocturnes, études. Cette mosaïque présente cependant une certaine cohésion et les 24 pièces qui la composent font allusion aux préludes du *Clavier bien tempéré* que Chopin jouait quotidiennement. Debussy compose aussi 24 *Préludes* qui sont une collection d'« esquisses », sorte de musique à programme illustrant un propos (*Danseuses de Delphes*, *Le Vent dans la plaine*, *La Fille aux cheveux de lin*, *La Cathédrale engloutie*, *Brouillards*, etc.).

☐ Le prélude orchestral peut introduire un ouvrage lyrique : *La Création* de Haydn avec le célèbre prélude, *Le Chaos*. *L'Or du Rhin*, première journée de la *Tétralogie* de Wagner, est un gigantesque prélude dans lequel tous les thèmes sont exposés. Sans rapport avec la forme du prélude, les *Préludes* de Liszt sont en fait des poèmes symphoniques tout comme le *Prélude à l'après-midi d'un faune* de Debussy.

## La fugue

☐ La fugue laisse au compositeur une plus grande liberté. Cette forme musicale est fondée sur l'imitation qui peut être parfaite ou régulière quand on reproduit rigoureusement les intervalles mélodiques du thème initial ou imparfaite, irrégulière ou libre si le dessin mélodique est imité de façon plus ou moins approximative. Le canon est une imitation régulière (les voix sont identiques et décalées régulièrement).

☐ La fugue se conforme à un plan strict. Le sujet est exposé par une voix, puis repris par une autre tandis que la première voix expose un contre-sujet (ou réponse) et ainsi de suite. Le développement est constitué de « divertissements », épisodes intermédiaires entre deux exposés du thème. La strette est une série de reprises, dans la tonalité fondamentale, des imitations du sujet et de la réponse.

# PRÉLUDE ET FUGUE EN DO MINEUR
# J.B. BACH

## L'œuvre en question

Il y a en Bach l'étoffe d'un pédagogue. De là ses œuvres destinées à l'éducation musicale de ses élèves qui, non seulement sont en quelque sorte des études, mais se révèlent aussi des pièces de grande qualité mélodique. C'est le cas du *Clavier bien tempéré*. Datant de 1722, cette œuvre est véritablement révolutionnaire. Elle offre 24 fugues écrites dans tous les tons, 12 sur le mode majeur et 12 sur le mode mineur. Chacune de ces fugues est précédée d'un prélude écrit dans le même ton. Chaque fugue a une grande unité de forme mais elles sont toutes différentes, si bien que le recueil propose la plus grande variété. Chaque fugue est précédée d'un prélude. Si ces deux pièces sont apparemment sans rapport, elles sont en fait liées par une tonalité commune.

## Audition de l'œuvre

Le *Prélude et Fugue en do mineur* est tiré du premier livre du *Clavier bien tempéré* de 1722.

– *Le prélude* commence sur un rythme fort et très régulier par la succession incessante de doubles croches. La musique suit la même structure jusqu'à un passage plus rapide (presto), avec des changements d'harmonie. La partie presto est ensuite jouée de façon libre, ouvrant une structure plus lente (adagio). L'adagio, de forme libre, laisse place à un allegro qui termine le prélude sur des arpèges rapides.

– *La fugue* est à trois voix, c'est-à-dire trois lignes clairement définies qu'on peut nommer soprano, alto et basse. Elles entrent en scène dans l'ordre alto, soprano et basse. Quand une voix se voit assigner un sujet (ou thème), les deux autres apportent une réponse (ou contre-sujet). Bach joue de ces trois éléments en les répétant jusqu'à l'obsession dans le divertissement pour finir brutalement avec les trois voix sur un même accord. Plaisir de la gymnastique ou plaisir de tirer des sons la plus belle des mélodies ?

**Début de la fugue du *Prélude et fugue en do mineur***

entrée de la première voix de la fugue : mesure 1 → alto

entrée de la deuxième voix de la fugue : mesure 3 → soprano

# La variation sur un thème

**La variation consiste à transformer un élément thématique de base à l'aide de procédés variés agissant sur le thème (ornements, inversions), le rythme (diminution, augmentation, modifications du tempo), l'harmonie (altérations, modulations tonales ou modales), le timbre (changements d'instruments ou de registres).**

## Avec la variation, la musique instrumentale utilise les thèmes des chansons

☐ La variation est née de l'hétérophonie de la Grèce antique (morceaux instrumentaux ou vocaux dont l'exécution est fixée par la tradition). Dès le chant grégorien elle s'organise pour atteindre à la fin de la Renaissance le principe de la variation polyphonique : le modèle mélodique est maintenu intégralement et entouré de revêtements divers par les autres parties. C'est un moyen pour la musique instrumentale de tirer parti des chansons et de leurs thèmes.
☐ La variation englobe d'autres formes : la canzone (chanson des troubadours transalpins), la chaconne (danse à trois temps, animée, apparue en Espagne à la Renaissance), le choral (chant collectif à une voix de la lithurgie protestante), la passacaille (variation sur une basse obstinée, sur une mesure à trois temps). Bach utilise ce procédé dans les *Variations Goldberg*, série de 30 pièces à partir d'un thème ; Haendel dans ses pièces pour clavecin, tout comme Mozart dans les *Variations* sur *Ah, vous dirais-je maman* ou Beethoven, dans ses 33 *Variations sur un thème de Diabelli.*

## À partir du XIXe siècle, la variation prend une forme plus libre

☐ Schumann reprend le principe de la variation sans garder totalement le thème initial : seul un élément thématique constitue le facteur unificateur de ses compositions (*Thème varié sur le nom d'Abbeg*, *Carnaval*, *Études symphoniques*). Chez les romantiques et à la fin du XIXe siècle, elle est un outil précieux du travail musical : Brahms l'exploite dans les *Variations sur un thème de Haydn*, Franck dans ses *Variations symphoniques* pour piano et orchestre, Saint-Saëns dans ses *Variations sur un thème de Beethoven*, et Dukas dans ses *Variations sur un thème de Rameau*.
☐ Vincent d'Indy individualise plusieurs sortes de variations : ornement rythmo-mélodique (le thème est modifié par l'adjonction de notes supplémentaires et de groupes rythmiques accessoires), la variation décorative polyphonique (le thème se superpose à plusieurs dessins mélodiques exprimés par d'autres voix), la variation à amplification thématique (le thème est parfois à peine suggéré, simplifié à l'extrême mais pourtant reconnaissable). Le jazz pratique la variation qui permet l'improvisation : le rôle du compositeur est minimisé au profit de l'interprète.

## La cadence

Ce terme désigne un passage soliste inséré par le compositeur ou improvisé par l'interprète, chanteur ou instrumentiste, lui permettant de montrer son savoir en adoptant le principe de la variation en rapport avec le reste de l'œuvre. À l'origine, la cadence n'est pas écrite, mais à partir du XVIIIe siècle, elle est prévue par le compositeur et devient un morceau intégré à l'œuvre.

# VARIATIONS ET FUGUE SUR UN THÈME DE PURCELL
# B. BRITTEN

## ■ L'œuvre en question

*Variations et Fugue sur un thème de Purcell* de Britten (1913-1976) est une œuvre d'un intérêt pédagogique certain puisqu'elle présente les divers instruments de l'orchestre. Le but recherché par Britten, comparable à celui de Prokofiev dans *Pierre et le Loup*, est d'inciter les jeunes à comprendre les mystères du concert et de l'orchestre. Bien que compositeur du XXᵉ siècle, Britten n'a jamais adopté le système sériel. Il a toujours fait figure de « conservateur » en terme d'harmonie, mais la fraîcheur avec laquelle il aborde tout ce qu'il entreprend, particulièrement lorsqu'il s'adresse aux enfants, lui a valu l'adhésion immédiate et spontanée du public.

## ■ Audition de l'œuvre

L'orchestre présente d'abord un thème large et majestueux qui devient très vite familier. Il est intéressant de l'écouter plusieurs fois afin de mieux le reconnaître dans les différentes variations qui vont suivre. L'accord parfait formé par les quatre premières notes du thème (*ré - fa - la - ré*) permet d'ailleurs de le situer sans hésitation. Ce thème est interprété ensuite par les bois, les cuivres, puis les cordes, et enfin les timbales qui en font entendre les premières notes accompagnées par la batterie. Après une dernière reprise par tout l'orchestre, les variations commencent, présentées successivement dans cet ordre par les divers instruments :
- les bois : flûtes, hautbois, clarinette, basson ;
- les cordes : violons, altos, violoncelles, contrebasses, harpe ;
- les cuivres : cors, trompettes, trombones, tuba ;
- les percussions : timbales, tambour, cymbales, tambourin, triangle, caisse claire, gong, xylophone, castagnettes ;

Puis commence la fugue sur un thème vif qui s'apparente toujours au motif initial du rondo de la *Suite Abdelazar* de Purcell. Peu à peu tout l'orchestre se retrouve réuni et les cuivres lancent avec éclat le thème entendu au début de l'œuvre. Après avoir commencé en tonalité mineure, l'œuvre se termine en tonalité majeure.

**Thème principal joué à l'orchestre en mode mineur – (ré mineur)**

**Première variation (flûtes, hautbois)**

**Deuxième variation (clarinette)**

# La sonate

**Par le terme sonate on désigne une composition instrumentale en plusieurs mouvements, écrite selon un schéma bien défini. Il s'agit aussi de la forme classique qui régit la structure interne d'une pièce (symphonie, concerto, quatuor, ouverture) rencontrée le plus souvent dans le premier mouvement d'une œuvre.**

## La structure d'une sonate classique

| | | |
|---|---|---|
| *ALLEGRO*<br>(assez rapide) | Écrit dans la forme sonate, l'exposition comporte trois parties. | |
| *ADAGIO*<br>(assez lent) | Écrit également en trois parties : A - B - A' | A : thème initial<br>B : section centrale<br>A' : reprise de A parfois modifiée |
| *MENUET OU SCHERZO* | Pièce de caractère vif, court et plutôt gai | De rythme ternaire et de forme ternaire : A - B - A' |
| *FINALE* | Écrit dans la forme du premier mouvement ou dans la forme rondo (alternance refrain - couplets). Il s'agit d'un mouvement brillant de mouvement vif. | |

## La brève histoire de la sonate

Au XVIe siècle et jusqu'à la naissance de la sonate classique, la sonate est une composition instrumentale seule, distincte de la cantate qui est écrite pour la voix. La sonate désigne également la version instrumentale d'une pièce vocale. On distingue la *sonata da camera* (de chambre) en 3 mouvements et la *sonata da chiesa* (d'église) en 4 mouvements. La sonate du XVIIe, avec G. Gabrieli, est très proche de la suite de danses. Au XVIIIe, apparaît la sonate à deux thèmes en 3 mouvements : vif, lent, vif. Plus tard, la sonate comporte 4 mouvements : allegro, adagio, menuet et finale. Beethoven, quant à lui, bouleverse cette forme jusqu'à la rendre méconnaissable en donnant parfois une extrême importance au mouvement lent. La sonate perd ainsi la structure que les classiques avaient établie. Les sonates que certains romantiques écrivent n'ont de sonate que le nom (*Sonate en si mineur* de Liszt).

## La forme sonate, une structure interne

Adoptée vers 1760, la forme sonate est la caractéristique du premier mouvement d'une sonate, d'une symphonie, d'un quatuor, etc. Telemann, Leclair, mais aussi Sammartini et Stamitz l'avaient adoptée ainsi que Carl Philipp Emanuel Bach.
Elle comporte une structure généralement tripartite :

- Premier thème au ton principal (A)
- Deuxième thème à la dominante (B)
- Cadence terminale à la dominante (A')
- Transition dans le ton relatif (voisin d'une tonalité de base déterminée) avec une transition dans le ton relatif (voisin d'une tonalité de base déterminée) entre A et B.

# SONATE POUR PIANO EN SI MINEUR
# F. LISZT

## L'œuvre en question

Cette composition de Liszt (1811 - 1886) est sans doute la plus connue pour avoir été la plus controversée. Esquissée en 1849 et achevée en 1853, elle rend compte de la maîtrise du compositeur sur le plan technique mais aussi du souci qu'il avait en abordant ce genre auquel il n'a consacré qu'une œuvre pour son instrument de prédilection. La révolution qu'elle provoqua explique l'incompréhension qu'elle a suscitée chez ses contemporains.

Dans sa structure déjà, elle s'écarte de la conception traditionnelle. Au lieu d'être construite en trois ou quatre mouvements et de respecter les schémas habituels, elle se déroule en un seul mouvement dans lequel le thème principal réapparaît au cours de l'évolution. Cette sensation de cycle, que les premiers romantiques (Beethoven) avaient donnée à leurs œuvres, est déjà dépassée.

## Audition de l'œuvre

Bien qu'elle soit construite en un seul mouvement, il est possible de déceler dans cette œuvre quatre parties.

– La première partie, exposition d'une forme sonate, s'ouvre sur une introduction lente énonçant un 1er thème (A), avec une intensité à la limite de l'audible. Le rôle de ce thème est davantage un rôle de ponctuation que de structuration. Puis sont exposés les deux premiers thèmes principaux (B et C) qui se confrontent en un allegro energico, partie de virtuosité prodigieuse dont Liszt était un des maîtres. Vient ensuite un épisode grandioso bâti sur le troisième thème (D), puis la partie se poursuit par entrelacement des thèmes B, C, D jusqu'à une reprise de l'ensemble.

– La deuxième partie comporte deux mouvements, une forme lied et un scherzando. La forme lied énonce un andante avec un nouveau thème (E), très mélodique, qui rappelle quelques-uns des thèmes précédents, D et A, en particulier. Le scherzando est un allegro en forme de fugue, utilisant les deux thèmes B et C.

– Dans la troisième partie, les thèmes B et C sont de nouveau développés, ainsi que le thème D qui subit le même traitement que les deux précédents.

– La quatrième partie s'achève par une coda rappelant une dernière fois tous les thèmes. Cette sonate cyclique revient à son point de départ et se termine sur une reprise de l'introduction lente.

Liszt a réussi à fondre dans un tout cohérent les parties différentes de la sonate traditionnelle.

**Franz Liszt**

# Le lied

**Le lied, mot allemand signifiant « chanson », est une pièce vocale à une voix généralement accompagnée au piano qui met en valeur un poème. Les lieder accompagnés par tout un orchestre sont plus rares.**

## Lai, chanson populaire, madrigal, choral, lied

□ Étymologiquement, *lied* provient de *lai,* genre littéraire chanté ou non, en vogue aux XIIe et XIIIe siècles, d'origine celtique, poème narratif de caractère légendaire, apparenté à une chanson de geste. On le rencontre chez les poètes et musiciens allemands du XIIe au XIVe siècle, qui s'inspirent des chansons de troubadours et de trouvères, et pratiquent le *Volkslied* (chanson populaire).

□ À partir de la Réforme, le lied se transforme : la chanson allemande gagne en spiritualité avec le chant choral.

Une autre forme musicale, le *Kuntslied* (lied artistique) naît au XIIe siècle et s'inspire de l'art italien du madrigal.

□ Avec le mouvement préromantique de la fin du XVIIIe siècle, le lied devient l'expression de la poésie et de la sensibilité allemandes : les poètes Goethe, Herder, Schiller invitent Haydn, Mozart et Beethoven à composer des lieder. Le lied devient alors une forme qui connaît un grand succès.

## Le lied est porté à ses sommets avec Schubert

□ Schubert puise chez Goethe, Schiller et Mayrhofer et mène le lied vers les sommets : *Marguerite au rouet*, *Le Roi des Aulnes*, le cycle *La Belle Meunière*, *Le Voyage d'hiver.* Le lied acquiert une souplesse mélodique et harmonique liée à une richesse dramatique tout en gardant des moyens très sobres. Dans le lied, Schubert ne s'arrête pas à souligner le texte, mais cherche par la musique à mieux exprimer le sentiment poétique de l'œuvre écrite.

□ Schumann écrit sur des textes de Goethe, Heine et Byron et développe la partie de piano : le prélude et le postlude sont plus que de simples transitions destinées à joindre un lied à l'autre, ce sont de véritables commentaires musicaux.

□ Avec Brahms s'achève la grande époque du lied romantique : le lied prend quelque peu l'aspect d'une cantate dans les *Quatre Chants sérieux*. En effet, pour mieux faire connaître l'action, Brahms fait intervenir un récitant entre les pièces chantées.

## Le lied abandonne le piano pour l'orchestre

À l'exception de Hugo Wolf (1860-1903) qui poursuit la tradition du lied dans environ 300 pièces, Mahler renouvelle le lied en remplaçant le piano par un orchestre. Les *Gurrelieder* de Schoenberg tiennent également de cette influence. *Pierrot lunaire* avec sa *Sprech-melodie* (mélodie parlée) est à mi-chemin entre la cantate et la musique de chambre. Webern revient à l'intimité. R. Strauss dans les *Quatre Derniers Lieder* apporte une orchestration luxueuse. Bientôt le lied disparaît, mais son influence reste toujours présente dans la mélodie française et la musique symphonique.

# DES KNABEN WUNDERHORN LIEDER
# G. MAHLER

## L'œuvre en question

Mahler mettra en musique 24 des poésies issues d'un recueil *des Knaben Wunderhorn Lieder* de Achim von Arnim et Clemens von Brentano publié entre 1805 et 1808. Le lied qui nous intéresse ici s'intitule *Das irdische Leben* (*La Condition terrestre*). Il s'agit d'un lied avec accompagnement d'orchestre, composé entre 1892 et 1898. On ne saurait trop souligner l'importance de ce recueil et l'influence qu'il a eue sur le style de la musique de Mahler.

## Audition de l'œuvre

Ce lied est un dialogue entre un narrateur, une mère et son fils qui va mourir. Malgré la volonté de l'enfant de survivre, sa mère le laissera mourir de faim dans la plus provocante indifférence ;

L'enfant : *Maman, ah maman, j'ai faim, donne-moi du pain, sinon je meurs.*

La mère : *Attends un peu, mon cher enfant, demain nous irons vite faire la moisson.*

Le narrateur : *Et lorsque le blé fut moissonné, l'enfant criait encore.*

L'enfant : *Maman, ah maman, j'ai faim, donne-moi du pain, sinon je meurs.*

La mère : *Attends un peu, mon cher enfant, demain nous irons battre le blé.*

Le narrateur : *Et lorsque le blé fut battu, l'enfant criait encore.*

L'enfant : *Maman, ah maman, j'ai faim, donne-moi du pain, sinon je meurs.*

La mère : *Attends un peu, mon cher enfant, demain nous irons cuire le pain.*

Le narrateur : *Et lorsque le pain fut cuit, l'enfant gisait dans son cercueil.*

Malgré la présence de la voix, cette pièce est quasiment symphonique. Non seulement la ligne de chant est continuellement doublée par les bois qui se relaient, mais lorsque cette ligne s'interrompt, les bois assurent la continuité mélodique. Seule exception : la voix, dans les six dernières mesures de son intervention, hurle seule son épouvante face à un orchestre déchaîné. Cette mélodie continue, qui ne se repose jamais, contribue, avec les doubles croches perpétuelles des cordes, à créer un climat de tension et d'angoisse aiguë.

« Voilà ce que j'ai voulu exprimer, dit Mahler, [ ... ] je crois avoir exprimé cela d'une manière forte, terrifiante dans l'agitation bruissante et sinistre de l'accompagnement, telle une tempête dans les cris de l'enfant, et la réponse uniforme et tranquille de la mère. »

**Thème de la voix (chant de l'enfant)**

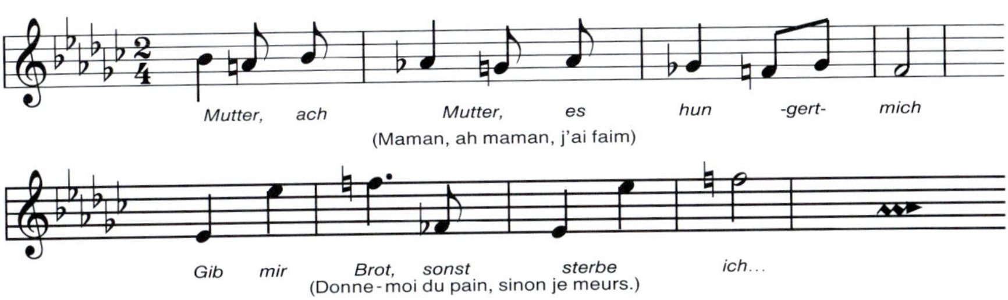

# La cantate et l'oratorio

**La cantate est une composition pour une ou plusieurs voix avec accompagnement instrumental. Elle raconte une action profane ou sacrée sans représentation scénique. L'oratorio est aussi une œuvre chantée mais de caractère exclusivement religieux et comprend, comme l'opéra des récitatifs, des airs et des chœurs.**

## Les caractéristiques de la cantate

La cantate se distingue par trois éléments :
– sa destination : elle a d'abord une vocation privée, puis est écrite pour l'église et pour le concert, mais jamais pour le théâtre ;
– son caractère lyrique : les protagonistes sont anonymes, leurs voix ne représentant pas des personnages ;
– sa structure réunit plusieurs formes distinctes : aria, arioso, récitatif, duo, plus rarement trio et enfin chœur.

## La brève histoire de la cantate

☐ Vers 1600 se développe un nouveau style monodique. En Italie, Rossi, Carissimi, Cavalli, Stradella, A. Scarlatti développent le genre, ainsi qu'en Allemagne, Buxtehude, Pachelbel et Schütz. En France, la cantate est encore appelée *motet* avec Delalande, Couperin, Charpentier et en Angleterre *anthem* avec Purcell et Haendel.
☐ Au XVIII^e siècle, le goût italien envahit l'Europe avec la cantate, alors que le motet est réservé à des œuvres d'inspiration religieuse.
☐ Au XIX^e siècle, négligée par les romantiques, elle reste utilisée pour des œuvres de circonstance (Révolution française, cérémonies de l'Empire, victoires, etc.). Il s'agit d'œuvres pour chœur *a cappella* (sans accompagnement instrumental).
☐ Au XX^e siècle le genre de la cantate est remis au goût du jour par R. Strauss, Webern, Debussy, Schoenberg, Bartók, Honegger, Milhaud, Poulenc, Prokofiev, Jolivet, Stravinski et Ivo Malec.

## L'oratorio : une cantate ou un opéra sacré ?

☐ Sorte de grande cantate à personnages multiples, cette composition musicale est chantée sur un livret à caractère religieux. L'oratorio est constitué des mêmes éléments que la cantate mais comporte en plus un récitant qui fait connaître le déroulement de l'action, des récitatifs, airs et chœurs comme dans un opéra.
☐ Inspiré du drame liturgique, des mystères, l'oratorio est apparu à l'époque où la présentation des drames sacrés était interdite mais donnée sur les parvis des églises, c'est-à-dire au XV^e siècle au moment où la monodie s'imposait. Il devient rapidement une œuvre de concert dans laquelle on développe le style bel canto. L'oratorio connaît un véritable succès en Allemagne avec Schütz puis Haendel et Bach. Haendel lui donne lyrisme et puissance : *Le Messie*, créé à Dublin en 1742, devient un des oratorios les plus célèbres. Haydn suit son exemple avec *La Création* (1798) et *Les Saisons* (1801). Les romantiques du XIX^e siècle gardent l'oratorio : Mendelssohn, *Paulus*, *Elias* ; Berlioz, *L'Enfance du Christ* ; Liszt, *Christus*. Au XX^e siècle, le récitant abandonne généralement le chant pour le parler. Honegger écrit de grandes fresques : *Le Roi David, Jeanne d'Arc au bûcher*, véritables opéras modernes.

# LE MESSIE – G.F. HAENDEL

## L'œuvre en question

Dans le répertoire de la musique occidentale, *Le Messie* de Georg Friedrich Haendel (1685 - 1759), composé en 1742, tient une place à part. On peut parler à son sujet d'œuvre véritablement « populaire », connue de tous et fréquemment reprise. Pour raconter la vie du Christ, Haendel n'utilise qu'une seule fois les textes de l'Évangile (annonce faite aux bergers par les anges). Pour le reste, ce sont les prophètes et les apôtres qui lui fournissent la matière du discours. Une telle démarche aurait dû faire du *Messie* une œuvre abstraite et dépersonnalisée. Elle est au contraire sensible, d'une intelligence religieuse remarquable et a eu un succès considérable depuis sa création.

## Analyse de l'œuvre

Cette œuvre comprend trois parties :

– *Préparation à l'avènement du Messie,* avènement, vie et miracles du Messie. Cette première partie culmine sur l'image de la nuit de Noël.

– *La Passion, la Résurrection et l'Ascension.* La violence de cette deuxième partie contraste avec la douceur précédente. Elle raconte la révolte des hommes contre l'ordre divin et contre la paix que promet le Christ. Elle se termine sur un cri de victoire. Morceau impressionnant, le célèbre *Alleluia*, affirme que le Messie est bien à jamais « le Roi des rois et le Seigneur des seigneurs ».

– *Fins dernières, chœur triomphal des élus.* Après le chœur de triomphe de l'*Alleluia*, la dernière partie est moins consacrée à chanter la gloire de Dieu qu'à calmer les craintes de l'humanité confrontée à la mort.

## Audition du chœur *Alleluia*

Ce chœur termine triomphalement la deuxième partie du *Messie* et chante la gloire de Dieu. Dès la quatrième mesure, le chœur chante sa joie (I) et l'allure martiale du thème est bientôt renforcée par les sonorités triomphales des trompettes (II). Un second thème, plus calme, est exposé successivement par les sopranos, les basses et les ténors, puis les ténors et les altos (III). Le chœur chante piano. Puis, de nouvelles entrées fuguées des voix (basses, ténors, altos sopranos), sont suivies d'une magistrale ascension dans l'aigu des sopranos. De larges accords empreints de force et de majesté terminent l'œuvre.

**Extraits de l'*Alleluia***

# La messe

**Œuvre composée de textes liturgiques, c'est la forme la plus importante de la musique sacrée. Elle comprend cinq parties correspondant à l'ordinaire de la messe : kyrie, gloria, credo, sanctus benedictus et agnus dei. Elle peut, en fonction des circonstances, comprendre d'autres parties (introït, graduel, alleluia).**

## La messe, une composition à la structure bien établie

Dans la messe grégorienne à une voix et *a cappella*, l'unité de l'œuvre est assurée par le choix d'un même mode. Au XVIe siècle, la messe atteint la plus haute expression de l'art polyphonique sacré. Un thème unique est emprunté au répertoire grégorien, à un motet polyphonique ou à une chanson profane. Le plan de la messe est déterminé par le texte. Elle est parfois construite sur le *cantus firmus*, motif qui circule d'une partie à l'autre et se répète à la même voix à la manière d'un thème de choral. Avec la messe concertante, ce genre s'apparente à la cantate mais le récitatif et le choral en sont absents. Quand l'œuvre prend de vastes proportions, la division traditionnelle en cinq ou six pièces est abandonnée et l'œuvre est beaucoup plus morcelée. La *Messe en si mineur* de Bach comporte 24 numéros (15 chœurs, 6 airs et 3 duos).

## La messe est tout d'abord l'expression musicale d'une ferveur religieuse

☐ Ses origines remontent aux premiers temps du christianisme. On a conservé 27 messes de l'époque du chant grégorien, composées entre le Xe et le XIVe siècle, où apparaissent les premières messes à quatre voix (*Messe de Notre-Dame* de Guillaume de Machaut). Avec Palestrina, le style polyphonique s'épanouit au XVIe siècle : l'œuvre prend une certaine cohérence, alors qu'elle était jusqu'ici assimilable à une suite de motets.

☐ Puis la messe se détache un temps de la liturgie. Marqués par l'inspiration profane, plusieurs compositeurs reviennent à plus de rigueur et de simplicité. Les Italiens rompent avec les traditions en introduisant l'orchestre dans la messe et en faisant de la messe concertante une sorte de cantate, conception qu'élargira Bach avec sa *Messe en si mineur* (1733-1738). Avec Haydn (*Theresienmesse*, *Nelsonmesse*), Mozart (*Messe en ut mineur*, 1782) et Beethoven (*Missa Solemnis*, 1823), les styles de la symphonie et de l'opéra pénètrent dans la messe.

## Le romantisme éloigne la messe de sa vocation sacrée

Au XIXe siècle, la messe devient plus une œuvre de concert qu'une œuvre d'église. Elle subit l'influence parfois trop évidente de l'opéra (Rossini, Verdi, Puccini), et le requiem, au texte plus dramatique, attire plus volontiers les romantiques. Une exception, la *Messe de Gran* (1855) de Liszt, qui conserve un caractère religieux profond. Au XXe siècle des tentatives sont faites pour rendre à la forme son caractère liturgique (*Messe* de Stravinski). P. Henry s'écarte encore plus de la tradition dans la *Messe pour le temps présent* (1976) : il utilise les rythmes de danse moderne et des ballets. Le déclin de la messe semble être en rapport avec le déclin de la ferveur religieuse.

# MESSE EN SI MINEUR – J.S. BACH

## L'œuvre en question

Composée de 1733 à 1738, pour l'église catholique de la cour de Saxe, la *Messe en si mineur* est en réalité un oratorio dont les parties répondent aux hymnes du service divin : kyrie, gloria, credo, sanctus et agnus dei. Mais ni ses proportions ni son caractère n'ont de rapport avec la liturgie.

## Audition

– *Et incarnatus*. Par sa mélodie descendante chantée sur les mots *Et incarnatus* et son motif d'accompagnement de violons à l'unisson, ce morceau symbolise le Christ venu du ciel pour sauver le genre humain. Bach souligne ce point essentiel et l'énonce par le symbolisme des nombres. À côté du 3 représentatif de la Trinité, il y a le 5 (les 5 plaies du Christ sur la croix) et le 7 (symbole de la création du monde). Ces nombres 5 et 7 sont dissimulés dans *Et incarnatus* avec un nombre total de mesures s'élevant à 49 (7 x 7) et un motif descendant de 5 notes aux archets joué 35 fois (7 x 5).

– *Crucifixus.* À cette page pleine de tendresse, répond l'ignominie de la crucifixion dans le *Crucifixus*. Ici, le 5 est au centre comme symbole de la croix. Un ostinato inexorable, chutant de 5 demitons à la basse continue, constitue une nette expression figurative de la Passion. Couronnant le tout, et symbolisant la douleur du Christ sur la croix, les voix du chœur chantent l'une après l'autre le motif de 5 notes du *Crucifixus*, et sombrent peu à peu, s'évanouissant *piano* (doucement) graduellement *a cappella*.

– *Et resurrexit.* Cette page apporte un contraste, d'autant plus impressionnant que l'exultation du chœur et de l'orchestre se manifeste dans des registres extrêmement élevés. La joie de la résurrection du Christ est évoquée par la sonorité resplendissante de l'orchestre au complet, avec trompettes et timbales, le rythme ternaire dansant et les voix du chœur entrant en fugue.

**Extrait de *Et resurrexit***

# L'opéra

**Forme principale du théâtre lyrique, l'opéra est un spectacle dans lequel une tragédie ou un drame sont mis en musique : les rôles, solistes et chœurs y sont chantés et parfois parlés. Le livret est généralement profane. L'opéra peut avoir une forme définie (seria, bouffe, comique, singspiel).**

## L'opéra, un art aux multiples facettes

□ L'*opera seria* est un drame lyrique composé de récitatifs, d'airs et d'ensembles dont le livret, inspiré de la mythologie gréco-romaine, est en général tragique (*opera seria*, « œuvre sérieuse »). *Mithridate* (1770), *Idomeneo* (1781), *La Clémence de Titus* (1791) de Mozart figurent parmi les *opera seria* les plus marquants.

□ L'*opera buffa* ou opéra-comique, est un drame lyrique qui fait alterner le parler et le chanter et dont l'action, en général divertissante, met en scène des personnages plus ou moins populaires. Il se distingue de l'*opera seria* par ses moyens, souvent modestes, et ses sujets, qui se situent dans un milieu bourgeois et non plus dans la mythologie. La *Serva padrona* (1733) de Pergolèse est un des premiers opéras-bouffes. Mozart l'a conduit à son apogée avec les *Noces de Figaro* (1786) et *Cosi fan tutte* (1790).

□ Le *Singspiel* devient l'équivalent germanique de l'opéra-comique. Il remplace la déclamation chantée accompagnée du clavecin et de la viole de gambe par des dialogues simplement parlés. Mozart impose le *Singspiel* avec *Bastien et Bastienne* (1768), *L'Enlèvement au sérail* (1782) et *La Flûte enchantée* (1791). Beethoven dans *Fidelio* (1805) et Weber dans le *Freischütz* (1821) en font un genre romantique.

□ Le mélodrame désigne initialement une pièce de théâtre mêlée de chansons. Sur un accompagnement musical instrumental, le texte est déclamé et non chanté. Avec *Pygmalion* (1762) J.-J. Rousseau développe ce genre. Au XXe siècle, le *Sprechgesang* de Schoenberg *Pierrot lunaire* (1921) ou l'*Histoire du soldat* de Stravinski (1818) sont des œuvres dans la lignée directe du mélodrame.

## De la polyphonie de la Renaissance à la comédie musicale du XXe siècle

□ Avec le tout premier opéra, *Euridice* de Peri (1600), le retour au chant monodique se prête à la représentation d'une action dramatique. Dans l'*Orfeo* de Monteverdi (1607), la mélodie est parfaitement adaptée au texte. La vogue de l'opéra et du *bel canto* se répand et touche toute l'Italie, la France et l'Allemagne. En France, grâce à Lully et à Rameau, l'opéra connaît une des périodes les plus brillantes de son histoire. En Angleterre, Purcell crée un opéra national avec *Didon et Énée* (1689), bientôt suivi par Haendel.

□ Gluck lui rend toutes ses vertus dramatiques. Outre-Rhin, l'opéra connaît un renouvellement total tout d'abord avec Mozart puis avec Weber et enfin Wagner à la fin du XIXe siècle. Influencée d'abord par les Italiens, l'école russe atteint les plus hauts sommets d'un art typiquement slave avec *Boris Godounov* (1868) de Moussorgski. Le redressement français inaugure le XXe siècle avec *Pelléas et Mélisande* (1902) de Debussy, mais l'époque n'est plus à l'art lyrique. Un genre nouveau apparaît : la comédie musicale.

# DON JUAN
# W.A. MOZART

## L'œuvre en question

« Drame joyeux ! », c'est ainsi que Mozart qualifie son opéra. Si le comique est très présent, le tragique n'est pas absent pour autant ; par la dimension sacrée de la faute initiale perturbant l'ordre premier, le héros va déclencher son propre processus d'élimination.
À Prague, en janvier 1787, Mozart conclut un contrat au terme duquel il s'engageait à écrire un opéra moyennant la somme de 100 ducats. Son librettiste, Lorenzo Da Ponte s'empara d'un sujet le *Convitato di pietra* (*Le Convive de pierre*). La création de l'œuvre eut lieu le 29 octobre 1787, l'ouverture avait été écrite la veille.

## Argument

Don Juan s'introduit chez Dona Anna mais se voit repoussé. Le commandeur, père d'Anna, intervient et Don Juan le tue. En fuite, il rencontre une de ses victimes passées, Dona Elvira et la laisse avec son valet Leporello qui dresse pour elle un portrait de son maître. Elvira s'allie avec Anna et son amoureux Ottavio pour se venger de l'assassin. Entre-temps, Don Juan séduit Zerlina en pleine fête de mariage. Il convie les noceurs à une soirée et échappe à ses poursuivants masqués. Ivre, dans le cimetière, il s'adresse à la statue du commandeur et l'invite à dîner. Celui-ci se rend chez Don Juan, l'incite au repentir et devant son refus, se saisit de lui et l'entraîne dans la mort.

## Audition

– *L'ouverture*
Les grands accords syncopés par lesquels débute *Don Juan* installent un climat tragique. Ce climat se perpétue tout au long d'une introduction lente. La plupart de ces éléments, parmi lesquels on peut noter la fameuse suite de gammes chromatiques ascendantes et descendantes, seront repris peu avant la chute finale. Sans transition, succède un allegro fougueux et haletant. En quelques mesures, tout le principe de l'œuvre est donné : *Don Juan* n'est ni un *opera seria,* ni un *opera buffa* mais les deux à la fois.
– *Duo La ci darem la mano*
Don Juan poursuit Zerlina qui hésite puis enfin cède à ses avances malgré la mise en garde d'Elvira. C'est un des plus beaux duos composés par Mozart.

**Suite de gammes montantes et descendantes**

# La symphonie

**La symphonie doit son évolution à l'institution du concert public. La symphonie prend peu à peu des dimensions en plusieurs mouvements. Elle fait appel aux ressources de l'orchestre symphonique, qu'exploiteront Beethoven puis Mahler et Bruckner, pour redevenir plus réduite avec Schoenberg.**

## De Gabrieli à la symphonie classique

□ Avec ses deux recueils de *Sacrae Symphoniae* (1597 et 1615), Giovanni Gabrieli écrit des œuvres purement instrumentales. À leur tour, Corelli, Vitali et Bassani établissent la forme *sonata da chiesa* préfigurant avec Scarlatti la symphonie préclassique.

□ En France, Lully compose des œuvres instrumentales dont le premier mouvement lent et majestueux, l'ouverture à la française, annoncent la structure de la symphonie. Bach adopte cette forme dans ses *Suites pour orchestre*. L'école autrichienne animée à Mannheim par Johann Stamitz (1717-1757) applique à la symphonie naissante des procédés stylistiques originaires d'Italie. G. P. Telemann (1681-1767) développe la symphonie concertante.

## Avec Beethoven, la symphonie prend de nouvelles dimensions

De 1765 à 1770, Haydn, surnommé « le père de la symphonie », bientôt suivi par Mozart, donne à la symphonie une nouvelle dimension en la dotant de 4 mouvements. Beethoven lui donne une architecture puissante allant jusqu'à l'introduction du chant (*Symphonie n° 9*). Avec Berlioz et Liszt, la symphonie prend la dimension d'une musique à programme. Bruckner et Mahler élargissent encore le cadre de la symphonie par le nombre des mouvements et par l'hypertrophie de l'orchestre. Les symphonistes français, dont César Franck, respectent le modèle classique. Glinka, Tchaïkovski, Dvorak, Smetana mêlent au style savant un matériau thématique plus ou moins folklorique. Schoenberg réduit l'effectif orchestral à sa plus simple expression dans sa *Symphonie de chambre* (1907).

## La structure de l'orchestre symphonique

| Au temps de la symphonie classique | Depuis et après Beethoven |
|---|---|
| Orchestre simple :<br>– 1 quintette à cordes<br>– 1 ou 2 flûtes<br>– 2 hautbois, 2 bassons, 2 cors<br>– trompettes, timbales et clarinettes | Orchestre hypertrophié :<br>– le quintette à cordes est augmenté par un élargissement des pupitres des cordes<br>– petite flûte et trombones<br>– contrebasson, cors doublés<br>– batterie fournie<br>L'orchestre augmente avec Berlioz jusqu'à atteindre d'imposantes proportions chez Wagner et Mahler : 1 000 exécutants. |

# SYMPHONIE N° 5 – L. VAN BEETHOVEN

## L'œuvre

En 1808, Beethoven achève à la fois la *Cinquième* et la *Sixième symphonie*. La *Cinquième symphonie* est reçue avec surprise, du fait de ses nombreuses innovations, mais on peut cependant encore discerner des formes classiques.

## Le premier mouvement

« Le destin frappe à la porte », dit Beethoven à propos du premier mouvement de la *Cinquième symphonie*. Trois notes, courtes et rapides, sont suivies d'une note plus grave et beaucoup plus longue. Ce motif est très connu. De tout le répertoire symphonique de Beethoven, la *Cinquième symphonie* est l'une des œuvres les plus populaires, aimées et admirées.

Ce sont les clarinettes et les cordes qui, les premiers, jouent l'ouverture. L'orchestre rejoue le motif rythmique avec les mêmes instruments, mais à l'unisson. L'élément rythmique est répété en deux séquences rapidement ascendantes. Le premier thème s'épanouit alors. Il consiste en plusieurs successions du motif principal à différentes hauteurs de son, ce qui donne à la phrase mélodique son intensité tragique. Des accords puissants terminent le mouvement. Tout l'orchestre joue à grands coups, le motif, à trois reprises, puis dix accords viennent avec force clore ce mouvement dramatique. Il est intéressant de noter que le motif rythmique est répété 267 fois pendant le premier mouvement.

**Début du premier mouvement**

# La musique de film

**Avec l'invention du cinéma apparaît un genre musical nouveau : la musique de film. D'abord utilisée pour compenser l'absence de parole, la musique va prendre une place de choix dans ce nouvel art. De grands noms vont être associés à cette aventure, des compositeurs contemporains aux maîtres du passé.**

## Les débuts du cinématographe

Dans les années 1900, au début du cinéma muet, la musique a pour fonction de couvrir le bruit des appareils de projection. Improvisée par un pianiste, elle va peu à peu soutenir le rythme du film et devenir une véritable composition adaptée à l'action. Bientôt des orchestres accompagnent les images, jouant différemment suivant les moments tragiques, pathétiques ou comiques. Chaque nouveau film paraît avec sa partition musicale imprimée, souvent signée par de grands compositeurs (en 1908 Camille Saint-Saëns écrit la musique de *L'Assassinat du duc de Guise* d'André Calmette).

## La révolution du film parlant

Vers 1925, l'arrivée du cinéma parlant permet d'enregistrer directement la musique sur la piste sonore. Des compositeurs se spécialisent dans la musique de film, réussissant une relation parfaite entre leurs œuvres et les images, et obtiennent d'extraordinaires succès auprès du public : Steiner avec la musique de *King Kong* en 1933 en est un bon exemple. Un nouveau langage, complémentaire de l'image, est né. De grands compositeurs se laissent tenter par ce nouveau genre : Arthur Honegger (*Napoléon* d'Abel Gance en 1921), Erik Satie (*Entracte* de René Clair en 1924), Sergueï Prokofiev (*Alexandre Nevski* d'Eisenstein en 1938), entre autres.

## Une musique de plus en plus proche de l'image

À partir de 1940, la musique devient vraiment complémentaire de l'action qui se déroule sur l'écran. Ceci permet la création d'œuvres originales comme par exemple le *Concerto de Varsovie* de Richard Addinsell pour *Dangerous Moonlight* (1942). La plus célèbre musique de film reste le thème écrit et joué à la cithare par Anton Karas dans *The Third Man* (Le troisième homme) de Carol Reed en 1949. Au cours des années 1950, les musiciens ont davantage recours au jazz, tel Elmer Berstein qui écrit en 1955 *The Man with the Golden Arm*.

## La musique de film devient une spécialité

Des compositeurs se consacrent exclusivement à la musique de film. Tout d'abord directeur d'orchestre à l'Opéra de Berlin, Joseph Kosma rencontre Jacques Prévert à Paris. Sa collaboration au septième art donnera à la musique de film sa véritable vocation. Ennio Morricone compose pour les films de Sergio Leone. Francis Lai – qui s'impose comme compositeur de chansons à succès pour Édith Piaf, Mireille Mathieu, Yves Montand – triomphe au cinéma avec *Un homme et une femme* de Claude Lelouch en 1966. Michel Legrand – qui avait enregistré avec Miles Davis, Ben Webster ou Shelly Manne – amorce sa carrière de musicien pour l'écran en 1963 dans la comédie musicale de Jacques Demy, *Les Parapluies de Cherbourg*. Il remporte un oscar avec *L'Affaire Thomas Crown* en 1968.

# MUSIQUE CLASSIQUE ET CINÉMA

## Le répertoire musical classique au service du film

À côté d'une musique spécialement écrite pour l'écran, la musique classique attire de nombreux réalisateurs. Puisant dans le répertoire classique, les producteurs découvrent un excellent moyen de promotion de leurs films. De nombreuses œuvres classiques ont ainsi été arrangées pour les besoins d'un film : le *Boléro* de Maurice Ravel pour *Les Uns et les Autres* de Claude Lelouch en est un bon exemple.

Les mélomanes peuvent déplorer ce procédé mais il est certain que le cinéma a permis de faire découvrir ainsi à un vaste public des compositeurs et des œuvres qui n'étaient connues que d'un auditoire restreint. Le film *Tous les matins du monde* avec la musique de Marin Marais a permis de remettre au goût du jour la viole de gambe et la musique du début du XVIIe siècle.

Le cinéma permet aussi au grand public d'avoir accès à l'opéra. De grands opéras ont ainsi été filmés : *Carmen* (Bizet) par plusieurs réalisateurs, *La Traviata* (Verdi) par Zefirelli, *La Flûte enchantée* (Mozart) par Bergman, *Don Juan* (Mozart) par Losey, etc.

Enfin, des films sont consacrés à la vie d'un musicien : *Amadeus* (sur la vie de Mozart), *Ludwig van B.* (sur la vie de Beethoven).

## Petite filmographie des grandes œuvres musicales

| Compositeur | Œuvre | Film | Réalisateur |
|---|---|---|---|
| Albinoni | *Adagio* | *Le Procès* | Orson Welles |
| Beethoven | *9e Symphonie* | *Orange mécanique* | Stanley Kubrick |
| Vivaldi | *Concerto pour mandoline* | *Mon amour, mon amour* | Nadine Trintignant |
| Vivaldi | *Concerto pour mandoline* | *La Mariée était en noir* | François Truffaut |
| Mozart | *Don Juan* | *Monsieur Ripois* | René Clément |
| Mahler | *5e Symphonie* | *Mort à Venise* | Luchino Visconti |
| Verdi | *La Traviata* | *Camille* | George Cukor |
| J. Strauss | *Valses* | *Toute la ville danse* | Julien Duvivier |
| R. Strauss | *Ainsi parlait Zarathoustra* | *2001, l'Odyssée de l'espace* | Stanley Kubrick |
| Ravel | *Boléro* | *Les Uns et les Autres* | Claude Lelouch |
| Schubert | *Quintette à cordes* | *Trois Hommes et un Couffin* | Coline Serreau |

*N.B.* : Ce tableau ne fait état que d'un certain nombre d'exemples célèbres et n'est bien sûr pas exhaustif.

# Le jazz, des origines à 1940

**Au début du siècle, la communauté noire américaine crée un genre musical profondément original fondé sur l'improvisation et sur un nouveau traitement des sonorités et des phrasés.**

## Les racines du jazz

☐ *Spiritual* et *gospel* sont deux expressions désignant des chants sacrés. Leur inspiration est différente : le spiritual reprend les thèmes de l'Ancien Testament, le gospel s'attache plus à chanter les épisodes de la vie du Christ.
☐ Le *ragtime* est une musique composée destinée au piano. Sa particularité est une cadence de jeu rapide et syncopée.
☐ D'abord complainte vocale, puis forme instrumentale, le *blues* se caractérise par un cadrage (de 12 mesures le plus souvent) et l'emploi de notes spécifiques appelées *blue notes*. Ce sont des notes mouvantes qui peuvent se déplacer dans la mélodie.

## Les caractéristiques du jazz

☐ C'est le traitement particulier du son qui permet de définir le jazz. L'instrumentiste transpose les effets de voix en faisant varier aussi bien la hauteur du son que son intensité. Le son peut être ainsi poussé jusqu'à un demi-ton d'écart de sa hauteur normale. Chaque instrumentiste a son propre registre de sonorité.
☐ La mise en valeur spécifique du rythme repose sur l'adoption de la mesure à quatre temps, le placement des notes de la mesure par rapport au tempo et l'utilisation d'accentuations. Le *swing* (balancement) est l'aboutissement d'une recherche rythmique spécifique du jazz.

## Des origines au swing

☐ Le jazz apparaît à la fin du XIXe s. dans les villes du Sud des États-Unis. C'est à La Nouvelle-Orléans qu'il prend son essor, mélangeant les diverses musiques jouées dans la ville : les fanfares des rues, les orchestres de bastringues et surtout le ragtime, dans lequel les premiers *jazzmen* introduisent l'improvisation.
☐ Dans les années 1920, le jazz essaime dans le Nord, plus particulièrement à Chicago. Le style *New Orleans*, *dixieland* évolue et l'orchestre apparaît en même temps que le premier véritable soliste de jazz, Louis Armstrong.
☐ Dans l'Entre-deux-guerres, à New York, les grands orchestres (*big bands*) font fureur. Le plus célèbre est celui de Duke Ellington. Le swing apparaît à cette époque.

## Les deux grands courants : *New Orleans* et *Mainstream*

☐ Le New Orleans est le jazz des petites formations composées de trois instruments à vent (cornet, clarinette, trombone). Les musiciens pratiquent les improvisations. Les solos apparaissent dans les années 1920 mais le jeu reste surtout collectif.
☐ Le mainstream, souvent appelé *jazz classique*, est le courant dominant après 1935. Il met à la mode le *boogie-woogie* dont le rythme – la main gauche sur le clavier marque huit battements par mesure – suggère le bruit des roues du train (*boggies*) sur les rails. La main droite reste libre d'improviser.

# LES GRANDS ORCHESTRES ET LEURS SOLISTES

## ■ Louis Armstrong (1900-1971)

La musique des grands orchestres va prendre sa véritable dimension jazzique avec Louis Armstrong. Les parties collectives improvisées cèdent la place à un réel arrangement orchestral où la qualité rythmique est fondamentale. L'influence de Louis Armstrong sur le jazz est radicale. Trompettiste, chanteur, improvisateur, il a permis, dès 1925, à une musique encore neuve de devenir un art majeur.

## ■ Duke Ellington (1899-1974)

Pianiste, chef d'orchestre, compositeur, Duke Ellington a exploré un grand éventail de genres avec son Grand orchestre. Le plus connu est le style *jungle* : sonorités âpres, cuivres sourds, martèlement rythmique de la basse et de la batterie. Duke Ellington est également l'inventeur du *mood style* au tempo lent, qui mêle les timbres de façons multiples dans un climat très doux. Ellington est parvenu à une grande technicité dans l'orchestration et l'équilibre des sonorités.

## ■ Coleman Hawkins (1901-1969)

C'est un improvisateur débordant d'idées qui donne ses lettres de noblesse au saxophone grâce à sa connaissance approfondie de l'instrument et à ses idées originales de recherches harmoniques. Jouant tout d'abord pour les grands orchestres notamment celui de Fletcher Henderson, il travaille seul à partir de 1924. Il s'impose très vite et détrônera la trompette de sa place privilégiée dans la musique jazz. Il sera le grand homme de l'époque du swing.

**Les premiers temps du jazz à La Nouvelle-Orléans avec Louis Armstrong à la trompette**

# Le jazz, du be bop à nos jours

**Au début des années 1940, une nouvelle orientation se manifeste sous l'impulsion de Charlie Parker : le bop ou be bop. À partir de ce moment le jazz ne cessera plus d'évoluer.**

## La naissance du be bop

□ En réaction au swing et aux exigences des grands orchestres naît le be bop, musique complexe et rapide destinée à de petits ensembles de musiciens, en général cinq (piano, saxophone, trompette, basse, batterie). Le be bop est très cohérent : chaque élément – rythme, mélodie, harmonie – renvoie à l'ensemble et réciproquement. Chaque instrument développe sa propre individualité. La basse et la batterie prendront beaucoup d'importance.

□ La grande figure du be bop est Charlie Parker (1920-1955). Très inventif, il renouvelle les thèmes connus par sa capacité d'improvisation et la maîtrise exceptionnelle de son saxophone. Dizzy Gillespie (1917-1993), qui a introduit thèmes et rythmes d'inspiration latine dans le jazz, et Thelonious Monk (1917-1982), qui a beaucoup donné à l'harmonie du bop, font aussi partie des noms marquants de ce courant.

## Et du be bop naquirent...

□ Le *cool jazz* apparaît dans les années 1950. Il privilégie un phrasé détendu et des timbres plus feutrés. La batterie s'assagit, ne produit plus de brisure comme dans le be bop, mais se contente de définir le rythme.

□ Sur la côte ouest, tout se fait : on reconnaît à la fois la valeur de la recherche du trompettiste Miles Davies et celle de la tradition (Count Basie, Lester Young). À New York, la vigueur est de retour : c'est le *hard bop*, bop « dur », dont les figures de proue sont Art Blakey et Horace Silver.

□ Vient alors le *neo bop*, en 1954, avec le quintette de Max Roach (batterie) et Clifford Brown (trompette). C'est la voie moyenne entre le bop et le cool jazz.

□ C'est à cette époque que le jazz va commencer à intégrer d'autres musiques. Stan Getz jazzifie les musiques brésiliennes. Charlie Mingus (contrebasse) mêle la *soul music* (musique issue du blues) à la tradition du mainstream.

## Le jazz contemporain

□ Dans les années 1960 apparaît le free jazz. Il correspond à un démantèlement des structures rythmiques, harmoniques et mélodiques. Son initiateur est John Coltrane. Le free jazz ouvrira à un éclectisme absolu, tendance évidente dans les années 1980 et chez des musiciens comme Carla Bley ou Keith Jarrett.

□ Dans le *jazz rock* la batterie pilote l'ensemble des instruments. Les musiciens utilisent des instruments électroniques. La contrebasse est souvent remplacée par une basse électrique. La guitare est l'instrument roi de ce courant (John McLaughlin). Mais il fait aussi revenir le violon sur le devant de la scène (Didier Lockwood).

□ Aujourd'hui, le jazz s'ouvre à toutes nouvelles formes et aux influences des musiques extra-américaines. Tous les styles se succèdent sans se détruire, s'ajoutent les uns aux autres, ont tendance à disparaître puis ressurgissent.

# LA RÉVOLUTION DU JAZZ MODERNE

## John Coltrane, l'initiateur du free jazz

John Coltrane (1926-1967) est un défricheur. Ses expériences modales et tonales audacieuses s'allient à une grande liberté rythmique. Coltrane entre dans le quintette de Miles Davis en 1955 et va bénéficier de la célébrité du groupe. La technicité de son saxophone est grande, ceci lui permet, à partir de 1961, de créer une véritable « pâte sonore » nouvelle. Ses longues improvisations sont restées historiques. Coltrane a aménagé un nouveau type de grilles d'accords, les *Coltrane changes* qui surprennent autant que le tempo qu'il adopte. Avec le quartette qu'il fonde, Coltrane s'engage pleinement dans un processus révolutionnaire : la batterie semble improviser seule de son côté du début à la fin d'un morceau, alors que les autres instrumentistes se lancent dans des explorations modales de très longue durée : sa musique annonce le free jazz qu'animeront les saxophonistes alto Eric Dolphy (1928-1964), Ornette Coleman (né en 1930), profondément marqués par le style Coltrane.

## Miles Davis, le maître du jazz moderne

Ce trompettiste (1926-1991) a contribué tout au long de sa carrière à tous les mouvements de l'évolution du jazz de l'après-guerre. Dès 1947, il enregistre avec Charlie Parker qui le remarque pour sa sonorité exceptionnelle. Avec des musiciens de l'époque, Sonny Rollins, Horace Silver, Art Blakey, il est considéré comme une des figures les plus marquantes du jazz moderne. Sa rencontre en 1955 avec John Coltrane l'amène à poursuivre des recherches sur la technique de son instrument : il gagne en force, en agilité digitale, en aisance dans l'aigu et dans l'attaque de ses notes ; l'usage de la sourdine « harmone », l'accord volontairement un peu bas de l'instrument contribuent à l'originalité de sa couleur sonore.

Miles Davis anime aussi des grands ensembles avec le concours de Gil Evans. Avec le pianiste Herbie Hancock, Miles Davis prend un nouveau virage : un changement radical de l'atmosphère sonore avec un immobilisme modal par l'emploi d'un seul accord et un bruissement de timbres nouveaux apportés par le piano électrique d'Hancock. Dans les années 1970, il s'intéresse aux rythmes binaires et à la mode du jazz rock avec une musique consacrée par la plus large audience.

**Miles Davis lors de son dernier concert à Paris en 1991**

# Blues, folk, rock, pop

**En marge de la musique de variétés, le jazz s'est introduit comme une musique populaire. D'autres courants musicaux suivront la même voie : le *blues*, le *folk*, le *rock* et la *pop music*. Ces musiques auront pour particularité de plaire aux jeunes et d'être parfois liés à des mouvements de revendication sociale.**

## Le blues

☐ Le blues est une des racines du jazz mais suit une évolution qui lui est propre. Les musiciens (Big Bill Bronzy, Robert Johnson, Blind Lemon Jefferson) utilisent des instruments acoustiques (principalement la guitare) mais aussi la contrebasse, l'harmonica et parfois le piano. Les guitaristes comme John Lee Hooker ou Aaron « T-Bone » Walker apportent une évolution sensible des sonorités avec l'électrification des guitares, un usage plus large de la batterie et l'orgue électrique.

☐ Vers 1954, cette musique évolue vers le *rhythm and blues*, sous l'impulsion de Fats Domino. Au début des années 1960, le *rhythm and blues* débouche sur le *blues rock* avec Johnny Rivers et sur le *British rythm and blues* des Kinks mais surtout des Rolling Stones à partir de 1965.

## La folk music

☐ Le *folksong*, souvent chant de protestation, est l'expression d'un mouvement militant pour les droits de l'homme, la paix et la justice sociale. Les *protestsong* de Joe Hill (exécuté en 1915) et de Woody Guthrie annonceront ce courant.

☐ Dans les années 1960, une expression musicale plus variée, influencée par le *rock and roll*, mais toujours d'inspiration contestataire, se développe. Les grands noms de cette époque sont Joan Baez, Bob Dylan et Leonard Cohen.

## Du rock and roll à la pop music

☐ Issu du blues mais aussi du jazz, le rock and roll, apparu dans les années 1950, voit sa consécration mondiale avec l'immense succès de *Rock around the clock* enregistré par Bill Haley en 1954. C'est Elvis Presley – le *King* – qui en devient la grande figure. Le rock and roll traverse l'Atlantique dans les années 1960. En France, c'est l'époque des yé-yé. En Angleterre, les Beatles lui donnent une dimension planétaire : on parle alors de pop music. Comme le rock, la pop music laisse une grande place au rythme mais sa forme est plus variée.

☐ La pop music est liée à la fin des années 1960 au mouvement hippie. Son heure de gloire est Woodstock en 1969 qui réunit les plus grands artistes du moment devant 500 000 personnes.

☐ La pop music ne cesse alors de se diversifier (blues pop, hard rock, pop jazz, etc.) et les modes se succèdent (funky, punk, break, etc.). Actuellement la pop music a surtout tendance à produire des stars. Il est difficile de définir des courants musicaux tant les influences s'enchevêtrent. Sa caractéristique générale est d'être planétaire, de faire appel à des moyens financiers importants et de laisser une grande place au rythme et aux instruments électroniques. Elle ne s'adresse plus exclusivement à un public jeune, du moins dans ses formes les plus traditionnelles, comme le montre le grand succès remporté par la tournée mondiale des Rolling Stones en 1995.

# LA GRANDE FAMILLE DU ROCK

Source : d'après "Rock générations" - Editions Sages Comme des Images

# L'Afrique

**En Afrique noire, il y a autant de musiques que d'ethnies. Ce sont presque toujours des créations anonymes, populaires, collectives, se passant de toute notation et de toute théorie, dont la transmission est fondée sur la mémorisation. Ces musiques sont intégrées dans les événements importants de la vie sociale.**

## Une musique rythmiquement complexe

En règle générale, la musique africaine utilise des formules rythmiques brèves et répétitives, souvent de valeur inégale, et donnant lieu à des élaborations d'une grande complexité. Une ou plusieurs des structures rythmiques jouent le rôle d'unités constitutives de base de structures sous-jacentes. Le rythme est donné par le tambour à fente au son aigu, soutenu ou contrasté par d'autres percussions ou des grelots : la combinaison des différentes formes rythmiques qui s'enlacent donne toute la complexité à cette musique qui fait une grande place à la répétition, et dont les formes ordonnées laissent une part très réduite à l'improvisation.

## Musique vocale et musique instrumentale étroitement associées

Dans de nombreuses cultures africaines, les systèmes d'accords sont définis dans leurs grandes lignes ; il n'existe pas de notion d'intervalle ; parfois des groupes instrumentaux produisent des notes spécifiques à leur groupe sans être accordés les uns aux autres. En règle générale, l'échelle africaine repose sur une gamme de cinq notes. La séquence mélodique ne dure que quelques secondes, répétée sans variation ni altération. La hauteur relative des sons est significative : la musique peut accentuer le discours en imitant le rythme et le ton de la parole. Le langage d'un instrument devient une langue directement intelligible et complète celle de la voix par la technique du hoquet (interruption brusque d'une voix alors qu'un autre groupe instrumental développe une phrase mélodique). Ces associations sonores permettent de réciter des textes non musicaux par l'imitation du langage (tambours parlants africains).

## Une musique populaire parfois exécutée par des musiciens professionnels

☐ L'ensemble de la population participe à la vie musicale. Cependant, certaines formes de musiques rituelles sont réservées soit aux femmes, soit aux hommes. Les sorciers et les guérisseurs chantent et dansent en soliste. Leur pouvoir se transmet de maître à élève. Les musiques et danses africaines sont intégrées aux événements importants de la vie sociale et religieuse : naissances, funérailles, semailles, sacrifices, chasse, guérison, etc. Il est parfois difficile de distinguer l'interprète principal de ceux qui participent à l'événement musical.

☐ Les Griots sont des chanteurs-musiciens professionnels. Ils appartiennent à une caste. Ils étaient rattachés à une cour, leur rôle étant de transmettre la tradition, les coutumes et l'histoire. Ils ont maintenant tendance à être indépendants. Ils gagnent leur vie en chantant les louanges ou en faisant le récit de la vie d'un homme important. Les Griots s'accompagnent eux-mêmes soit d'un tambour, soit d'une harpe.

# LES INSTRUMENTS

## ■ Une diversité d'instruments

En Afrique coexistent des instruments très divers. Ils portent des noms et ont des formes différentes selon les régions. Tout est instrument : le musicien agrémente sa musique de sons de clochettes, hochets, sonnailles, etc. Les grandes familles d'instruments (à cordes, à vent, etc.) sont représentées, mais ce sont les percussions qui tiennent la place la plus importante. Les types de tambours sont nombreux.

**Des griots au Cameroun**

## ■ Un instrument à lamelles pincées

La *sanza* est un instrument à lamelles pincées typiquement africain composé de languettes flexibles montées sur une caisse de résonance et fixées par une barrette transversale. Le tenant dans les mains ou sur les genoux, le musicien se sert de son pouce ou de son index pour en pincer les lamelles.

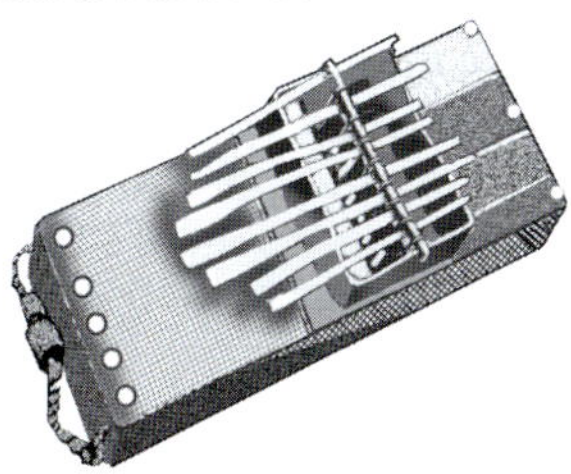

## ■ Les percussions

Le *tambour à fente* est un morceau de bambou dans lequel a été creusée une fente. Frappé avec les mains ou avec une baguette dans la fente, il est utilisé lors des cérémonies ou pour transmettre des messages.

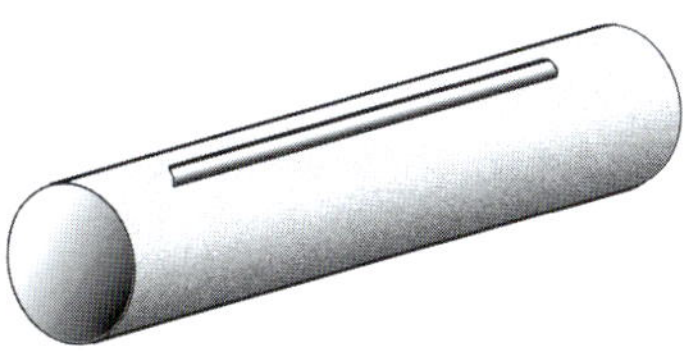

Posé par terre le *tambour en sablier* se joue avec les mains. Une variété, le kalungu, tambour « parleur », est frappé avec une baguette. Il est très employé en Afrique.

Dans sa forme avec résonateur et composé de calebasses le *xylophone* est un instrument très courant en Afrique. Le musicien s'assied ou s'agenouille sur le sol derrière son instrument et joue avec des baguettes. Certains xylophones sont de taille imposante ; ils sont alors joués par plusieurs musiciens.

# Les pays arabes

**La musique des pays arabes regroupe des caractères communs à tous les pays de la péninsule arabique, Irak, Jordanie, Liban, mais aussi aux pays d'Afrique du Nord : il s'agit d'une musique modale, monodique, de transmission orale ou codée.**

## La spécificité de la musique des pays arabes

□ Des modes appelés « *maqâm* ». C'est l'échelle déterminée dont le point de départ, ou tonique, est fixe et sert de référence et de finale. Ces formules mélodiques se déroulent sur les degrés d'un tétracorde donné (4 notes) dont les notes sont descendantes, par intervalles de deux fois un ton suivis d'un demi-ton : *mi-ré-do-si*. Sur plus de 300 maqâm au Moyen Âge, il n'en subsiste qu'une trentaine environ.

□ La théorie est systématisée par Ibn Misjah (715) et comprend 8 modes appelés *asahi* décrits sous forme de tablature pour luth. À partir du IXe s., la théorie musicale se développe, très influencée par la pensée grecque : des ouvrages d'Aristoxène, de Pythagore et de Ptolémée sont traduits en arabe. Les modes sont illustrés en termes semblables au système parfait des Grecs avec division d'une échelle heptatonique de deux octaves. Avec le théoricien Safi- ad- Din'abd al- Mu'min (XIIIe s.), l'octave est divisé en 17 intervalles de la mesure d'une *limma* (90 centièmes d'un demi-ton) et d'un *comma* (24 centièmes d'un demi-ton). En choisissant entre les degrés de cette échelle, on obtient 12 modes primaires et 6 modes secondaires. On relève également 8 modes rythmiques fondamentaux.

□ Des rythmes, *îqâ*. La musique arabe peut faire appel à une multitude de rythmes, binaires ou boiteux, basés sur des codes précis juxtaposant des temps denses, *dum* et des temps clairs, *tak*. Les temps denses servent de support métrique à la mélodie : des périodes d'égale durée sont marquées par des frappes ou des battements alternatifs, symétriques ou asymétriques, sourds ou clairs. L'asymétrie rythmique est un des caractères de la musique musulmane.

## La longue histoire de la musique arabe

□ Durant l'époque préislamique (jusqu'en 622 ap. J.-C.), la musique adopte un style vocal avec accompagnement d'instruments, *ûd* (luth) et *nay* (flûte). Durant la période de développement (de 622 à la prise de Bagdad par les Mongols en 1258 et à celle de Constantinople par les Turcs en 1453), les populations arabes découvrent d'autres cultures. Les influences helléniques et persanes conduisent à l'éclosion d'une musique très élaborée techniquement et très raffinée. Cette musique est toujours jouée dans les écoles de luth de Bagdad ou dans les églises d'Orient. C'est la base de la musique que l'on écoute actuellement dans les pays du Maghreb.

□ Le XIXe s. verra un renouveau musical qui se poursuivra au XXe s. L'expédition napoléonienne en Égypte ouvre le monde arabe à l'influence occidentale. La musique traditionnelle se maintient sous la forme du maquâm accompagné par un quatuor composé d'une cithare – psaltérion, d'une vièle, d'un tambour – calice et d'un tambour de basque. En Égypte et au Maghreb, la musique prend un nouvel essor avec les travaux de Abdù Hammuli. La renaissance littéraire et musicale (*nahda*) est très vive en Égypte au début du XXe s.

# LES INSTRUMENTS

## Les instruments à percussions

La *darbukka* est une cruche de terre cuite recouverte d'une peau. Le *daff* (tambour de 30 cm de diamètre) comporte cinq paires de cymbalettes. L'instrument est tenu dans la main gauche et frappé de la main droite.

## Les instruments à cordes

L'*ûd* (luth oriental) comporte une caisse de bois très fin, piriforme et bombée. Le manche est court, dépourvu de frettes, le chevillier est recourbé vers l'arrière. Le dos de l'instrument est souvent le support de décorations et d'incrustations très raffinées. L'ûd comporte cinq doubles cordes accordées *sol, la, ré, sol, do*. Il possède un son grave comparable à celui du violoncelle et ses harmoniques font penser à la harpe.
Le *qânùn* (« kanoun ») est une sorte de cithare comportant une caisse de résonance en bois, plate et trapézoïdale dont un des côtés forme un angle d'environ 45° ; l'autre côté est rectangulaire. 72 à 78 cordes groupées par trois sont tendues parallèlement sur la caisse.

## Les instruments à vent

Le *nây* est une flûte de grandeur variable, à 6 trous (arabe et turque) et à 7 trous (iranienne) ne présentant ni embouchure, ni encoche, ni anche. On le joue en l'appliquant en oblique contre les lèvres. C'est le seul instrument à vent qu'ait retenu la musique savante arabe du rituel musulman, tous les autres faisant partie de la musique folklorique. Il est exclusivement réservé aux hommes. Sa pratique est des plus difficiles et demande au musicien une extrême virtuosité : contrôle de la respiration, habileté pour boucher les trous, pour passer d'un mode à l'autre, difficulté pour obtenir des sonorités pleines, chantantes dans le grave, claires dans l'aigu.

Un joueur de flûte au Maroc

L'ûd

Le nây

# L'Inde

**La musique indienne repose sur des traditions très anciennes. Très structurée, elle a su garder sa personnalité au fil des ans. Avant tout musique de soliste, elle est autant liée à l'improvisation qu'au savoir. La voix y tient un grand rôle.**

## Une musique vocale de soliste

☐ La voix est la base du système musical de l'Inde car elle est considérée comme un instrument de musique à part entière. Très travaillée, la voix doit couvrir trois octaves. Le système musical demande une grande concentration de la part du soliste car il doit s'identifier au sentiment qu'il exprime.

☐ La musique indienne a un caractère religieux. Les paroles des mélodies sont toujours des poèmes mystiques, qu'ils soient d'inspiration hindouiste ou musulmane.

## Une musique de traditions

☐ La mélodie repose sur deux traditions fondamentales : le *râga* et le *tâla*. Le râga a une échelle modale de caractère complexe qui consiste en la présence constante d'une succession de hauteurs ascendantes ou descendantes, dont le sens et la direction ne sont pas uniformes et dont les combinaisons sont considérables. La mélodie est fondée sur un canevas comportant 72 possibilités de diviser l'octave. Chaque râga exprime un état d'âme. Un bon musicien connaît 200 à 300 râga. Selon la tradition indienne, il en existerait 16 000.

☐ Le râga commence par un long prélude (*alâp*) au tempo lent et sans rythme déterminé. Il se poursuit par une improvisation (*jor*) durant laquelle s'exprime la virtuosité du musicien accompagné par un tambour. Le râga se termine par un final rapide et brillant, souvent jouxté entre l'instrument principal, la voix et le tambour.

☐ Le tâla désigne un mode rythmique très savant. Les phrases mélodiques varient avec le rythme. Sur une alternance de temps forts, de temps faibles et de temps silencieux, les musiciens se livrent à des variations complexes.

## Une mosaïque de musiques

☐ L'Inde est une mosaïque de cultures. La diversité se ressent dans la musique même si la base est commune. Dans le Nord, c'est l'improvisation qui prime dans le râga. De l'*alâp* au *gat* (la conclusion) tout n'est qu'improvisation.

☐ La musique du Sud de l'Inde est fondée sur les mêmes principes que celle du Nord mais elle est différente par son style et sa théorie. Le rythme y tient une plus grande place. Elle est plus rigoureuse et fait moins appel à la sensibilité.

## Les musiciens

☐ Les musiciens ont une place importante. Ils appartiennent aux castes artisanales. L'enseignement étant oral se fait souvent dans le cadre familial. L'art musical indien, de par sa subtilité, s'adapte mal à un enseignement collectif.

☐ Il existe des musiciens ambulants qui chantent des poèmes mystiques sur les places des villages. Leur système musical se rapproche de celui de la musique savante mais il est moins élaboré.

# LES INSTRUMENTS

## Les instruments à cordes

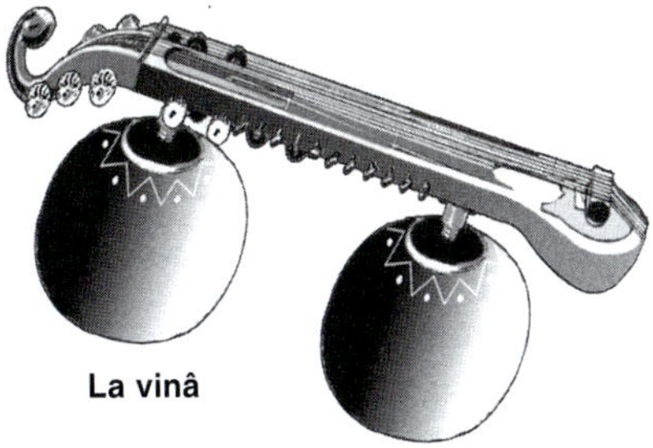

La vinâ

La *vinâ* à 7 cordes est le plus ancien et le plus populaire des instruments à cordes. La *vinâ* de l'Inde du Nord est faite d'un bambou sur lequel sont fixés deux résonateurs sphériques. La *vinâ* du Sud ressemble à une longue mandoline : le large manche se prolonge en une caisse de résonance hémisphérique à table plate ; un autre résonateur est fixé à l'extrémité supérieure du manche.

Le *sitar*, très répandu dans l'Inde du Nord, est une sorte de grand luth moins difficile à jouer que la *vinâ*. Doté d'un très long manche à large touche, il possède de 7 à 15 cordes. Le sitar se joue en position verticale, ou en oblique, la caisse reposant alors sur les genoux du musicien qui tient un plectre entre le pouce et l'index.

Le *sarangi* est le principal instrument à archet de l'Inde.

## Les instruments à vent

Il existe divers types de flûtes : de longues flûtes droites sans embouchure (*vamsha*), des flûtes traversières (*murli*) et des petites flûtes droites (*bansuri*). Mais l'instrument le plus original est le *sahnâï*, sorte de hautbois à anche longue. Son corps en bois se termine par un pavillon en métal. Très populaire, les musiciens en jouent devant les temples lors des fêtes ou des cérémonies.

## Les percussions

L'Inde présente un système rythmique très élaboré. Ses percussions sont nombreuses. Le *tabla* est une sorte de tambour. Il se compose d'une peau tendue par des liens de cuir sur une caisse de bois ou de terre cuite. Il est souvent accompagné par la *banya*.

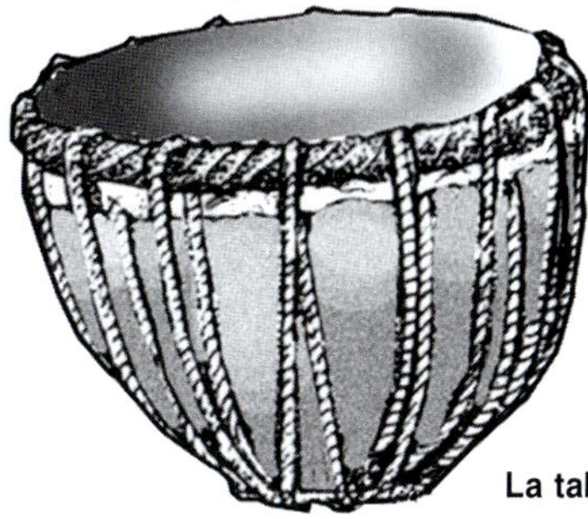

La tabla

Ravi Shankar jouant du sitar

# La Chine et le Japon

**Intimement liée à l'histoire, la musique chinoise est racontée dans les annales écrites de toutes les dynasties. Elle fait partie intégrante de la cosmologie chinoise et joue un rôle entre le ciel et la terre. Les musiques chinoise et coréenne ont influencé l'élaboration de la musique japonaise.**

## Le système musical chinois : spécifique et immuable

La théorie musicale chinoise date du IIIe millénaire avant notre ère et serait due, selon la tradition, à des reines et des empereurs légendaires. Le système musical repose sur les *liu*, échelle sonore dont est issue la gamme pentatonique chinoise. Dans la tradition chinoise, les douze liu correspondent aux douze lunes, aux douze mois et aux douze heures du jour. La variété mélodique s'obtient en changeant de tonique et en ornementant la mélodie. L'exécution musicale requiert un nombre limité d'instruments qui tous jouent sur les contrastes entre timbres et registres. Il n'existe pratiquement pas d'enchaînement harmonique et seules les variations d'allure, de tempo, et de longueur de phrase donnent son identité au morceau interprété. L'apprentissage et la mémorisation de ces nuances sont primordiales pour le musicien qui transmet son savoir de façon orale.

## La musique chinoise, reflet de l'histoire des dynasties

La musique commence à prendre forme sous les Tchéou et les dynasties Zhou (1050-221 av. J.-C.) et Qin (221-207 av. J.-C.), quand s'organisent les rituels des cérémonies religieuses, des musiques de banquet et de danses. Confucius définit le rôle et la philosophie de la musique. Sous la dynastie Han (206 av. J.-C.-220 ap. J.-C.) sont répertoriés les différents styles de musique, avec la fondation de l'Office impérial de musique. Il différencie principalement la musique raffinée, de cour (*yayue*) et la musique populaire (*suyue*). Les dynasties Suie (581-617) et Tang (618-907) voient le sommet du développement musical, avec une organisation officielle des musiciens et l'apport des musiques étrangères (Corée, Inde, Asie centrale). C'est sous la dynastie Yuan (1276-1368) que l'on verra se développer le rôle prépondérant de l'opéra comme support musical dans le théâtre chinois, le *k'ouen-k'iu*. Les instruments soutiennent le chant et la pantomime et assurent les enchaînements. L'Opéra de Pékin, sorte de théâtre musical aristocratique, sera créé sous les Qing (1644-1911).

## Le Japon : une musique multiforme

☐ Pourtant très ancienne, la musique japonaise n'est connue que depuis le moment où elle a rencontré les musiques continentales, chinoise et coréenne ; celles-ci ont fortement influencé son élaboration. La musique de cour (*gagaku*) s'en ressentira.

☐ Utilisant des modes primitifs basés sur des intervalles de tierce, la musique japonaise devient pentatonique vers le XIIIe s. puis se voit adjoindre progressivement d'autres accords. C'est une musique monodique et vocale.

☐ Comme en Chine, les enchaînements harmoniques sont rares et l'essentiel des effets est basé sur les modulations de timbres, de phrasés et de tempos. L'époque moderne, à partir de la période Meiji, verra l'influence occidentale se renforcer ; de nombreux compositeurs japonais se réclament de Messiaen, Dutilleux, Xenakis.

# INSTRUMENTS CHINOIS ET THÉÂTRE JAPONAIS

## La grande diversité des instruments chinois

À la différence de l'Occident où la classification des instruments repose sur le mode de production du son, les instruments, en Chine, sont distingués selon la matière qui les compose : pierre, soie, métal, bambou, bois, cuir, terre.

Connu depuis l'Antiquité, le *k'in* est l'instrument le plus typique. C'est une sorte de cithare à 5 ou 7 cordes qui se joue sur un chevalet. L'instrumentiste se sert de la main gauche pour modifier la hauteur de son. Il pince la corde de sa main droite.

Le *cheng*, « orgue à bouche », est apparu en Chine il y a plus de 3 000 ans. Il est maintenant très répandu en Extrême-Orient. C'est un instrument à anche libre avec une anche battante dans chaque tuyau de bambou.

Il existe de nombreuses sortes de tambours, instruments très utilisés dans la musique chinoise : le *po-fou*, petit tambour ; le *t'ong-kou*, grand tambour de bronze, le *t'e-k'ing*, tambour en pierre ; etc.

Les instruments à cordes et à vent suivent la ligne mélodique mais le rythme est confié aux percussions. Le percussionniste a souvent le rôle de chef d'orchestre.

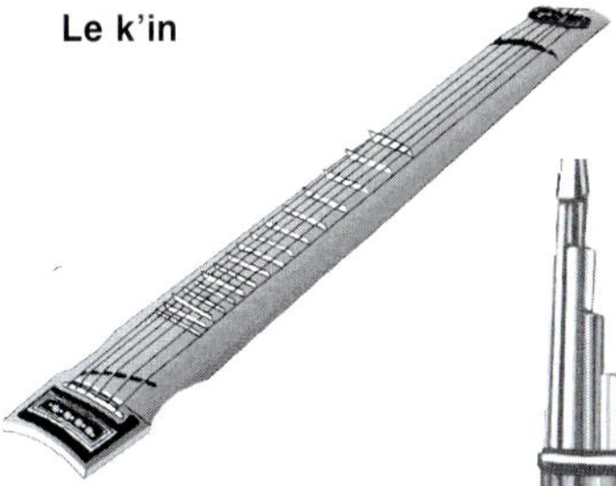
Le k'in

Le cheng

## Le nô, théâtre musical japonais

Le *nô* est une forme de théâtre musical apparu au XIV<sup>e</sup> siècle, qui mêle poésie, mime, danse et musique. Il présente un personnage principal, le plus souvent un esprit ou un fantôme, et un personnage secondaire qui met en valeur le premier personnage. Le nô est un spectacle abstrait et très épuré. Pour accompagner ce théâtre d'origine religieuse, proche de la pensée bouddhiste zen, placé sur une scène derrière la scène principale, l'orchestre du nô se limite à quatre instruments : une flûte traversière (*fuye* ou *nô-kan*) à qui revient la partie mélodique de l'ensemble accompagnée de trois tambours (en sablier, le *ko-tsuzumi* et le *ô-tsuzumi*, le grand tambour à caisse plate joué avec des baguettes, *le taiko*).

Une scène du théâtre nô,
La lande d'Adachi

# Le continent américain

**Le continent américain est très vaste. Du nord au sud, les musiques sont diverses et riches. Du froid Canada aux chaudes terres du Brésil, le folklore rythme la vie quotidienne. Dans cette mosaïque, les États-Unis jouent un rôle particulier. Ils sont une terre musicale d'asile entre les deux guerres du XX$^{e}$ siècle.**

## La musique de l'Amérique du Nord

□ Au Canada la musique joue rapidement un rôle très important. De tradition orale, l'art musical canadien a conservé bon nombre de chansons folkloriques des premiers colons. Avant 1900, les musiciens canadiens s'attachent à jouer les œuvres venues d'Europe. Puis des compositeurs locaux se font connaître. C'est le cas de Healey Wilan (1880-1968), directeur du Conservatoire de Toronto, de Barbara Pentland, Violet Archer, Harry Sommers et Gilles Tremblay, entre autres.

□ Aux États-Unis, la musique se développe en dehors des cadres stricts connus en Europe. Avant 1800, tous les groupes religieux font intervenir la musique dans leur culte. Après cette date, des professeurs de musique européens forment des musiciens dans les grandes villes. La croissance rapide de la population favorise l'apparition d'une classe moyenne pour laquelle des compositeurs vont écrire. C'est le cas de Lowel Mason (1792-1872), rapidement dépassé par la mode des « chants nègres » interprétés par des Blancs, parodiant la musique et la façon de parler des Noirs américains. Ce qui entraîne, en réaction, la formation de troupes de musiciens noirs très réputées. Puis deux tendances avancent en parallèle : le jazz et la musique savante, cette dernière directement venue d'Europe, avec des musiciens exilés par les conflits mondiaux du XX$^{e}$ siècle.

## La musique de l'Amérique Centrale

□ Les Mayas et les Aztèques jouent de la musique à l'aide de flûtes à 6 ou 4 trous et de tambours. Leur jeu devait être parfait sous peine de mort immédiate. Avec l'arrivée des colons espagnols en 1519, les Aztèques montrent un grand intérêt pour les instruments européens. Ils forment alors des ensembles et composent.

□ La fin du XVIII$^{e}$ s. voit fleurir à Mexico de nombreux compositeurs d'origines espagnole et portugaise. Pendant le XIX$^{e}$, apparaissent des compositeurs typiquement mexicains, devenus célèbres grâce à l'opéra. La mélodie mexicaine du XX$^{e}$ s. est l'œuvre de Manuel María Ponce (1882-1948), alors que le principal représentant de la culture indienne reste Carlos Chávez (1899-1978).

## La musique de l'Amérique du Sud

Marquée par ses instruments particuliers, *antaras* (flûtes de Pan) et *quenas* (flûtes verticales sans embouchures), la musique de l'Amérique du Sud est aussi influencée dès le XVI$^{e}$ s. par l'Europe. Lima, capitale du Pérou, va être jusqu'au début du XIX$^{e}$ s. le centre musical le plus important, avec des compositeurs sachant intégrer le folklore de leurs régions aux règles de la musique savante. À la fin du XIX$^{e}$ s., c'est le Brésil qui, avec Heitor Villa-Lobos (1887-1959), fait connaître la richesse et la variété de ses mélodies populaires. Il laisse des œuvres chorales et symphoniques d'une qualité rare, dont les huit *Bachianas Brasileiras*.

# LES ÉTATS-UNIS : TERRE MUSICALE D'ACCUEIL

## Les exilés de la Vieille Europe

Certains compositeurs, attirés par la civilisation américaine, vont aux États-Unis en curieux. C'est le cas d'Antón Dvorák, et du Français Edgar Varese qui, subjugué par la civilisation américaine embarque pour New York où il compose une œuvre majeure, *Hyperprism* (1923). Mais la plupart des compositeurs émigrants – essentiellement d'Europe centrale et de Russie – vont aux États-Unis pour fuir les persécutions dont ils sont victimes. Gustav Mahler, à la suite d'attaques antisémites, perd son poste de directeur de l'Opéra de Vienne, et accepte celui de directeur du Metropolitan de New York où il reste de 1907 à sa mort en 1911. Lorsqu'éclate la révolution d'Octobre en 1917, le Russe Sergueï Prokofiev décide d'émigrer aux États-Unis. Il y crée *L'Amour des trois oranges* en 1921 mais, nostalgique de sa patrie, il retourne en URSS en 1932. Arnold Schoenberg arrive aux États-Unis en 1933 et enseigne dans différentes universités. Séparé de sa terre natale par la Première Guerre mondiale, Igor Stravinski recherche le folklore de sa patrie. Habitant en France depuis 15 ans, il émigre aux États-Unis en 1939 où il résidera jusqu'à sa mort. Lorsque Béla Bartók comprend que le mouvement nazi tisse sa toile au-dessus de l'Europe, il proteste et se révolte. Plutôt que de se soumettre, il préfère quitter la Hongrie, en 1940, pour les États-Unis, où il passe ses dernières années.

## Des musiciens authentiquement américains

Les musiciens qui se sont exilés sur le continent américain ont trouvé une terre où existait déjà une musique authentique et des compositeurs célèbres. George Gershwin (1898-1937) est l'exemple le plus typique. C'est un autodidacte dont le style est très éclectique. On retrouve dans ses œuvres des élans wagnériens, des accents véristes, des cabrioles d'opérettes, des mélodies de chansons de variété et l'influence du jazz. Ce cocktail plaît énormément dans ces États-Unis troublés par la crise économique de 1929 et les inquiétudes de la Seconde Guerre mondiale. Il se taille dès lors un succès sans précédent avec la *Rhapsody in blue* en 1924 et le *Concerto en fa* pour piano, qui lui vaut la considération des critiques. En Europe, Gershwin atteint la popularité avec *Un Américain à Paris* en 1928, dont Vincente Minelli tire un film en 1951, et surtout *Porgy and Bess* en 1935. Gershwin est un des premiers à intégrer le jazz dans la musique savante, à une époque où ce genre est encore peu connu du grand public. Charles Ives (1874-1954) et Aaron Copland (1900-1990) sont aussi deux grands noms de la musique américaine.

## La confrontation des styles et des cultures

En fait, s'il y a bien eu confrontation entre les styles et les cultures des exilés de la vieille Europe et des musiciens américains, il n'y eut pas interaction ni influence. Du côté américain, la recherche d'une identité culturelle est la plus forte et les compositeurs, s'ils apprécient l'apport occidental, n'en intègrent que peu d'éléments : quelques détails d'orchestration ou l'utilisation d'instruments du folklore (banjo, par exemple). Les compositeurs exilés, attirés par ce continent neuf et en pleine expansion économique et culturelle, écriront certaines de leurs œuvres à la gloire de l'Amérique. C'est le cas, entre autres, d'Antón Dvorák avec sa *9e Symphonie* dite *Du Nouveau Monde*.

# L'éducation musicale

**Combien de parents projettent sur leurs enfants le regret de ne pas connaître la musique ? Qu'ils sachent que la qualité de ce qu'ils font écouter est déterminante, que l'école joue un rôle d'initiation et de motivation, et qu'enfin les écoles de musique et les conservatoires permettent de libérer les talents.**

## L'école, lieu de l'enseignement musical non spécialisé

☐ Il concerne l'éveil musical donné dès leur plus jeune âge aux enfants des écoles maternelles. Cet effort est poursuivi à l'école élémentaire, puis dans l'enseignement secondaire par les instituteurs, professeurs d'écoles, professeurs de collèges et de lycées.
☐ Depuis 1976 est introduite une épreuve musicale au concours d'entrée à l'École normale : les instituteurs doivent avoir un minimum de connaissances en musique. Pour les aider dans leurs classes, le ministère a créé des postes de conseillers pédagogiques en éducation musicale.
☐ Dans le premier cycle du secondaire, l'enseignement de la musique, obligatoire, est confié à des professeurs certifiés. Dans le second cycle, cet enseignement devient facultatif, débouchant sur une épreuve, également facultative, au baccalauréat.
☐ Les programmes (instructions officielles de 1993) associent écoute, interprétation et création. Une pratique régulière dans chaque classe garantit l'efficacité et la cohérence de l'éducation musicale.

## L'enseignement musical spécialisé

L'enseignement musical spécialisé se compose d'écoles de musique et de conservatoires.
☐ Les écoles municipales de musique préparent au diplôme de fin d'études musicales ; elles concernent les élèves ne se destinant pas à l'exercice professionnel de la musique. Elles sont sous la tutelle du ministère de la Culture.
☐ Les écoles nationales de musique recherchent et forment de futurs musiciens professionnels qui seront appelés soit à enseigner, soit à faire une carrière d'interprète. Enseignant au minimum 24 disciplines, ces écoles préparent au diplôme de fin d'études musicales et dispensent un enseignement de niveau préparatoire supérieur.
☐ Les conservatoires nationaux de Région permettent de suivre la préparation au diplôme national de fin d'études musicales qui donne accès au Conservatoire national supérieur de Paris. En parallèle, les conservatoires nationaux préparent, en collaboration avec l'Éducation nationale, au baccalauréat de technicien qui peut déboucher sur des études musicales universitaires.
☐ Le Conservatoire national supérieur de Paris a pour mission l'enseignement supérieur de la musique et de la danse. Les élèves y entrent par concours après avoir suivi l'enseignement des conservatoires nationaux de Région. Les études sont sanctionnées par des certificats et des concours de fin d'année donnant lieu à des prix de Conservatoire. L'enseignement dispensé au Conservatoire national supérieur de Paris permet aux élèves de préparer les concours internationaux qui donnent accès, entre autres, à des carrières de solistes.

# L'ÉCOUTE : UNE NOUVELLE PÉDAGOGIE

## Pourquoi privilégier l'écoute ?

L'écoute musicale est essentielle à développer en classe. Elle se déroule en deux temps : tout d'abord l'écoute d'une œuvre, puis un moment pendant lequel l'enfant restitue, en chantant ou à l'aide d'un instrument, ce qu'il vient d'écouter. Cette partie, appelée *production* développe le rôle actif de l'enfant. La production peut soit précéder l'écoute, soit en découler : elle exploite alors un ou plusieurs éléments du discours musical, ainsi que leur agencement. Le maître analyse la richesse et la variété des matériaux sonores utilisés (voix, instruments, objets sonores, etc.). Il donne l'occasion aux enfants d'écouter de nouveau leur production afin de mieux en distinguer les éléments principaux. Cette interaction entre écoute et production provoque des phénomènes de mémorisation et conduit l'enfant à s'approprier la musique dans un contexte de réel plaisir musical.

## Un exemple d'exploitation

Cet exemple s'appuie sur des extraits de deux œuvres : La 3e *Symphonie*, la *Symphonie héroïque* de Ludwig van Beethoven. Début du 1er mouvement. *Bastien et Bastienne* de Wolfgang Amadeus Mozart. Ouverture.

Ces deux extraits comportent le même thème, mais orchestré de manière différente. L'objectif principal est de faire reconnaître ce thème aux enfants pour qu'ils l'identifient dans les deux œuvres.

– *1re audition : Beethoven*

Dégager les impressions générales.

Noter l'importance de l'orchestre : grand orchestre romantique.

Décrire les instruments mis en valeur : cuivres (cors), cordes (violons, violoncelles).

– *2e audition : Beethoven*

Réécouter avec une consigne préalable : reconnaître un thème (refrain repris plusieurs fois : trois fois dans l'extrait).

Le faire chanter après l'audition.

Le faire rythmer avec les mains.

Éventuellement contrôler le thème par une nouvelle audition.

– *3e audition : Mozart*

Dégager les impressions générales.

L'orchestre a une moindre importance : c'est un orchestre de chambre : cordes.

Faire constater que l'on retrouve le même thème que chez Beethoven.

– *4e audition : Mozart*

Réécouter avec une consigne préalable : le thème composé par Mozart est-il parfaitement identique ou un peu différent du thème composé par Beethoven ? (différent les deux premières fois et parfaitement identique la troisième fois).

Éventuellement contrôler ces affirmations par une nouvelle audition.

– *5e audition : Beethoven et Mozart, enchaînés*

Faire la synthèse de ce qui a été écouté :

Le premier thème est celui de Beethoven. Il est interprété par un orchestre symphonique. On y reconnaît une prédominance de cuivres et de percussions.

Le deuxième thème est celui de Mozart. Il est interprété par un orchestre de chambre. On y reconnaît une prédominance de cordes.

Le deuxième thème est presque identique au thème écouté. Il est parfaitement identique au premier thème la troisième fois.

À la suite de cette séquence d'écoute, on peut travailler sur le rythme, faire produire les enfants et leur faire apprendre un chant qui utilise le même thème et le même rythme (Brassens, *Le Petit Joueur de flûtiau*).

Extrait de l'ouvrage *Apprendre à écouter au cycle III : De la musique vers des pratiques pluridisciplinaires*, Nathan, 1995.

# Le chef d'orchestre et les interprètes

**Diriger un orchestre demande des qualités théoriques, instrumentales et humaines. Les musiciens de l'orchestre sont tous des interprètes de haut niveau, en particulier les solistes.**

## Chef d'orchestre, une fonction récente

Le premier véritable chef d'orchestre apparaît au XVII^e siècle : c'est Jean-Baptiste Lully qui, le premier, dirige, mais face au public (et au Roi) et le dos tourné à l'orchestre. La complication croissante de l'orchestre exige à cette époque une direction unique par un musicien dégagé de toute obligation instrumentale. Ce chef « baroque » n'a rien de comparable avec le chef d'aujourd'hui. Sa mission première est de marquer le rythme de toutes les manières possibles : soit à l'aide d'un rouleau de papier tenu dans la main (appelé *sol-fa*), soit avec le pied ou un bâton frappant le sol. C'est d'ailleurs ce bâton qui, manié trop rudement par Lully, lui occasionnera une forte blessure au pied dont il mourut en 1687. L'apparition de l'opéra entraîne des usages différents : le plus souvent, le rôle de chef est confié soit au claveciniste, soit au compositeur lui-même.

## Le silence, règle d'or des chefs d'orchestre

Dès l'époque romantique, le chef doit apprendre à diriger en silence pour permettre à l'œuvre interprétée de s'exprimer le plus parfaitement possible. Plus de bâtons frappés, mais une prise en main silencieuse de l'orchestre impliquant une technique toute nouvelle. Le XIX^e siècle rend indispensables la présence et l'autorité du chef d'orchestre. Berlioz en France, Mendelssohn et Schumann en Allemagne, définissent sa véritable fonction. Diriger un orchestre devient une spécialité, la direction un art véritable. Avec le XX^e siècle, le rôle du chef devient primordial au cours des répétitions. Là, il peut avoir recours à la parole, chanter ou jouer un passage, frapper des rythmes avec sa baguette pour faire valoir sa conception de l'œuvre. Mais pendant le concert, toutes ces indications sont interdites. Le silence est d'or. Les seuls mouvements de sa baguette, un regard jeté sur un chanteur ou un instrumentiste doivent suffire pour conduire son orchestre.

## Les musiciens d'orchestre et les solistes

Jusqu'au XVIII^e siècle, compositeur et interprète ne faisaient qu'un. Au XIX^e siècle, le compositeur-interprète joue aussi des œuvres du passé pour élargir son répertoire. C'est la naissance du soliste qui joue seul en récital (piano, la plupart du temps). Existe aussi le soliste d'orchestre, dans les œuvres concertantes. Ce musicien est alors soit un instrumentiste de l'orchestre, soit un soliste indépendant, invité par l'orchestre à l'occasion de l'exécution d'une œuvre. La plupart de ces interprètes, indépendants des orchestres, ont été connus grâce à leur réussite aux grands concours internationaux.

□ Les musiciens d'orchestre sont la plupart du temps choisis sur concours et sur avis du directeur de l'orchestre ou de son chef. Tous sont « Prix du Conservatoire » (de Région ou National) et beaucoup y donnent des cours.

# L'ART DE DIRIGER

## Diriger : une technique, des règles

Conduire ensemble plusieurs musiciens n'est pas tâche facile. Les chefs d'orchestre utilisent pour cela une baguette dont le rôle est de battre la mesure. Les règles sont bien définies ; ainsi, le premier temps est indiqué de haut en bas et le dernier de bas en haut.
Diriger, c'est aussi donner le tempo, le mouvement. Le mouvement métronimique est généralement fixé par le compositeur lui-même, mais il n'est qu'une indication et beaucoup de chefs imposent leur conception de l'œuvre en prenant des libertés avec le tempo. Si la main droite tient la baguette, la gauche, libre, sert à indiquer les nuances (crescendos, diminuendos, etc.) et se voit réserver en principe le soin de l'expression. Tous ces éléments font que les interprétations d'une même œuvre peuvent être très différentes.

## L'enseignement de la direction d'orchestre

La classe d'orchestre est créée à Paris peu après la fin de la Première Guerre mondiale. S'y succèdent comme chefs Paul Dukas, Vincent d'Indy, Charles Munch, entre autres. Mais c'est après la Deuxième guerre mondiale qu'apparaissent les premières classes de direction d'orchestre, avec un orchestre d'étudiants que dirigent les apprentis chefs. Nombreux sont ceux qui commencent dans l'ombre d'un grand maître auquel ils servent d'assistants, effectuant souvent à sa place les répétitions préliminaires.

**Jean-Claude Casadesus, chef de l'Orchestre national de Lille**

### Quelques chefs d'orchestre mythiques

– *Arturo Toscanini* (1867-1957)
Obscur violoncelliste, il dirige au pied levé et de mémoire *Aïda* à Rio en 1886. La légende commence : son répertoire comprend plus de 600 œuvres toutes dirigées par cœur.
– *Wilhelm Furtwängler* (1886-1954)
Il succède à Richard Strauss comme chef des concerts symphoniques de l'Opéra de Berlin, puis remplace Arthur Nikisch à la tête du Philharmonique de Berlin. Spécialiste incontesté de Beethoven, il a créé une grande partie du répertoire contemporain.
– *Bruno Walter* (1876-1962)
Assistant de Gustav Mahler, Walter devient chef de l'Opéra de Munich. Il fonde le festival de Salzbourg où il dirigera régulièrement jusqu'à ce que le régime nazi le force à quitter l'Europe. Walter est un des grands spécialistes de Mahler.
– *Charles Munch* (1891-1968)
Fondateur de l'Orchestre de Paris en 1967, il possède un charisme étonnant. Il est un champion de la musique française, faisant rayonner Berlioz, Debussy, Ravel, Fauré.
– *Herbert von Karajan* (1908-1989)
En première place dans tous les hauts lieux de la musique : orchestre Philharmonia de Londres, Philharmonique de Berlin, festival de Salzbourg, Société des amis de la musique de l'opéra de Vienne, conseiller artistique de l'orchestre de Paris, etc. il est incontestablement la star des chefs.

# Les formations musicales

**Tout groupe instrumental est un orchestre. Le nombre des musiciens et leurs combinaisons instrumentales variables à l'infini, témoignent de la diversité qu'offre la musique. Trois grands types de formations existent : les formations de chambre, l'orchestre ainsi que les fanfares et les harmonies.**

## Les formations de chambre

□ Historiquement la musique de chambre (*musica da camera*) englobait toutes les compositions instrumentales et vocales autres que celles destinées à l'église (*musica da chiesa*). Aujourd'hui, on désigne sous ce nom les formations qui réunissent un nombre restreint de musiciens.

□ Le duo réunit deux musiciens pour exprimer deux parties mélodiques simultanées ou de deux instruments différents. Le trio est formé de trois instrumentistes.

□ Le quatuor à cordes est composé d'un premier et d'un deuxième violon, d'un alto et d'un violoncelle.

□ Le quintette à cordes comprend deux violons, un alto, une contrebasse et un violoncelle mais on peut rencontrer des quintettes à cordes avec piano, des quintettes constitués de bois seuls, ou de vents (trompette, trombone, clarinette, saxo alto, cor).

□ Par le nombre croissant des instrumentistes, le sextuor, le septuor, l'octuor sont déjà des formations qui s'apparentent à un petit orchestre.

## L'orchestre

□ Avec son opéra *Orfeo*, Monteverdi a défini le premier orchestre composé de 33 musiciens : 2 clavecins, 2 contrebasses de viole, 10 violes, 2 violons, 2 harpes, 2 orgues, 2 basses de viole, 4 trombones, 2 cornets à bouquin, 1 flageolet, 4 trompettes.

□ L'orchestre des classiques est plus homogène. Il se compose, en plus du quintette de cordes, de 2 flûtes, 2 hautbois, 2 clarinettes, 2 cors, 2 bassons, 2 trompettes et 2 timbales.

□ L'orchestre symphonique, utilisé pour interpréter les pièces symphoniques des auteurs classiques, comprend quatre groupes d'instruments regroupés par familles :
- les cordes : 16 à 18 premiers violons, 14 à 16 deuxièmes violons, 12 à 14 altos, 10 à 12 violoncelles, 8 à 10 contrebasses ;
- les bois : 4 flûtes, 3 hautbois, 1 cor anglais, 4 clarinettes (dont 1 petite clarinette et 1 clarinette basse), 1 contrebasson ;
- les cuivres : 4 cors, 4 trompettes, 3 ou 4 trombones, 1 tuba ;
- les percussions : elles peuvent être très diversifiées selon les compositeurs. Elles comprennent des timbales, des cymbales, un triangle, une grosse caisse, un tambour.

## Les fanfares, les harmonies et les musiques militaires

□ Ce sont des formations instrumentales d'où sont exclus les instruments à cordes. La fanfare est composée uniquement de cuivres. Les harmonies sont plus importantes que les fanfares car elles comportent également des bois.

□ L'ordre d'une musique militaire est bien défini : les 30 musiciens sont disposés en 6 rangées qui comprennent principalement des instruments à vent et à percussion (grosse caisse et cymbale).

## QUELQUES FORMATIONS INSTRUMENTALES PRESTIGIEUSES

### ■ Le Beaux-Arts Trio

Fondé en 1955, il réunit de très grands solistes : Isodore Cohen (violon), Peter Wiley (violoncelle), Menahem Pressler (piano). Le Beaux-Arts Trio a enregistré l'intégrale des trios de Haydn.

### ■ Le Quatuor Amadeus

Ce quatuor date de 1953 et a gravé l'intégrale des quatuors de Beethoven. Son activité se partage entre les concerts qu'il donne seul ou associé avec de grands solistes (Emil Guilels, Christoph Eischenbach, etc.) et l'enseignement. La mort de l'altiste Peter Schidlof a mis un point d'arrêt à cette formation mythique.

### ■ L'Orchestre philharmonique de Berlin

Fondé en 1882, l'Orchestre philharmonique de Berlin a eu à sa tête les plus grands chefs : Richard Strauss, Arthur Nikisch, Wilhelm Furtwängler, Sergiu Celibidache, Herbert von Karajan, Claudio Abbado. Ses créations sont innombrables, les plus grands solistes du monde se disputent l'honneur de jouer dans cette formation essentiellement masculine.

### ■ L'Orchestre symphonique de Chicago

Par la qualité de ses chefs (Artur Rodzinski, Rafael Kubelik, Fritz Reiner, Jean Martinon, sir Georg Solti et Daniel Barenboïm) et le travail parfait de ses musiciens, cet ensemble, qui date de 1891, est un des plus grands ensembles du monde.

### ■ L'Orchestre national de France

Fondé en 1934 à l'initiative du ministre des Postes, Jean Mitsler, l'Orchestre national de France, qui a eu à sa tête Arturo Toscanini, Manuel Rosenthal, Roger Desormière, Jean Martinon, Lorin Maazel, réunit de très grands solistes (Patrice Fontanarosa, Régis Pasquier) et a créé de nombreuses œuvres de Milhaud, Jolivet, Constant, Françaix, Ohana, Malec, Dusapin, Dutilleux.

**Herbert von Karajan dirigeant l'Orchestre philharmonique de Berlin**

# Le facteur d'instruments

**Le facteur (fabricant de l'instrument) est un artisan, mais aussi un artiste qui entretient souvent des rapports privilégiés avec ses clients, les instrumentistes. La facture d'instruments est artisanale et nécessite un niveau de connaissances musicales exceptionnel.**

## Le facteur : un artisan, mais aussi un artiste

☐ Souvent eux-mêmes musiciens et surtout mélomanes, les facteurs sont à l'écoute des solistes qui leur demandent la perfection dans la fabrication des instruments. Sébastien Érard (1752-1831) et son frère Jean-Baptiste (1745-1826) ont amélioré et développé la facture du piano avec l'aide des conseils apportés par Chopin et Liszt. Dans leur atelier à Crémone, les Stradivarius demandaient à de grands virtuoses de les aider par leurs conseils avisés.

☐ Le luthier, spécialiste des instruments à cordes, est un véritable expert : son expérience, son coup d'œil, sa connaissance des secrets de fabrication lui permettent de reconnaître la qualité et l'authenticité d'une pièce rare découverte au fond d'un grenier. Il arrive souvent à l'artiste de demander à son facteur de l'assister au cours de ses tournées car lui seul sait accorder l'instrument en fonction du lieu et du temps.

## Archetier, une spécialité française

☐ Le métier d'archetier est différent de celui de luthier. Mais il demande autant de doigté et de précision. L'archet est connu depuis plusieurs millénaires mais c'est un Français, François Tourte (1747-1835), qui a fixé, à la fin du XVIII^e s., le modèle actuel de l'archet.

☐ Sa fabrication repose sur des règles précises. Le bois utilisé est du bois de Pernambouc, provenant du Brésil, qui allie les qualités de rigidité, de flexibilité et de légèreté. Le bois est débité en planches puis taillé en baguettes ensuite cintrées au feu. À une extrémité est collée la plaque d'ébène et à l'autre est fixée la hausse, sur laquelle viennent se loger les crins. Un archet comporte environ 150 crins blancs de cheval (200 à 250 pour une contrebasse). Les crins sont passés à la colophane (résine de pin), qui leur donne de la résistance et leur permet d'accrocher les cordes du violon.

## Luthier, archetier : une grande expérience pour un métier traditionnel

☐ Le brevet de technicien de facture instrumentale de l'École nationale de lutherie peut être obtenu au terme d'une formation de trois années d'études dans un lycée à partir de la classe de seconde. Les élèves doivent avoir reçu l'avis favorable du conseil de classe et subi un examen permettant de déceler leurs aptitudes. L'enseignement comporte une formation générale et des matières plus spécifiques : histoire de la musique, dictée, solfège, technique instrumentale, éducation artistique. L'enseignement professionnel comporte la technologie et les travaux pratiques.

☐ Les élèves reçus au brevet de technicien sont placés en stage pratique d'un an, puis répartis dans différents ateliers en France et à l'étranger, à l'initiative de la profession. La bonne connaissance du métier demande plusieurs années de pratique. Les études sont sanctionnées par un diplôme national de luthier d'art et d'archetier d'art.

# LA FABRICATION D'UN VIOLON

## La matière

Les grands centres de lutherie sont souvent situés dans des régions montagneuses car ils demandent un choix privilégié d'essences de bois.
Les épicéas viennent de Suisse, de Roumanie ou de Tchécoslovaquie. Le luthier choisit souvent le bois semblant le plus adapté à son travail sur des arbres déjà coupés, mais certains, grâce à leur très solide expérience, savent porter leur choix sur des arbres encore debout.
L'érable vient d'Europe centrale (Bohême, Tyrol, Hongrie). C'est en érable que seront fabriqués le fond, le manche et les éclisses. En plus de ses qualités décoratives, l'érable possède des propriétés mécaniques de résistance et de souplesse.
L'ébène, dont sont faits la touche, le cordier et les chevilles, vient traditionnellement de Madagascar. Ce bois très résistant est très difficile à travailler.
Tous ces bois demandent un très long temps de séchage : quarante ou cinquante ans.

## Des outils spécifiques

Le couteau à détabler est une longue lame souple, mince, arrondie à son extrémité, non tranchante, utilisé pour détacher la table de l'instrument lors des réparations.
La pointe-aux-âmes permet de piquer l'âme en son milieu, de la placer et de la positionner avec précision entre la table et le fond.
Les béquettes sont de grandes pinces en bois taillées dans des morceaux de hêtre ou de charme servant à poser et coller les contre-éclisses.
La colle a une odeur particulière qui frappe le visiteur en entrant dans l'atelier du luthier. Utilisée au XIXe siècle, la colle de Cologne est maintenant remplacée par des produits industriels auxquels on demande solidité et souplesse.

## La maîtrise du geste

La fabrication d'un violon demande une grande précision. Il faut façonner puis assembler 80 pièces de bois. La durée de réalisation se compte en centaines d'heures.

Le luthier dans son atelier

**L'âme, pièce maîtresse du violon**

Ce petit morceau d'épicéa de 6 mm de diamètre est placé entre le fond et la table. Au contraire de toutes les autres pièces du violon, sa place n'est pas précisée sur les plans et les schémas. Par son expérience, le luthier déterminera sa position idéale pour que l'instrument puisse donner la meilleure sonorité.

# Enregistrer et diffuser

**La fin du XIXe siècle voit naître les premiers enregistrements. En quelques années, on passe de la pression sur cylindre au faisceau laser. Cette prodigieuse évolution technique permet une diffusion universelle de la musique et donne à tous accès à un patrimoine d'une richesse exceptionnelle.**

## Le règne du phonographe à cylindre

Le mérite de l'invention du principe de l'enregistrement revient au Français Charles Cros, le 30 avril 1877, précédant de peu l'Américain Thomas Edison, qui dépose son brevet le 19 décembre 1877. Les premiers enregistrements sont réalisés sur des cylindres métalliques. C'est ce qu'on appelle *l'enregistrement analogique*. Son principe est simple : la source sonore met en vibration une membrane ; la vibration est transmise à un stylet qui grave un sillon ondulé. C'est la phase d'enregistrement. Une pointe (aiguille ou saphir) suit le sillon, capte à son tour la vibration et la transmet à une membrane qui restitue le son. C'est la phase de reproduction. Pour la première fois dans l'histoire de la musique, l'interprète s'entend. Cet élément objectif permet de développer le sens critique des musiciens, de remarquer les imperfections du jeu et de les éliminer.

## La radio et le gramophone : outils de diffusion

□ Une véritable révolution se produit dans les années 1920 avec la découverte de la radio. Le premier concert radiodiffusé a lieu le 22 juin 1921. Cela devient un formidable outil pour la diffusion, entre autres, des concerts. Les radios créent leurs chœurs et leurs orchestres, comme par exemple l'Orchestre de la BBC.

□ Parallèlement, Emil Berliner met au point un appareil simple, capable de faire jouer des disques au diamètre de 30 cm. Il lui donne le nom de gramophone. L'appareil, actionné à la main, puis muni d'un moteur à ressort, assure au disque une rotation de 78,26 tours/minute.

## L'enregistrement électrique

□ L'année 1925 est marquée par l'apparition de l'enregistrement électrique, avec microphone et amplificateur. Cette amélioration technique permettra le réenregistrement de tout le répertoire classique, car on peut désormais retoucher les prises de son dans le détail, reprendre une mesure ou une note.

□ Les premiers microsillons apparaissent en 1948. C'est un disque léger, solide, comportant 25 minutes d'enregistrement par face pour le 33 tours et offrant une bonne qualité de son. Le disque devient alors un objet de consommation courante.

□ Un progrès reste à faire dans la restitution de « l'espace sonore ». C'est chose faite en 1958 avec l'apparition des premiers disques en stéréophonie. Pour le pressage des disques, on utilise l'acétochlorure de polyvinyle. Cette matière a pour particularité l'absence de grain, ce qui diminue de 5 à 6 fois le bruit de fond de la gomme des anciens 78 tours. Elle est de surcroît incassable.

□ Dans les années 1980 les recherches amènent les ingénieurs à perfectionner les enregistrements en associant la technologie numérique à un nouveau support, le disque compact.

# LE RÈGNE DU LASER

## ■ La lecture de disque par ordinateur

Le disque compact, mode de reproduction sonore entièrement nouveau, est lié aux progrès de l'informatique : le procédé est numérique (en anglais, *digital* de *digit*, chiffre). Le lecteur laser est un ordinateur. Le système consiste à coder le message sonore en milliards de nombres et non plus à conserver la copie analogique d'une vibration, comme c'était le cas depuis l'invention de l'enregistrement sonore. La gravure d'un microsillon reproduit matériellement l'image sonore : on peut voir cette vibration à la loupe. Plus rien de tel dans le disque compact, qui ne comporte plus que des milliards d'alvéoles microscopiques, longues ou courtes, suivant qu'elles reproduisent les deux sortes de signes que connaît l'ordinateur : zéro ou un. Avec ces deux signes, celui-ci est capable de reconstituer les nombres les plus complexes à raison de quatre millions d'opérations à chaque seconde. Ces nombres sont des signes codés des moindres subtilités de timbre, de hauteur et d'amplitude captées à la prise de son. Le lecteur de disques compacts va décoder le message et le transformer en un courant électrique transmis aux haut-parleurs, par l'intermédiaire d'un amplificateur stéréo traditionnel.

## ■ Le système laser

Dans le lecteur se trouve un dispositif qui envoie un rayon lumineux sur les alvéoles microscopiques qui défilent ; il se réfléchit sur elles et est renvoyé par un prisme à l'ordinateur lui-même, qui en assure le décodage. Ce faisceau laser balaie la surface du disque de l'intérieur vers l'extérieur (contrairement au microsillon), à une vitesse qui passe progressivement de 500 à 200 tours/minute. Sachant qu'une alvéole est large d'un demi-millième de millimètre seulement, on mesure la prouesse technique des ingénieurs qui ont mis au point ce procédé. Le disque compact est un support idéal pour la musique. Le système codage/décodage élimine bruit de fond et de surface, décharges électro-magnétiques, souffle de bande. Il n'y a pas d'usure. Le support est pratiquement inaltérable. Pas de contact matériel, pas de rayure de saphir possible. La durée d'audition peut dépasser une heure sans interruption. Les éditeurs de disques compacts s'étant lancés avec confiance dans ce nouveau produit, les microsillons ont aujourd'hui pratiquement disparu. L'auditeur qui choisit un disque compact découvre une référence au dos du boîtier : DDD, signifiant que la prise de son est numérique directe (*digital*), c'est-à-dire conçue dès l'origine pour le disque compact, ADD, ou AAD, signifiant que ces enregistrements sont déjà parus en microsillons, provenant de bandes multipistes originales, en mono ou stéréo, transcrites numériquement pour le disque compact, avec une plus-value sonore très nette par rapport au disque « noir » (A = Analogique).

## ■ L'atelier de pressage des disques compacts

Les ateliers de pressage relèvent de la haute technologie. L'ennemi n° 1 est ici la poussière dont la moindre parcelle pourrait rendre un disque inaudible, tant qu'il n'a pas reçu sa pellicule de protection transparente. Pour cela, le local est entièrement coupé du monde extérieur par des vitres blindées. L'air est renouvelé et filtré en permanence à raison de 650 000 m$^3$ par heure. Un atelier de production fonctionne 24 heures sur 24, 5 jours par semaine. Sa capacité de production est de 250 000 disques compacts par jour.

# La protection des œuvres musicales

**L'argent et l'art ne font pas toujours bon ménage. Pourtant, créer est un métier. De nos jours, la Sacem permet aux créateurs de percevoir le fruit de leur travail.**

## Le droit d'auteur

Défendu par Beaumarchais, le droit d'auteur a été créé sous la Révolution avec la première loi permettant aux auteurs de percevoir une rémunération à chaque exploitation de leurs œuvres. Toute œuvre ne peut être représentée, exécutée ou diffusée en public sans l'autorisation de l'auteur. Celle-ci est indispensable pour la reproduction d'œuvres sur disques, cassettes, films, vidéos. Pour faire valoir leurs droits, les auteurs, compositeurs et éditeurs de musique ont créé une société de perception et de répartition, la Sacem, chargée de la gestion des droits relatifs à la représentation et à la reproduction d'œuvres musicales.

## La Sacem

En 1847, Ernest Bourget, Paul Henrion et Victor Parizot, auteurs et compositeurs, refusent de payer leurs consommations, déclarant qu'ils ne devaient rien puisque le propriétaire du café-concert *Les Ambassadeurs* utilisait leurs œuvres à son bénéfice. Le procès qui s'ensuit se termine par un jugement qui donne gain de cause au compositeur. En 1850 naît une première Société mutuelle de perception à laquelle plus de 200 membres adhèrent. Les premières perceptions encouragent les créateurs, les éditeurs de musique, à créer un an plus tard, en 1851 la Société des auteurs, compositeurs et éditeurs de musique. De nos jours, la Sacem intervient également dans le domaine de l'audiovisuel : les droits de reproduction de l'œuvre sous forme d'enregistrement mécanique, cinématographique, ou magnétique sont gérés par la Sacem qui donne son accord au producteur. Actuellement, plus de 30 000 membres appartiennent à cette société qui a trois missions : défendre les droits des auteurs, des compositeurs et éditeurs de musique, autoriser et contrôler l'utilisation de leurs œuvres en France, percevoir et répartir les droits d'auteur.

## Comment fonctionne la distribution des droits

Les organisateurs de concerts, de spectacles, les radios, les télévisions remettent leurs programmes de diffusion à la Sacem. Mais il n'est pas toujours possible d'établir les programmes œuvre par œuvre (bals, discothèques, etc.) ; des relevés sont alors effectués par sondages. La Sacem gère en effet un fonds social au bénéfice de ses sociétaires âgés de plus de 55 ans, de ceux qui connaissent une situation financière difficile à la suite d'accident ou de maladie. Le rôle culturel de la Sacem permet la création, la production, la diffusion du spectacle vivant et la formation de jeunes artistes.

# LA SACEM EN PRATIQUE

## Comment devenir membre de la Sacem ?

Il faut remplir un dossier d'admission au siège social de la Sacem (225, av. Charles-de-Gaulle, 92521 Neuilly-sur-Seine Cedex) ou dans les délégations régionales (3614 Sacem). La demande est présentée au conseil d'administration qui prononce l'admission. Le droit d'entrée est de 630 F en 1995.

Les conditions d'admission sont les suivantes :

- avoir écrit ou composé au moins cinq œuvres ;
- justifier d'un début d'exploitation de ces œuvres (cinq diffusions publiques justifiées sur une période supérieure à six mois ou un enregistrement commercialisé).

L'admission à la Sacem est toujours faite à titre individuel, même si l'auteur travaille en équipe, mais la déclaration des œuvres peut être collective.

## Quand contacter la Sacem ?

Le Code de la propriété intellectuelle protège les auteurs. Seules les diffusions musicales privées, gratuites et se déroulant exclusivement dans le cercle de famille ne nécessitent pas l'autorisation des auteurs. Dans tous les autres cas, l'autorisation de la Sacem est nécessaire. Un formulaire de déclaration doit être demandé auprès de la délégation régionale de la Sacem, même si la manifestation est gratuite.

Lorsqu'il s'agit de musique diffusée par la radio et la télévision ou lors de concerts, de bals, de spectacles ainsi que dans les discothèques, les droits sont calculés par application d'un pourcentage sur les recettes ou les dépenses, et un relevé des œuvres diffusées doit être remis par l'organisateur. Ce programme permet de répartir les droits perçus aux auteurs des œuvres utilisées.

Lorsque l'on produit un disque ou une cassette, il faut également obtenir l'autorisation de la Sacem.

**Les 10 œuvres de variété ayant généré, en France, le plus de droits en 1994**

– *Dur dur d'être bébé*, A. Maratrat / P. Clerget (int. Jordy)
– *No limit*, J.P. De Coster / F. De Wilde / R. Slijngaard / A. Dels (Int. Two Unlimited)
– *What is love*, Dee Dee Haligan / J. Torello (Int. Haddaway)
– *Regglyss (Mets de l'huile)*, B. Levesque / R. Levesque / R. Ramade (Int. Regglyss)
– *Sing Hallelujah*, Dr Alban / D. Pop (Int. Dr Alban)
– *Comme d'habitude*, C. François / J. Revaux / G. Thibaut
– *Because the night*, P. Smith / B. Springsteen (Int. Patti Smith)
– *Darla Dirladada,* P. Ghinis / J. Musy / B. Bergman
– *Rhythm is a dancer*, M. Muenzing / L. Anzilotti (Int. Snap)
– *Living on my own*, F. Mercury (Int. F. Mercury)

**La Sacem en chiffres**

- 72 000 auteurs, auteurs réalisateurs, compositeurs et éditeurs.
- 550 000 diffuseurs, organisateurs de spectacles et producteurs.
- La Sacem représente 80 sociétés d'auteurs étrangères.
- 1 470 personnes travaillent pour la Sacem dont la moitié dans 110 délégations et directions régionales.
- 80 000 œuvres françaises et 100 000 œuvres étrangères déposées chaque année.
- La répartition des droits aux ayants droit s'est élevée en 1994 à 2,5 milliards de francs. Près de 84 % des sommes perçues sont redistribuées aux auteurs, compositeurs et éditeurs de musique français et étrangers. La Sacem, n'étant pas une société commerciale, ne fait pas de bénéfices.
- 70 ans après le décès de l'auteur et du compositeur, les œuvres musicales tombent dans le domaine public et ne sont plus rémunérées pour leur exploitation.

# CHOIX D'ŒUVRES

☐ Ce choix d'œuvres permet une première rencontre avec les plus grands musiciens. Les œuvres incontournables sont proposées dans « Première approche ». « Pour aller plus loin » et « Pour approfondir » s'adressent aux auditeurs qui souhaitent une meilleure connaissance des œuvres des compositeurs. Pour certains, principalement connus pour une œuvre majeure (Bellini, par exemple), les colonnes « Pour aller plus loin » et « Pour approfondir » n'ont pas été renseignées.

☐ Le titre de l'œuvre correspond à celui de l'enregistrement, l'orchestre est mentionné, le nom de l'interprète principal est indiqué entre parenthèses. Les références sont celles de l'enregistrement.

| Compositeurs | Première approche | Pour aller plus loin | Pour approfondir |
|---|---|---|---|
| **Isaac Albeniz** (1860-1909) | **Iberia** (Larrocha, piano) DECCA 4178872 | **Suite espagnole** (Larrocha, piano) DECCA 4178872 | **Séguedilles** (Requejo, piano) CLAVES 5080034 |
| **Johan Sebastian Bach** (1685-1750) | **Concertos brandebourgeois** English Concert (Pinnock) ARCHIV 4105012 | **L'Offrande musicale** St. Martin in the Fields (Marriner) PHILIPS 4128002 | **Passion selon Saint Matthieu** Chapelle Royale (Herreweghe) HM 901155/57 |
| **Béla Bartók** (1881-1945) | **Musique pour cordes, percussions et célesta** Orch. de Berlin (Karajan) EMI 7692422 | **Concerto pour orchestre** Orch. de New York (Boulez) CBS 42395 | **Quatuors à cordes** Quatuor Berg EMI 7477208 |
| **Ludwig van Beethoven** (1770-1827) | **Symphonie n° 5** Orch. de Vienne (Abbado) DG 4235902 | **Quatuor à cordes n° 7 opus 59** Quatuor Talich CALLIOPE 9636 | **Missa Solemnis** New Phil. Orch. (Klemperer) EMI 7695382 |
| **Vicenzo Bellini** (1801-1835) | **Norma** (Callas, Stignani) Scala de Milan (Serafin) EMI 7473048 | | |
| **Alban Berg** (1885-1935) | **Trois pièces pour orchestre** Orch. de Londres (Abbado) DG 4232382 | **Concerto pour violon** (Perlman, violon) Orch. de Boston (Ozawa) DG 4137252 | **Wozzeck** Orch. de l'Opéra de Paris (Boulez) CBS 79251 |

| Compositeurs | Première approche | Pour aller plus loin | Pour approfondir |
|---|---|---|---|
| **Hector Berlioz** (1803-1869) | **Symphonie fantastique** Orch. de Montréal (Dutoit) DECCA 4142032 | **Requiem** Orch. de Londres (Davis) PHILIPS 4162832 | **La Damnation de Faust** Orch. de Londres (Davis) PHILIPS 4163952 |
| **Georges Bizet** (1838-1875) | **L'Arlésienne** Orch. de Bamberg EURODISC 610332 | **Carmen** (Berganza, Domingo) Orch. de Londres (Abbado) DG 4196362 | **Les Pêcheurs de perles** Orch. de l'Opéra comique (Dervaux) EMI 69704 |
| **Alexandre Borodine** (1833-1887) | **Dans les steppes de l'Asie centrale** Orch. de l'URSS (Svetlanov) CDM 278782 | | |
| **Johannes Brahms** (1833-1897) | **Danses hongroises** Orch. de Vienne (Abbado) DG 4106152 | **Sextuor à cordes n° 1 en Si bémol mineur** Quatuor Smetana Quatuor Kocian DENON 2141 | **Requiem allemand** Orch. Philharmonia (Klemperer) EMI 7472382 |
| **Max Bruch** (1838-1920) | **Concerto pour violon** (Perlman, violon) Orch. d'Amsterdam (Haitink) EMI 7470742 | | |
| **Anton Bruckner** (1824-1896) | **7e Symphonie** Orch. de Vienne (Böhm) DG 4198582 | **9e Symphonie** Orch. d'Amsterdam (Haitink) PHILIPS 4100392 | **Quintette à cordes** Orch. national de France ADES 6895 |
| **Emmanuel Chabrier** (1841-1894) | **Pièces pittoresques pour piano** (Barbier, piano) ACCORD 200312 | **L'Étoile** Orch. Opéra de Lyon (Gardiner) EMI 7478898 | |
| **Marc-Antoine Charpentier** (1634-1704) | **Te Deum** Musica Polyphonica (Devos) ERATO 88027 | **Médée** Les Arts florissants (Christie) HM 90113941 | **Leçons des ténèbres** Concerto Vocale (Jacobs) HM 901006 |
| **Frédéric Chopin** (1810-1849) | **Les 14 Valses** (Rubinstein, piano) RCA 89564 | **Nocturnes** (François, piano) EMI 7691582 | **Sonates pour piano** (Perahia, piano) CBS 76242 |

| Compositeurs | Première approche | Pour aller plus loin | Pour approfondir |
|---|---|---|---|
| **Dimitri Chostakovitch** (1906-1975) | **Symphonie n° 5** Orch. de New York (Bernstein) CBS 44711 | **Concerto pour violoncelle** (Schiff, violoncelle) PHILIPS 4125262 | **Quatuors à cordes** Quatuor Fitzwilliam DECCA 4214752 |
| **François Couperin** (1668-1733) | **Pièces de clavecin** (Ross, Clavecin) STIL 1607SAN77 | **Leçons de ténèbres** (Jean Belliard) CDM 0278809 | **Messes à l'usage des paroisses** (Chapuis, orgue) ASTREE E7765 |
| **Claude Debussy** (1862-1918) | **Prélude à l'après-midi d'un faune** Orch. de Londres (Abbado) DG 4231032 | **La Mer** Orch. de Suisse Romande (Ansermet) DECCA 4140402 | **Pelléas et Mélisande** Orch. de Berlin (Karajan) EMI 749350 |
| **Gaetano Donizetti** (1797-1848) | **Lucia di Lammermoor** Royal Opera House (Bonynge) DECCA 4101932 | | |
| **Paul Dukas** (1865-1935) | **L'Apprenti sorcier** Orch. de Londres (Weller) DECCA 591101 | **La Peri** Orch. de Suisse romande (Jordan) ERATO 88089 | **Ariane et Barbe Bleue** Orch. de Radio-France (Jordan) ERATO 88097 |
| **Antón Dvorák** (1841-1904) | **Symphonie n° 9 du Nouveau Monde** Orch. tchèque (Ancerl) SUPRAPHON 637002 | **Concerto pour violoncelle** (Rostropovitch) Orch. de Boston (Ozawa) ERATO 88224 | **Rusalka** Orch. tchèque (Neuman) SUPRAPHON 675025 |
| **Manuel de Falla** (1876-1946) | **L'Amour sorcier** Orch. de Montréal (Dutoit) DECCA 4100082 | **Nuits dans les jardins d'Espagne** Orch. de Londres (Frühbeck de Burgos) DECCA 4102892 | **Le Tricorne** Orch. de Suisse romande (Ansermet) DECCA 4177712 |
| **Gabriel Fauré** (1845-1924) | **Barcarolles** (Collard, piano) EMI 1113282 | **Requiem** Musique oblique (Herreweghe) HM 901292 | **Pénélope** Orch. de Monte-Carlo (Dutoit) ERATO 88205 |
| **César Franck** (1822-1890) | **Symphonie en ré mineur** Orch. de Berlin (Giulini) DG 4196052 | **Prélude, choral et fugue** (Bolet, piano) DECCA 4217142 | **Les Béatitudes** Nouvel Orch. philharmonique (Jordan) ERATO 88217 |

| Compositeurs | Première approche | Pour aller plus loin | Pour approfondir |
|---|---|---|---|
| **George Gershwin** (1898-1937) | **Un Américain à Paris** Orch. de Columbia (Bernstein) CBS 42611 | | |
| **Christoph Willibald Gluck** (1714-1787) | **Orfeo ed Euridice** C. vocale de Gand La Petite Bande (Kuijken) ACCENT 48223 | **Alceste** Orch. de la Radio bavaroise (Baudo) ORFEO CO27823 | **Iphigénie en Tauride** Orch. de l'Opéra de Lyon (Gardiner) PHILIPS 4161482 |
| **Charles Gounod** (1818-1893) | **Faust** Orch. de l'Opéra de Paris (Cluytens) EMI 7699832 | **Mireille** Orch. du Capitole de Toulouse (Plasson) EMI 7496532 | **Roméo et Juliette** Orch. du Capitole de Toulouse (Plasson) EMI 173058 |
| **Edvard Grieg** (1843-1907) | **Concerto pour piano** Philharmonia Orch. (Solomon, piano) EMI 2002 | **Peer Gynt** St. Martin in the Fields (Marriner) EMI 7470032 | |
| **Georg Friedrich Haendel** (1685-1759) | **Water Music** Chambre du Roy (Malgoire) CBS 44655 | **Le Messie** English Baroque Soloists (Gardiner) PHILIPS 4110412 | **Tamerlano** English Baroque Soloists (Gardiner) ERATO 88220 |
| **Franz Joseph Haydn** (1732-1809) | **Symphonies n° 6, 7 et 8** English Concert (Pinnock) AP 4230982 | **Les Saisons** Orch. de Berlin (Dorati) DECCA 4177182 | **Les Sept Paroles du Christ** Orch. de l'État hongrois (Ferencsik) HUNG UC12358 |
| **Leos Janácek** (1854-1928) | **Jenufa** Chœur de l'Opéra de Vienne (Mackerras) DECCA 4144832 | | |
| **Josquin des Prés** (1440-1521) | **Messe de l'homme armé** The Early Consort (Turner) AP 4152932 | **Les Motets** Ens. A Sei Voci FORLANE 16552 | **Les Chansons** Ens. Clément Jannequin HM 901279 |
| **Édouard Lalo** (1823-1892) | **Symphonie espagnole pour violon et orchestre** (Mutter, violon) Orch. nat. de France (Ozawa) EMI 7473182 | | |

| Compositeurs | Première approche | Pour aller plus loin | Pour approfondir |
|---|---|---|---|
| **Franz Liszt**<br>(1811 - 1886) | **Rhapsodies hongroises**<br>(Cziffra, piano)<br>EMI 7694282 | **Mephisto-valse**<br>Orch. de Philadelphie<br>(Ormandy)<br>CBS 44833 | **Sonate en si mineur**<br>(Brendel, piano)<br>PHILIPS 4100402 |
| **Jean-Baptiste Lully**<br>(1632 - 1687) | **Te Deum**<br>Orch. Paillard<br>(Paillard)<br>ERATO 88122 | **Miserere**<br>Orch. de la Chapelle royale<br>(Herreweghe)<br>HM 901167 | **Atys**<br>Les Arts Florissants<br>(Christie)<br>HM 9012579 |
| **Gustav Mahler**<br>(1860 - 1911) | **Symphonie n° 1**<br>Orch. de Francfort<br>(Inbal)<br>DENON C377537 | **Kindertotenlieder**<br>(Ferrier, contralto)<br>Orch. de Vienne<br>(Walter)<br>EMI 7610032 | **Le Chant de la Terre**<br>(Ferrier, contralto)<br>Orch. de Vienne<br>(Walter)<br>DECCA 4141942 |
| **Félix Mendelssohn**<br>(1809 - 1847) | **Concerto pour violon en mi mineur**<br>(Mintz, violon)<br>Orch. de Chicago<br>(Abbado)<br>DG 4196292 | **Paulus**<br>Chœur et Orch. Gulbenkian de Lisbonne<br>(Corboz)<br>ERATO 75350 | **Elie**<br>Orch. de Vienne<br>(Sawallisch)<br>PHILIPS 4201062 |
| **Olivier Messiaen**<br>(1908 - 1992) | **Quatuor pour la fin des temps**<br>(Gavrilov, Deinzer, Palm, Konarski)<br>EMI 7474638 | | |
| **Claudio Monteverdi**<br>(1567 - 1643) | **Le Combat de Tancrède et de Clorinde**<br>Capella Savaria<br>(Mc Gregor)<br>HUNG 12952 | **Orfeo**<br>Monteverdi Choir English Baroque Soloists<br>(Gardiner)<br>AP 4192502 | **Un concert spirituel**<br>Concerto Vocale<br>(Jacobs)<br>HM 901032 |
| **Modeste Moussorgski**<br>(1839 - 1881) | **Une nuit sur le mont Chauve**<br>Orch. de l'Opéra de Paris<br>(Rosenthal)<br>ADES 132022 | **Tableaux d'une exposition**<br>(Ashkenazy, piano)<br>DECCA 4143862 | **Boris Godounov**<br>Chœur et Orch. de la Radio Télévision URSS<br>(Fedosseiev)<br>PHILIPS 4122812 |
| **Wolfgang Amadeus Mozart**<br>(1756 - 1791) | **Petite musique de nuit**<br>Orch. de Berlin<br>(Karajan)<br>DG 4236102 | **La Flûte enchantée**<br>Chœur et Orch. Philharmonia<br>(Klemperer)<br>EMI 7690562 | **Don Juan**<br>Chœur et Orch. Philharmonia<br>(Giulini)<br>EMI 7472608 |
| **Jacques Offenbach**<br>(1819 - 1880) | **Ouvertures**<br>Orch. Philharmonia<br>(Marriner)<br>PHILIPS 4114762 | **La Belle Hélène**<br>Orch. du Capitole de Toulouse (Plasson)<br>EMI 7471578 | |

| Compositeurs | Première approche | Pour aller plus loin | Pour approfondir |
|---|---|---|---|
| **Francis Poulenc** (1899 - 1963) | **Concert champêtre** (Koopman, clavecin) Rotterdam (Conlon) ERATO 88141 | **Stabat Mater** Orch. de Lyon (Baudo) HM 905149 | **La Voix humaine** Orch. d'Adélaïde (Serebrier) CHD 8331 |
| **Sergueï Prokofiev** (1891 - 1953) | **Pierre et le Loup** Orch. de l'URSS (Rojdestvenski) CDM 278187 | **Symphonie n° 1** Orch. TV de l'URSS (Rojdestvenski) MOB MFCD 888 | **Guerre et Paix** Orch. nat. de France (Rostropovitch) ERATO 75480 |
| **Giacomo Puccini** (1858 - 1924) | **La Bohème** Orch. de Berlin (Karajan) DECCA 4210492 | **Tosca** (Callas). Scala de Milan (Sabata) EMI 7471758 | **Missa di Gloria** Orch. Philharmonia (Scimone) ERATO 88022 |
| **Henry Purcell** (1659 - 1695) | **Didon et Énée** Musicus de Vienne (Harnoncourt) TELDEC 842919 | **King Arthur** English Baroque Soloists (Gardiner) ERATO 880562 | |
| **Sergheï Rachmaninov** (1873 - 1943) | **Concerto pour piano n° 2** (Richter, piano) Orch. de Varsovie (Wislocki) DG 4151192 | **Danses symphoniques** Orch. du Concert-gebow Amsterdam (Ashkenazy) DECCA 4101242 | **Aleko** Orch. de Plovdiv (Raytchev) FIDELIO 1823 |
| **Jean-Philippe Rameau** (1683 - 1764) | **Œuvres de clavecin** (Ross, clavecin) STIL 2407 SAN 75 | **Les Indes galantes** Chapelle Royale (Herreweghe) HM 2901130 | **Platée** La Chambre du Roy (Malgoire) CBS 44982 |
| **Maurice Ravel** (1875 - 1937) | **Le Boléro** Orch. de la Suisse romande (Ansermet) DECCA 4140452 | **Concerto pour la main gauche** (François, piano) Orch. de la Société des concerts du conservatoire (Cluytens) EMI 7473682 | **L'enfant et les sortilèges** Orch. nat. de la RTF (Maazel) DG 4237182 |
| **Nicolaï Rimski-Korsakov** (1844 - 1908) | **Schéhérazade** Royal Phil. Orch. (Beecham) EMI 7477172 | **Le Coq d'or** Chœur et Orch. de Sofia (Manolov) FIDELIO 880910 | |
| **Gioacchino Rossini** (1792 - 1868) | **Ouvertures** Orch. Philharmonia (Giulini) EMI 7590422 | **Le Barbier de Séville** Orch. de Londres (Abbado) DG 415695 | **Stabat Mater** Orch. Philharmonia (Giulini) DG 4100342 |

| Compositeurs | Première approche | Pour aller plus loin | Pour approfondir |
|---|---|---|---|
| **Camille Saint-Saëns**<br>(1835-1921) | **Danse macabre**<br>Orch. nat. de France<br>(Prêtre)<br>EMI 7496372 | **Le Carnaval des animaux**<br>Orch. Phil (Dutoit)<br>DECCA 4144602 | **Samson et Dalila**<br>Orch. Opéra de Paris<br>(Prêtre)<br>EMI 7478958 |
| **Domenico Scarlatti**<br>(1685-1757) | **Sonates pour le clavecin**<br>(Ross, clavecin)<br>ERATO 75400 | **Stabat Mater**<br>Engl. Bar. Soloists<br>(Gardiner)<br>ERATO 88087 | |
| **Arnold Schoenberg**<br>(1874-1951) | **La Nuit transfigurée**<br>Orch. de Berlin<br>(Karajan)<br>DG 4153262 | **5 pièces pour orchestre**<br>Orch. de Berlin<br>(Levine)<br>DG 4197812 | **Moïse et Aaron**<br>Orch. de Chicago<br>(Solti)<br>DECCA 4142642 |
| **Franz Schubert**<br>(1797-1828) | **Symphonie n° 1**<br>Orch. de Berlin<br>(Barenboïm)<br>CBS 39676 | **Impromptus**<br>(Perahia, piano)<br>CBS 37291 | **Voyage d'hiver**<br>(Fischer-Dieskau Moore)<br>EMI 7490912 |
| **Robert Schumann**<br>(1810-1856) | **Carnaval**<br>(Arrau, piano)<br>PHILIPS 4208712 | **Concerto pour violoncelle**<br>(Rostropovitch)<br>Orch. nat. de France<br>(Bernstein)<br>EMI 7493072 | **Kreisleriana**<br>(Argerich, piano)<br>DG 4106522 |
| **Bedrich Smetana**<br>(1824-1884) | **La Moldau**<br>Orch. tchèque<br>(Ancerl)<br>SUP 28C371 | **La Fiancée vendue**<br>Orch. de RTL<br>(Hager)<br>FOR 165008 | |
| **Richard Strauss**<br>(1864-1949) | **Le Chevalier à la rose**<br>Orch. Philharmonia<br>(Karajan)<br>EMI 749354 | **Ariane à Naxos**<br>Orch. du Gewandhaus de Leipzig<br>(Masur)<br>PHILIPS 4220842 | **Quatre Derniers Lieder**<br>(Schwarzkopf) Orch. de Berlin (Szell)<br>EMI 7472762 |
| **Igor Stravinski**<br>(1882-1971) | **Le Sacre du printemps**<br>Orch. de l'ORTF<br>(Boulez)<br>ADES 132222 | **Symphonie des psaumes**<br>Orch. de Columbia<br>(Stravinski)<br>CBS 42434 | **Œdipus Rex**<br>Orch. de la Radio bavaroise<br>(Davis)<br>ORFEO C71831 |
| **Piotr Ilitch Tchaïkovski**<br>(1840-1893) | **Concerto pour piano n° 1**<br>(Richter, piano)<br>Orch. de Leningrad<br>(Mravinski)<br>CDM 278848 | **Ouverture 1812**<br>Orch. de Detroit<br>(Dorati)<br>DECCA 4177422 | **Eugène Onéguine**<br>Orch. Bolchoï de Moscou<br>(Rostropovitch)<br>CDM 278485/86 |

| Compositeurs | Première approche | Pour aller plus loin | Pour approfondir |
|---|---|---|---|
| **Georg Philipp Telemann**<br>(1681-1767) | **Tafelmusik**<br>Orch. Paillard<br>(Paillard)<br>ERATO 88006 | **Concertos pour hautbois**<br>(Holliger)<br>St. Martin in the Fields<br>(Brown)<br>PHILIPS 4128792 | |
| **Edgard Varèse**<br>(1883-1965) | **Ionisation**<br>Orch. de New York<br>(Boulez)<br>CBS 765202 | | |
| **Giuseppe Verdi**<br>(1813-1901) | **Ouvertures**<br>Orch. Philharmonia<br>(Muti)<br>EMI 7472742 | **La Traviata**<br>Orch. de Bavière<br>(Kleiber)<br>DG 4151322 | **Requiem**<br>Orch. Scala de Milan<br>(Abbado)<br>DG 4159762 |
| **Antonio Vivaldi**<br>(1678-1741) | **Les Quatre Saisons**<br>English Concert<br>(Pinnock)<br>AP 4000452 | **Estro Armonico**<br>Academy of Ancient Music<br>(Hogwood)<br>OL 4145542 | **Motets**<br>I Seminario Musicale<br>(Lesne)<br>HR 8720 |
| **Richard Wagner**<br>(1813-1883) | **Parsifal**<br>Orch. Festival de Bayreuth<br>(Levine)<br>PHILIPS 4168422 | **Tétralogie**<br>Orch. de Vienne<br>(Solti)<br>DECCA 4141012 | |
| **Carl Maria von Weber**<br>(1786-1826) | **L'Invitation à la valse**<br>Orch. Société des concerts du Conservatoire<br>(Cluytens)<br>EMI 7691092 | **Le Freischutz**<br>Orch. de Vienne<br>(Furtwängler)<br>NE 0136324/25 | |
| **Anton Webern**<br>(1883-1945) | **Lieder**<br>(Dorow)<br>(Jansen)<br>ETC 2008 | **Six Pièces pour orchestre**<br>Orch. de Berlin<br>(Karajan)<br>DG 4232542 | |

# INDEX

**Crédits photographiques**
**p. 5 :** Giraudon – **p. 7 :** Giraudon/*Tropaire de Saint-Martial*, XIe s., BN, Paris – **p. 11 :** Hubert Josse/BN, Paris – **p. 13 (h) :** Hubert Josse/Versailles ; **(b) :** Hubert Josse/BN, Paris – **p. 15 (h) :** Dagli Orti/Jean André Aved (1702-1766), *Portrait de Jean Philippe Rameau*, Musée des Beaux-Arts, Dijon ; **(m) :** Dagli Orti/Conservatoire de musique, Bologne ; **(b) :** Dagli Orti/Anonyme, *Portrait de Bach*, XVIIIe s., Musée Bach, Leipzig – **p. 19 :** Dagli Orti/J. Stieler, *Beethoven composant la Missa solemnis*, 1819, Maison de Beethoven, Bonn – **p. 21 :** Dagli Orti/Gravure de Martinet Costume, Maison de Rossini, Pesaro – **p. 23 :** AKG/Antonin Schloss, *Chopin dans le salon de Anton Radziwill*, 1829 – **p. 29 :** Giraudon, © Spadem, 1995 – **p. 31 :** Dagli Orti/collection Berminger, Zurich – **p. 37 (h) :** Roger Viollet ; **(b) :** Roger Viollet, © Harlingue-Viollet – **p. 63 :** Sophie Steinberger/Enguerrand – **p. 87 :** Moatti-Kleinefenn/SIPA – **p. 101 :** Giraudon/Musée des Beaux-Arts, Orléans – **p. 107 :** Hubert Josse/Musée Carnavalet, Paris – **p. 121 :** Archives Nathan – **p. 123 :** Guy Le Querrec/Magnum – **p. 127 :** Ascani/Hoaqui – **p. 129 :** Richer/Hoaqui – **p. 131 :** Hiller/SIPA – **p. 133 :** Marc Enguerand – **p. 139 :** Ulf Andersen/Gamma – **p. 141 :** KIPA – **p. 143 :** Hervé Donnezan/Agence Top.

**Édition :** Cécile Geiger – **Secrétariat d'édition :** Christine Le Thénaff – **Maquette intérieure :** Primart
**Maquette de couverture :** Favre-Lhaïk – **Illustration de couverture :** G. de Montrond - A. Vuarnesson
**Illustration :** Jérôme Lo Monaco pour l'ensemble de l'ouvrage p. 125 : Jean-Jacques Liard
**Iconographie :** Michelle Kerneïs – **Fabrication :** Jacques Lannoy



N° d'Éditeur : 10081713 - (VII) - 38 - CSBGP - 80° - Novembre 2000
Imprimé en France par CLERC S.A. - 18200 Saint-Amand-Montrond - N° imprimeur : 7409